*To Perry and Carol Lefevre
in homage
André*

DANIEL ET SON TEMPS

LE MONDE DE LA BIBLE

Collection dirigée par François Bovon, Robert Martin-Achard, Daniel Marguerat, Philippe de Robert et Jean Zumstein.

Cette collection offre au lecteur des instruments de travail, recueils de textes, études, manuels qui facilitent une compréhension historique, littéraire et théologique de l'Écriture sainte. Elle complète utilement les *Commentaires* à l'Ancien et au Nouveau Testament (même éditeur) en donnant une information sur l'histoire, la géographie, les langues, les littératures, les mentalités et les religions qui virent naître les écrits bibliques.

F. BOVON, *Luc le théologien (épuisé)*.

H. von CAMPENHAUSEN, *La formation de la Bible chrétienne*.

M.A. CHEVALLIER, *Exégèse du Nouveau Testament*. Initiation.

O. CULLMANN, *Le milieu johannique*.

J.-D. KAESTLI et coll., *Le Canon de l'Ancien Testament*. Sa formation et son histoire.

E. KÄSEMANN, *Essais exégétiques*.

A. LACOCQUE, *Daniel et son temps*.

D. MARGUERAT, *Le Jugement dans l'Évangile de Matthieu*.

C.F.D. MOULE, *La Genèse du Nouveau Testament*.

L. WISSER, *Jérémie, critique de la vie sociale*.

LE MONDE DE LA BIBLE

ANDRÉ LACOCQUE

DANIEL ET SON TEMPS

Recherches sur le Mouvement Apocalyptique Juif au IIe siècle avant Jésus-Christ

Préface de Robert Martin-Achard

LABOR ET FIDES ÉDITEURS

Du même auteur (même éditeur) :

Le Livre de Daniel (C.A.T.)

« Zacharie 9-14 » *in* : Aggée, Zacharie, Malachie (C.A.T.)

Pérennité d'Israël

ISBN 2-8309-0004-9

Si vous souhaitez être tenu au courant de nos publications,
il suffit de nous le signaler à notre adresse.

© 1983 by Éditions Labor et Fides
1, rue Beauregard, CH-1204 Genève.

Tous droits de traduction, de reproduction ou d'adaptation
en quelque langue et de quelque façon que ce soit réservés pour tous pays

PRÉFACE

L'apocalyptique juive ou même chrétienne suscite des réactions contradictoires qui vont du rejet absolu à l'enthousiasme délirant. Elle se présente en effet comme un phénomène complexe, dont les origines, les témoins et même les caractéristiques sont difficiles à préciser et sur lesquels les spécialistes sont loin de s'entendre. Parmi les multiples questions qui se posent à son sujet, il y a celle de sa *légitimité* dans le cadre de la Révélation biblique : avec ses armées d'anges, ses visions étranges, ses symboles obscurs, son langage chiffré, ses affirmations radicales, le mouvement apocalyptique témoigne-t-il d'une fidélité remarquable à l'égard de l'Écriture ou au contraire d'une déviation dangereuse de la foi biblique ?

On a fait souvent le procès des milieux apocalypticiens juifs, dont les principaux écrits se situent entre le IIe siècle avant Jésus-Christ et le IIe siècle de l'ère chrétienne, et la théologie officielle a trop souvent laissé aux sectes le soin de décrypter des pages où le fantastique rivalise avec l'énigmatique. Alors que le message prophétique a été finalement reçu par l'Église, celui des apocalyptiques est resté marginal, poursuivi par un soupçon tenace...

Pourtant, ici et là, des voix ont pris et prennent parti pour l'apocalyptique juive. On a dit récemment son importance décisive pour l'ensemble du témoignage apostolique et, finalement, de la théologie chrétienne ; ses implications politiques et ses incidences actuelles ont été relevées. On a déclaré que ses représentants, loin de défendre une sorte de fatalisme démissionnaire, ont osé espérer, à une époque tragique pour le peuple juif, et vivre de leur espérance. Les auteurs des apocalypses ont cherché en effet à répondre au défi de leur temps en exprimant la foi de leurs pères dans un langage que leur imposaient les malheurs qu'ils connaissaient. Ils ne se sont pas contentés de répéter ce qu'avaient proclamé les générations précédentes, ils ont couru le risque de réinterpréter ce que leurs aînés leur avaient transmis, sous une forme appropriée, pensaient-ils, au contexte spirituel et culturel de leur époque. Même s'ils se sont parfois trompés, leur intention demeure légitime et nous sommes d'une certaine façon leurs héritiers.

Parmi les témoins de l'apocalyptique juive, se trouve le livre de *Daniel*, un des plus anciens documents de cette littérature, un « ouvrage paradigmatique » à cet égard, dont le professeur André Lacocque, qui enseigne depuis de nombreuses années au Chicago Theological Seminary et dirige le Center for Jewish Christian Studies dans cette même ville, a repris l'étude dans le présent ouvrage : « Daniel et son temps. Recherches sur le mouvement apocalyptique juif au IIe siècle avant Jésus-Christ. »

André Lacocque est en effet déjà l'auteur d'un commentaire remarqué sur Daniel paru dans la collection « Commentaire de l'Ancien Testament » (tome XVb, 1976), il s'est également intéressé au livre de Zacharie, dont certains chapitres relèvent de l'apocalyptique (Zacharie 9-14, dans la même collection, tome XIc, 1981). Dans sa nouvelle étude, il développe les thèmes esquissés précédemment et nous introduit dans le milieu où le livre de Daniel a vu le jour, aborde les nombreuses difficultés de cet écrit et montre son intérêt pour le lecteur d'aujourd'hui. Sa connaissance de la littérature relative à l'apocalyptique juive, notamment parmi les spécialistes anglo-saxons, une longue familiarité avec la pensée juive lui permettent de traiter les questions délicates que pose *Daniel*, longtemps rangé, mais à tort, parmi les livres prophétiques, et qui est un des fruits de la grave crise traversée par le peuple juif au IIe siècle avant Jésus-Christ, alors que se heurtent en son sein les partisans de la « mise à jour » de la tradition, qui peuvent compter sur l'appui du pouvoir séleucide, et les défenseurs des anciennes manières de vivre la foi mosaïque, prêts au martyre ou à la rébellion pour sauver l'essentiel de l'héritage reçu des Pères. Cet ouvrage, un des plus récents de l'Ancien Testament, témoigne d'un double déchirement : d'abord de la lutte impitoyable que se livrent au moment où il est composé ceux qui réclament l'hellénisation de Jérusalem et ceux qui y sont farouchement opposés, et ensuite, et surtout, comme le souligne André Lacocque, du conflit que connaît l'auteur de l'apocalyptique, « déchiré entre sa foi et le déni de l'histoire », qui crie « non » contre les tyrans, contre la violence et les mensonges des hommes et proclame l'impossibilité de « la mort de Dieu »...

Tout est compliqué dans cette présentation apocalyptique de la Vérité de Dieu : l'utilisation de deux langues par son auteur (l'hébreu et l'araméen), dont l'une, langue sacrée, convient particulièrement aux chapitres eschatologiques de la fin ; la division en deux parties de l'ouvrage, différentes par la forme et par le fond : les six premiers chapitres, de type *midrashique*, écrits avant l'époque macchabéenne, et repris par le responsable des derniers chapitres, proprement apocalyptiques ; l'emploi d'un langage symbolique et même mythique, à la visée cosmique et universelle qui contraste avec les vues habituelles d'Israël sur « l'histoire du salut » concernant essentiellement le peuple de Dieu ; le bouleversement ou le télescopage des données temporelles de ce pseudépigraphe qui transporte ses lecteurs au temps de l'impérialisme babylonien alors qu'il concerne en réalité le sort des Juifs sous Antiochus Épiphane (175-164)...

André Lacocque attire aussi l'attention sur d'autres problèmes, de caractère plus théologique ; ainsi le retour de l'histoire des origines, dont les éléments sont intégrés à la vision finale de la destinée humaine ; l'importance du chapitre 7, véritable clef de l'ensemble du livre, avec son arrière-plan cultuel, et la figure d'« un fils d'homme » aux significations variées et complémentaires (sacerdotale, collective, adamique), en qui l'humanité est appelée à connaître une sorte d'assomption ; l'affirmation nouvelle, même révolutionnaire, de la résurrection, qui s'impose dans la logique même de l'apocalyptique, selon André Lacocque, et oppose dès lors la mort-châtiment de l'homme à la mort-oblation, signe pathétique de sa faiblesse, mais également de sa transcendance, qui en appelle à la réponse divine, qui n'est autre que le don renouvelé de la vie.

Un souffle parcourt cet ouvrage d'André Lacocque qui est tout le contraire d'une sèche énumération des difficultés présentées par le livre de *Daniel*. On sent que son auteur n'est pas seulement bien informé des problèmes posés par cet écrit modèle de l'apocalyptique juive, il a longuement réfléchi aux divers aspects de ce témoignage biblique, il s'est approprié la foi des hassidim au sein desquels ces pages ont été composées, il a fait siennes leurs luttes et leur espérance. Sa science ne l'a pas amené à disséquer froidement le texte de *Daniel* comme on le fait d'un objet inerte, mais à se laisser gagner par la flamme qui animait les témoins fidèles du Dieu d'Israël au temps où se jouait l'avenir même de la Révélation biblique. « Daniel et son temps » est ainsi une excellente initiation aux meilleurs aspects de l'apocalyptique juive.

Robert MARTIN-ACHARD

CHAPITRE PREMIER

INTRODUCTION HISTORIQUE

PRÉSENTATION

Le livre de *Daniel* est unique en son genre. C'est l'une des raisons pour lesquelles il est si « tristement mal compris[1] ». Certes, l'auteur puise largement chez ses prédécesseurs, et on peut avec Gerhard von Rad « se demander s'il ne faut pas définir l'exposé de *Daniel* II[2] comme un pèshèr d'Esaïe[3] ». Il reste que *Daniel* en général est sans parallèle dans l'Écriture.

Le livre se divise aisément en deux parties de longueur à peu près égale : *Daniel A* comprend les chapitres 1 à 6 et est constitué par des récits centrés en général sur un certain personnage appelé Daniel. Ces six chapitres relèvent du genre midrashique[4]. *Daniel B* (chapitres 7-12) rapporte les visions proprement apocalyptiques du même personnage, lequel parle maintenant à la première personne du singulier.

Le chapitre 7 est au cœur du livre, servant de transition entre les deux parties et participant des deux genres littéraires.

Celui qui ouvre le livre de *Daniel* pour la première fois est

---

[1] John BRIGHT, *A History of Israel*, London, 1960, 183.
[2] C'est-à-dire la deuxième partie du livre, ch. 7-12, que nous appelons ici *Daniel B*.
[3] *Théologie de l'Ancien Testament*, vol. II, Genève, 1967, 282, n. 1. Même opinion chez J.-L. SEELIGMANN, *Suppl. V.T.*, I, 171.
[4] Cf. *infra*.

tout de suite frappé par le changement d'atmosphère avec les autres livres bibliques. Certes, on est d'abord tenté d'y voir un texte prophétique, car il y est question de songes, de visions, de signes, de prévisions et de leur explication sur un ton oraculaire. Le judaïsme hellénistique a d'ailleurs rangé *Daniel* après Ézéchiel et avant Osée parmi les *nebiim* (prophètes). Cependant, le lecteur attentif remarque certaines particularités susceptibles de le faire hésiter. Nous ne sommes plus ici, comme avec les prophètes de l'époque classique, en un temps de création pure, mais dans une période d'exploitation de matériaux scripturaires, soit « canonisés » au moment où *Daniel* est écrit, soit, en tout cas, faisant déjà autorité. Le midrash par exemple, genre que l'on trouve dans *Daniel* 1-6, n'est autre que l'expansion d'une tradition déjà connue, écrite ou orale. C'est une série de variations sur un thème biblique central, considéré comme n'ayant pas encore épuisé toute sa signification dans l'histoire.

Quant à l'apocalypse — genre représenté dans les chapitres 7-12 —, elle est le prolongement de la prophétie[5] et, en un sens, son remplacement par une spéculation transhistorique sur la base des événements contemporains. Dans les deux cas, il est clair qu'une période biblique est révolue et qu'une nouvelle ère a commencé. La première a jeté les fondements de la seconde. Celle-ci se réfère à l'autre comme à l'autorité reconnue et incontestée, unique et divine, se situant *par rapport* à elle. Ce n'est pas un hasard si *Daniel* n'est pas placé par la tradition palestinienne parmi les « prophètes », mais parmi les « Écrits », c'est-à-dire dans la série des livres que la Synagogue considère comme un second étage reposant sur le groupe des *Nebiim* (prophètes), eux-mêmes ayant pour fondement la Torah[6].

---

[5] Il faut suivre ici O. Plöger plutôt que G. von Rad, lequel voit dans l'apocalypse l'héritière non du prophétisme mais de la sagesse. Cf. O. PLÖGER, *Theokratie und Eschatologie* (cf. p. 27 de la traduction anglaise : *Theocracy and Eschatology*), et G. VON RAD, *Die Theologie des A.T.*, Vol. II, 315-316.

[6] Cf. le jugement de MAÏMONIDE, *Guide des égarés*, III, ch. 45. Il y a, dit-il, onze degrés dans la prophétie, dont le plus bas est une (simple) com-

10

Les problèmes posés au critique par le livre de *Daniel* sont nombreux et compliqués. Non seulement le langage apocalyptique est volontairement obscur et les allusions historiques délibérément cryptiques, mais, de plus, l'œuvre est pseudépigraphique, antidatée, bilingue, influencée par des apports littéraires et spirituels d'origines étrangères diverses, représentée dans des versions grecques d'amplitude plus grande et de caractère souvent divergent par rapport au texte sémitique, etc. Quant au message, il se présente lui aussi sous une forme pleine de pièges et de chausse-trapes pour le lecteur. L'auteur se sert de matériaux préexistants qu'il retravaille pour les conformer à ses desseins ; il veut être à la fois obscur — c'est ainsi qu'il conçoit la forme prophétique — et se faire *deviner*[7], d'autant plus qu'il y a urgence pour Israël de saisir la leçon d'une histoire qui arrive bientôt à sa fin. Il est homme de son temps et adopte, pour la proclamation de son message « prophétique[8] », le langage approprié à la culture de ses contemporains. En un sens, le passage de l'hébreu à l'araméen, puis de nouveau à l'hébreu est déjà, sur le plan technique, une indication des difficultés éprouvées par l'auteur. Faut-il parler la langue sainte au risque de paraître affecté, ou la langue vernaculaire au risque d'imiter des œuvres étrangères[9] ?

---

munication du Saint-Esprit. « Daniel est compté parmi les hagiographes — et non parmi les prophètes — parce qu'il ne fut inspiré que par l'Esprit Saint qui se manifeste souvent par des songes, par des proverbes, des psaumes, etc., même si les auteurs s'appellent tous prophètes, par un terme général. » On remarquera d'autre part que Daniel n'emploie jamais la formule autoritative des prophètes : « Ainsi parle le Seigneur... »

[7] Sur ce point aussi, il y a des précédents. Cf. Deut. 8. 3 : l'histoire enseigne une leçon qu'Israël doit apprendre. Il y a un « mystère » à découvrir sous les voiles de l'histoire, au contraire de l'opinion des couches littéraires « jahwiste » (J) et « élohiste » (E), pour qui la présence de Yhwh est dans l'actualité de l'événement même.

[8] Dans le sens indiqué plus haut de fidélité aux modèles tels qu'Ésaïe, Jérémie, Ézéchiel ou Habacuc.

[9] L'auteur se tire de ce mauvais pas en suggérant que le discours des « Chaldéens » est en araméen : cf. Daniel 2. 4 : « en araméen », mot que nous considérons comme authentique et non comme une glose. Cf. *ad loc.* dans notre commentaire *Daniel*, C.A.T., XVb, Genève, 1976.

Daniel connaît des alternatives plus décisives encore. L'histoire a-t-elle un sens, ainsi que les prophètes en ont été persuadés ? Pourquoi alors les événements contemporains semblent-ils démentir cette assurance ? La signification de l'histoire est-elle gardée jalousement par Dieu, de sorte que la liberté de l'homme est niée et que nous ne sommes entre ses mains qu'un jouet ? Israël, au IIe siècle avant J.-C., est-il la victime impuissante d'une lutte cosmique entre deux puissances de sens contraires ? Les prophètes se sont-ils trompés en se dressant contre le dualisme babylonien[10] ? Et, s'ils ont eu raison, quel rôle, dans le dialogue entre Dieu et son Peuple, joue donc le mal ? Jusqu'à quand Dieu a-t-il l'intention de l'utiliser ? Comment nous fera-t-il sortir de ce tunnel ? La fin des tribulations est-elle en vue ? Sous quelle forme ? eschatologique ? messianique ? Une nouvelle vie après la mort ?

On le voit, toute la problématique du livre de *Daniel* est influencée par son époque de rédaction. Ici, plus que jamais, la question du *Sitz im Leben* doit être résolue, et sa solution doit servir de référence constante dans la lecture du document à travers ses douze chapitres. Pour avoir ignoré cette approche élémentaire, des commentateurs (mais non des exégètes) anciens et modernes ont tenté de spéculer sur de prétendues prévisions d'avenir mystérieusement contenues dans le livre. Ils se sont livrés à des calculs aussi vains qu'échevelés pour connaître la date de la « fin des temps »...

PSEUDÉPIGRAPHIE

Daniel est le nom d'un personnage mythique mentionné, en compagnie de Noé et de Job, par Ézéchiel 14. 14, 20[11], comme l'un des plus grands sages que la terre ait portés (Éz. 28. 3)[12].

---

[10] Cf. És. 45. 7.
[11] Toujours orthographié « Danel », cf. 28. 3.
[12] Cf. Martin NOTH, « Noah, Daniel und Hiob in Ezekiel XIV », *V.T.*, 1951, 251-260. Pour une lecture tout autre — midrashique —, on se reportera à Midrash Beréshit Rabba, éd. Mann, p. 151 : « Noé vit un monde

Cette tradition remonte à la littérature cananéenne d'Ougarit dont un des héros est un roi plein de sagesse nommé Danel[13]. Il est à l'origine de la tradition à laquelle fait écho 1 Hénoch 6 ; 7 ; 69. 2[14]. En entretenant la fiction que le livre a été écrit par cet ancien patriarche moyen-oriental connu pour sa science universelle, l'auteur biblique indique dès l'abord dans quel esprit il présente son œuvre et le sens de son projet. Ainsi que l'écrit Martin Hengel[15], « la grande ancienneté fictive de ces écrits en garantissait la vérité. La *forme pseudépigraphique* devint par nécessité une règle fixe de l'apocalyptique juive, car la prétention inouïe des apocalypticiens d'être au bénéfice de la révélation ne pouvait être maintenue que par référence à ceux qui avaient autrefois reçu l'Esprit ». C'est pourquoi le caractère pseudépigraphique est commun à toute « la littérature de révélation » du monde hellénistique[16], comme par exemple les écrits sibyllins, hermétiques et orphiques. Or ces derniers sont en relation étroite avec la littérature internationale de sagesse. Ce fait devra retenir notre attention. Il suggère la présence d'une influence étrangère, du moins sur la forme de l'apocalyptique juive. Nous en trouverons d'autres confirmations dans le cours de notre étude. Il faut cependant se souvenir que le procédé pseudonymique est fort ancien dans l'Écriture. Le Pentateuque l'emploie déjà. Ainsi Genèse 49, écrit entre 1000

complété, détruit, complété (à nouveau) ; Job vit sa maison/famille construite, mise en pièces, reconstruite ; Daniel vit le Temple fondé, dévasté, fondé (à nouveau). »

[13] Cf. *Syria* 12, 1931, 21-22 ; 77 ; 193 ; W. ALBRIGHT, *J.B.L.* 51, 1932, 99-100 ; *B.A.S.O.R.* 46, 1932, 19 ; *B.A.S.O.R.* 63, 1936, 27.

[14] Pour Norman W. PORTEOUS, *Daniel*, Philadelphia, 1965, 17, il faut peut-être moins penser au Danel de Ras Shamra-Ougarit (2 Aqhat V : 7-8) qu'au Danel de Jubilés 4. 20 : Hénoch le premier sage épousa Edmu, « la fille de Danel ».

[15] Martin HENGEL, *Judentum und Hellenismus, Studien zu ihrer Begegnung unter besonderer Berücksichtigung Palästinas bis zur Mitte des 2. Jhs. v. Chr.*, Tübingen, 1973, en traduction anglaise : *Judaism and Hellenism*, London, Philadelphia, 1974, 205.

[16] Cf. « L'Oracle du Potier », papyrus en grec d'Oxyrhynchos datant des IIe-IIIe siècles après J.-C. Le Potier est un sage qui a vécu un millénaire plus tôt, sous le règne d'Aménophis III !

et 932, prétend remonter au XIVᵉ siècle¹⁷. De même nombre de Psaumes sont dits « de David », les Proverbes sont « de Salomon », les discours du Deutéronome « de Moïse », etc.

Il est vrai que Daniel est un nom relativement fréquent dans la Bible[18] : cf. 1 Chroniques 3. 1 (un fils de David et d'Abigaïl) ; dans Esdras 8. 2 et Néhémie 10. 7, c'est le nom d'un prêtre rentré d'exil à Jérusalem. Sa ponctuation (vocalisation) est uniformément étrange car elle obscurcit l'élément théophorique du nom *(Daniyé'l,* au lieu de *Dany'él)*[19].

En accadien, le nom « Danilu » est attesté depuis 2000 avant J.-C.[20]. En hébreu, le nom signifie « Dieu est le défenseur de mon droit » (cf. Genèse 30. 6 à propos de Dan). Il semble évident que l'auteur de notre livre a tiré parti des légendes circulant autour de Danel, héros incomparablement sage, en l'associant avec (le prêtre) « Daniel », un des exilés judéens à Babylone (VIᵉ siècle avant J.-C.)[21].

Le procédé pseudonymique répond à deux conditions. D'une part, on était persuadé de l'épuisement de l'esprit prophétique depuis Aggée, Zacharie, Malachie, conviction qui s'est maintenue jusqu'à ce jour dans le judaïsme rabbinique[22]. Pour

---

[17] Cf. R. DE VAUX, *La Genèse*, Paris, 1961, *ad loc.*

[18] Selon C.D. GINSBURG, *Introduction to the Massoretico-Critical Edition of the Hebrew Bible*, (rééd. Ktav), New York, 1966, 397, le mot apparaît 81 fois, dont 30 fois en hébreu.

[19] Mais elle est en accord avec la règle massorétique selon laquelle « le *tséré* doit être sous le *jod*, selon le célèbre codex du pays d'Éden » (cf. Orient 2350, fol. 27a, British Museum, Ginsburg, *op. cit.*, 397, et note 2).

[20] Cf. J. DE FRAINE in *V. Dom.* 25, 1947, 127.

[21] On notera à ce sujet que la littérature traditionnelle juive tient Daniel pour être de descendance royale et même davidique. Saadya Gaon se base par exemple sur Dan. 1. 3. Il aurait été parent du roi Sédécias (cf. Josèphe *Ant.* X, 10, 1). Ésaïe 39. 7 est interprété comme une prédiction de sa carrière (*Sanh.* 39b) ; sa sagesse l'emporte sur celle de tous les sages des nations mis ensemble (*Yoma* 77a). Il transmet ses pouvoirs à Zorobabel.

[22] Selon Siracide 49. 10, par exemple, les « douze prophètes » constituent une catégorie close. Cf. 1 Macch. 4. 46 ; 9. 27. Pr. d'Azariah dans Dan. en grec 3. 28 ; Josèphe *C. Apion.* I. 8 ; *Pirke Aboth* 1 : 1. Cf. *Meg.* 3a : « Ils (Aggée, Zacharie, Malachie) sont prophètes, mais lui (Daniel) n'est pas prophète. » Rashi commente : « Ils sont prophètes parce qu'ils ont prophétisé

G.H. Box d'ailleurs, l'absence de prophètes, coïncidant avec les conquêtes d'Alexandre le Grand et l'influence grecque, constitue l'événement par excellence de l'époque. Il écrit : « L'ancien contrôle exercé par le grand prêtre et les sopherim sacerdotaux n'était plus possible. Ainsi, pendant quelque soixante-dix à quatre-vingts ans (270-190 avant J.-C.), il semble qu'il y ait eu interruption de l'enseignement magistral[23]. » D'autre part, conformément à la mentalité du Moyen-Orient ancien, les auteurs israélites ont toujours considéré comme parfaitement légitime de mettre sous le nom d'un héros du passé (parfois lointain) des écrits qui expriment — même fictivement — leur pensée[24]. Nous avons là un des phénomènes littéraires les plus importants pour la critique biblique. La tradition juive postérieure dira, dans le même esprit, que tout enseignement véridique d'un « disciple de sage » ne fait que répéter ce que Moïse a reçu en révélation sur le mont Sinaï[25]. Le principe est ancien. Il

---

pour Israël comme envoyés de prophétie. » Selon *Meg.* 14a et *Seder Olam R.* ch. 20-21, il y eut 48 prophètes et 7 prophétesses en Israël. Lorsque le dernier prophète mourut, l'Esprit se retira d'Israël. (Cf. *Tos. Sotah* 13.2 ; *Sanh.* 11a.) Y. KAUFMANN, *Histoire de la foi d'Israël*, Tel Aviv, 1956 (en hébreu), vol. 8, 409 ss, fait remarquer que Daniel garde ses révélations pour lui-même (7. 28) jusqu'à l'échéance des événements (8. 26 ; 12. 4, 9). Il ne fait lui-même aucun miracle. Daniel est un homme extraordinaire, mais seulement par sa *sagesse* (1. 17, 20). Dans les chapitres 1-6, il ne rêve pas lui-même. En 2. 19, il ne fait que revoir le songe du roi. Même dans les chapitres 7 à 12, il est à la recherche de la compréhension *(bînah)*, cf. 7. 16 ; 8. 15 ; 9. 22-23 ; 10. 1, 11-12. Il n'y a aucun parallèle dans la prophétie biblique. Y. Kaufmann en conclut que la prophétie classique se termine en Malachie 3 et que la prophétie apocalyptique commence en Daniel 7. Les histoires rapportées aux chapitres 1-6 constituent la transition entre les deux genres.

[23] *Judaism in the Greek Period*, Oxford, 1932, 51 s.
[24] Cf. D.S. RUSSELL, *The Method and Message of Jewish Apocalyptic*, London, 1964, 127-139 : les apocalypticiens ont conscience d'appartenir à une lignée, ou à une personnalité collective, comprenant Hénoch, Moïse, Esdras, Daniel. Ils en sont les héritiers et les représentants.
[25] Cf. *Ber.* 26b ; *Deut. R.* VIII, 6 (sur Dt. 30. 12) ; *j. Meg.* I, 7, 70d ; *b. Hullin* 124a ; *B.M.* 58b s ; *Ex. R.* XXVIII, 4 (cités par S. BARON, *Histoire d'Israël*, Paris, 1957, vol. II, 1121, n. 14, trad. franç. par V. NIKIPROWETZKY).

explique par exemple qu'il peut y avoir deux ou trois œuvres d'auteurs différents placés uniformément sous le nom d'Ésaïe ou de Zacharie. Il affirme surtout l'unité d'inspiration divine entre auteurs d'époques variées[26].

Le procédé de pseudonymie implique un certain ésotérisme. Les secrets eschatologiques n'ont été connus au cours de l'histoire que par quelques saints particulièrement éclairés. Ils ne sont révélés ($\alpha\pi o\varkappa\alpha\lambda\upsilon\psi\iota\varsigma$) maintenant ouvertement et publiquement que pour opérer, dans l'humanité et dans le Peuple saint, le triage final entre les élus et les réprouvés. En ce sens, la révélation reste « cachée », impénétrable pour les yeux non dessillés (cf. Dan. 8. 26 ; 12. 4, 9)[27]. C'est ce qui fait du livre de *Daniel*, non seulement une apocalypse mais aussi le premier exemple connu d'apocryphe, c'est-à-dire, selon la définition donnée à ce mot par Montgomery[28], « un livre prétendument antique et caché expressément jusqu'à ce qu'une urgence en provoque la publication ».

PROBLÈME D'AUTHENTICITÉ

Le livre de *Daniel* s'ouvre sur une indication chronologique : « En l'an trois du règne de Yehoyaqim[29], roi de Juda, Nébuchadnetsar, roi de Babylone, vint à Jérusalem et l'assiégea » (1.1). Cependant, dès le IIIe siècle de notre ère, le critique païen Porphyre[30] attaque l'authenticité de cette chronologie. Il

---

[26] Tout ceci est évidemment important pour la conception sous-jacente du temps.

[27] Selon 4 Esdras 14, les livres apocryphes semblent plus excellents que les livres canoniques. Ils ne sont destinés qu'à l'élite. Cf. J.-B. FREY : *Supplément au Dictionnaire de la Bible*, vol. I, art. « Apocalyptique », Paris, 1928.

[28] J.A. MONTGOMERY, *A Critical and Exegetical Commentary on the Book of Daniel*, New York, 1927, 76.

[29] C'est-à-dire en 606 ; à moins qu'il ne faille comprendre Yehoyakin, ce qui nous amène vers 594.

[30] Saint Augustin l'a appelé « le plus savant des philosophes ». Ce disciple de Plotin avait émis la théorie que l'auteur du Pentateuque était Esdras

voit dans *Daniel* l'œuvre d'un faussaire écrivant au temps d'Antiochus IV Épiphane (175-163 avant J.-C.).

La solution manque de nuances mais elle est fondamentalement juste. Beaucoup d'éléments le prouvent. Nous en faisons rapidement le tour : non seulement le livre n'a pas été accueilli parmi les prophètes[31], mais il faut descendre jusqu'aux *Oracles sibyllins* (livre III) pour en trouver trace (entre 145 et 140). *1 Macchabées* 1. 54, encore plus tard (entre 134-104), offre un texte parallèle à *Daniel* 9. 27 et 11. 31. De même, on trouve Daniel mentionné dans le livre des *Jubilés* (écrit vers 110 avant J.-C.). Il n'est pas nommé dans *Siracide* (190-180), alors qu'on l'attendrait en 48. 22 par exemple ou en 49. 7, 8, 10. Ce n'est que dans les couches littéraires les plus récentes du livre d'*Hénoch* qu'on en trouve des traces certaines, cf. 104. 2 (fin du Ier siècle avant J.-C.) et dans le « Livre des Paraboles » (encore plus tardif).

La critique externe se voit confirmée par la critique interne. La vision des chapitres 10-11 nous conduit pas à pas jusqu'aux événements de 165 (11. 39) et avant ceux de 164. L'auteur connaît, en effet, la profanation du Temple de Jérusalem par Antiochus IV (7 décembre 167 ; Dan. 11. 31). Il fait allusion à la révolte des Macchabées et aux premiers succès de Judas (166 ; Dan. 11. 34). Mais la mort d'Antiochus (automne 164) qu'il décrit est fictive (Dan. 11. 40 ss) et il ignore la purification du Temple par Judas le 14 décembre 164[32]. On peut situer au moins la deuxième partie du livre de *Daniel* (7-12), avec une très confortable certitude, en 164 avant J.-C. Quant aux chapitres 1-6, ils sont d'une autre facture et appartiennent au genre

---

plutôt que Moïse. Il déclarait aussi que l'Ancien Testament reconnaissait l'existence d'autres dieux et que la foi judéo-chrétienne dans les anges en était une preuve. Ce dernier point ne manque pas d'intérêt pour le lecteur de Daniel. Cf. S.W. BARON, *op. cit.*, vol. II, 803-804.

[31] Ce qui indique, dit KAUFMANN, *op. cit.*, 405-408, que le canon des nebiim a été formé avant l'apparition de la prophétie pseudonymique.

[32] Après la publication de la chronologie des Séleucides en cunéiforme par SACHS—WISEMAN (*Iraq* 16, 1954, 202-212), on sait maintenant que Antiochus IV n'est pas mort au début de 163 mais peu avant la Dédicace du Temple de Jérusalem par Judas Macchabée (14 décembre 164).

littéraire du Midrash (cf. *supra*). Cependant, leur rédaction finale ne peut, en tout état de cause, se situer beaucoup avant celle des chapitres suivants. On y trouve des allusions aux problèmes du judaïsme du IIe siècle avant J.-C., tels que le respect des prescriptions alimentaires lévitiques (cf. Dan. 1. 5-8 ; cf. 2 Macch. 6. 18-31), la résistance à l'idolâtrie imposée par coercition (Dan. 3. 1-12), la divinisation d'un roi humain (6. 6-10)[33], le martyre (3. 9-21 ; 6. 17-18). On ne s'étonnera donc pas de trouver, à travers tout le livre, le thème de l'attente fiévreuse de la mort du tyran : 5. 22, 30 ; 7. 11, 24-26 ; 8. 25 ; 9. 26-27 ; 11. 45.

On trouvera dans le chapitre 2 *infra* une discussion détaillée de la nature et l'âge respectifs de *Daniel A* et *Daniel B*.

Daniel en son temps

A sa mort en 323, Alexandre le Grand laissait un immense empire que ses généraux, qu'on appela diadoques (« successeurs »), se disputèrent immédiatement. L'Égypte échut à Ptolémée, dont la dynastie porta ensuite le nom ; quant à la Syrie, qui comprenait un vaste territoire incluant la Babylonie et la Perse, elle fut gouvernée par les Séleucides. Entre les deux rivaux, la Palestine[34] constituait une région stratégique de première importance, véritable pointe dans le flanc de l'une ou de l'autre puissance.

Dès 312, la Palestine fit partie du royaume ptolémaïque. Elle resta sous cette juridiction plus d'un siècle, jusqu'en 198. Dès Ptolémée II (282-246), on assiste à une intense pénétration égyptienne de la Palestine. Avec elle, un hellénisme égyptianisé

---

[33] On se souviendra que le titre « Épiphane » signifie « apparition divine ». Par dérision, les adversaires d'Antiochus l'ont appelé « Épimane » (fou, maniaque). Cf. Polybe XXVI, 10 ; XXXI, 3-4 ; T. Live XLI, 19f ; Diodore XXIX, 32 ; XXXI, 16, 1-2.

[34] Nous employons ce terme dans un sens purement géographique par manque d'un terme plus juste. On le sait, ce sont les Romains qui forgèrent ce nom qui ignore avec mépris les habitants juifs du pays, au profit des Philistins disparus de l'histoire au Xe siècle avant J.-C. !

s'établit dans cette partie du monde et y demeure quelque soixante ans. « L'ordre nouveau » grec s'imposa d'abord dans des sphères toutes profanes. Ses « missionnaires » en étaient avant tout des mercenaires hellènes qui s'établissaient en « clérouques[35] » ou en « katoikiai » (colonies) jouissant de privilèges économiques spéciaux. A leur contact, des mercenaires juifs se mirent à adopter la langue grecque, en Égypte par exemple, et cette assimilation économiquement profitable pour les intéressés devint vite contagieuse.

A Jérusalem, l'autorité était théoriquement exercée par le grand prêtre investi de pouvoirs religieux et politiques. Mais le régime ptolémaïque, que l'on a caractérisé de « capitalisme d'État sans précédent »[36], avait pris la précaution de flanquer le souverain pontife d'un « prostatès tou hiérou » avec des pouvoirs financiers décisifs. De plus, une assemblée aristocratique appelée « gérousie »[37] était chargée soi-disant de soutenir le grand prêtre. Mais, en pratique, elle s'opposa à lui à maintes reprises. Ces « anciens » jouèrent un rôle déterminant dans la création d'une « polis » à Jérusalem au IIe siècle (cf. *infra*).

Bien que territoire conquis et, de fait, propriété du roi d'Égypte de par « la loi des armes », la Palestine connut sous les Ptolémées une large autonomie et une prospérité économique remarquable. Le prix moral en était cependant, pour les Juifs, extrêmement lourd. Le matérialisme était d'autant plus alléchant que la puissance économique individuelle entraînait des avantages politiques importants. C'est dans les classes sociales aisées que se recruteront plus tard les citoyens libres de la « polis Antioche-à-Jérusalem ».

Après les mercenaires hellènes dont j'ai parlé, un flot constant de marchands et d'immigrants grecs n'avait cessé d'entrer par la brèche ouverte dans l'empire perse par le Macédonien. Ils venaient avec un programme et une conception du monde

---

[35] Nom des colonies grecques en territoire occupé. Les colons gardèrent la citoyenneté grecque et reçurent un lot de terrain prélevé sur la population locale.
[36] Martin HENGEL, *op. cit.*, I, 20.
[37] La gérousie donna plus tard naissance au sanhédrin.

irrésistibles, basés sur l'*oikoumènè*. Tous les peuples étaient invités à s'unir et à assurer l'harmonie de l'univers. Il suffisait que chacun cherche et trouve sa place dans un monde devenu l'habitat de l'homme. William Durant écrit[38] que l'harmonie « fut littéralement adorée comme divine par le peuple ». Ainsi, l'Asie occidentale devint spirituellement hellénistique tout en gardant certaines caractéristiques locales telles que la monarchie absolue et des pratiques religieuses centrées sur les dieux ancestraux[39].

Cependant, le monde moyen-oriental connaissait des convulsions profondes dues à la rivalité entre Ptolémées et Séleucides. La fin du IIIe siècle voit la décadence de l'Égypte, gouvernée par un Ptolémée, Philopator (221-203), aux mœurs dissolues et très attaché aux cultes orgiastiques de la Grande Mère et de Dionysos. Au même moment, un homme énergique gouverne en Syrie, Antiochus III. Il tire avantage d'une révolte intestine contre Philopator et pénètre en Palestine. Il obtient une grande victoire à Paneion en 200 et la Palestine devient séleucide en 198.

« L'Égypte à part, écrit Pierre Jouguet[40], l'empire séleucide englobe les plus anciens et les plus glorieux foyers de la civilisation humaine : Babylone, Suse, Jérusalem. Il renferme les ruines de Troie et les ruines de Ninive. Il se trouve être l'étrange et commune patrie des formes les plus diverses de l'inspiration poétique et religieuse : les cantiques de David, la prédication de Zoroastre, l'épopée d'Homère sont nés sous ce ciel éclatant. » Mais il a manqué à cet empire une unité d'âme que le roi peut-être aurait pu incarner. Mais la société y était de type féodal et la souveraineté monarchique était plus théori-

---

[38] *The Story of Civilization*, New York, 1935, vol. 2, 575.

[39] L'évolution avait commencé du vivant d'Alexandre. Ce dernier avait été par exemple de plus en plus tenté par certaines conceptions perses, surtout la déification du souverain. Comme l'écrit W. DURANT : « The Greeks offered the East philosophy, the East offered Greece religion ; religion won because philosophy was a luxury for the few, religion was a consolation for the many » (p. 578).

[40] *L'impérialisme macédonien et l'hellénisation de l'Orient*, Paris, 1961, 415.

que que réelle. De fait, le pouvoir séleucide reposait sur l'infrastructure des cités grecques implantées en Asie Mineure[41].

Le géant était donc aux pieds d'argile. Mieux que quiconque, certains en Israël en avaient l'intuition.

« Il n'y eut qu'une tradition dans le monde méditerranéen à ne pas se soumettre au pouvoir grec ou romain : la tradition d'Israël. Dans sa résistance, elle déploya une force égale (à celle de l'adversaire) et une incomparable ténacité. Certes, le judaïsme put s'accommoder diversement avec l'hellénisme et, ce faisant, passer par des modifications importantes, mais, toujours, il imposa autant qu'il subit. En définitive, la culture intellectuelle grecque et la sagacité impériale romaine durent s'incliner devant la suprématie de la religion hébraïque[42]. »

Comme au temps des Ptolémées, le spectacle qu'offrait aux Juifs « orthodoxes » la société séleucide n'était rien moins que choquant. L'empire comprenait de vastes domaines appartenant à de véritables principautés religieuses « avec leur peuple de hiérodules, de dévots, de possédés (théophorètoi), de courtisanes sacrées, leurs fêtes périodiques et les foires dont elles étaient l'occasion[43]. » Quant aux cités « grécisées », on y trouvait une manière de vivre où l'immoralité sexuelle jouait un grand rôle. Les jeux athlétiques, les bains publics, les joutes oratoires étaient passés au rang d'institutions. Au risque d'anticiper, notons dès maintenant que de jeunes Juifs à Jérusalem se feront opérer pour cacher leur circoncision considérée par les Grecs comme une sorte de castration (cf. 1 Macch. 1. 15).

---

[41] Rien qu'en Palestine : Samarie, Sichem (Néapolis), Jaffa (Joppa), Ashdod (Azotus), Ascalon, Gaza, Apollonia, Doris, Sycamina, Haïfa (Polis), Acco.

[42] BENAN and SINGER, « Hellenistic Judaism », in *The Legacy of Israel*, Oxford, 1927, 1 : « There was only one tradition in the Mediterranean world which did not go down under the predominance of Greece and Rome, which met with equal power and showed a unique stubbornness of resistance — the tradition of Israel. Judaism might indeed enter into various combinations with Hellenism, in which the Jewish tradition underwent notable modification, but it always gave as well as received, and in the end, Greek intellectual culture and Roman imperial sagacity had to accept the supremacy of a Hebraic religion. »

[43] Pierre JOUGUET, *op. cit.*, 421.

Les masses juives cependant restaient réfractaires, phénomène d'autant plus remarquable qu'il reste unique à cette époque. Cette résistance, latente sous les Ptolémées, s'accentua encore après 198, sous la domination séleucide. Après des débuts très libéraux, en effet, le régime durcit ses positions et finit par recourir à la persécution pour forcer les Juifs récalcitrants à adopter l'hellénisme. Il s'appuyait à Jérusalem même sur un parti qui s'était constitué pour collaborer avec le pouvoir. Composé de la classe sacerdotale et aristocratique, ce parti avait à sa tête la famille des Tobiades. Il est possible que leur allégeance au gouvernement syrien n'ait pas été sans duplicité, entretenant le secret espoir de mieux triompher de l'étranger et de rejeter son joug[44]. Quoi qu'il en soit, les Tobiades trouvaient une vive opposition chez les Oniades, autre famille influente de Jérusalem, partisans des Ptolémées d'Égypte.

C'est sur cette toile de fond que nous voudrions maintenant examiner les événements qui vont avoir une portée décisive sur le judaïsme contemporain et, au-delà, sur la naissance de sectes juives apocalyptiques parmi lesquelles le hassidisme, l'essénisme, Qumrân et le christianisme.

En 191, le Séleucide Antiochus III le Grand est battu par les Romains au défilé des Thermopyles. Première intervention romaine dans cette partie du monde, elle met fin définitivement à l'expansion de l'Orient en Méditerranée. Antiochus devient vassal de Rome aux termes du traité de paix d'Apamée (189) et doit livrer son fils, le futur Antiochus IV, comme otage. Deux ans plus tard, Antiochus III est assassiné et un autre de ses fils, Séleucus IV Philopator (187-175), lui succède.

Daniel 11. 20 rapporte que Séleucus envoya son chef des finances, Héliodore, à Jérusalem avec mission de saisir le trésor du Temple. Apparemment, le grand prêtre Onias III, partisan des Ptolémées, n'avait pas versé le tribut aux rois séleucides, et un certain Simon[45], briguant le pontificat, avait rap-

---

[44] Ce point est, je l'avoue, spéculatif (cf. *infra*, p. 24). Lorsque les documents redeviennent clairs quelques années plus tard, ils révèlent un parfait cynisme chez les Tobiades et leurs partisans.

[45] Créature des Tobiades, Simon était de la famille sacerdotale des Bilga,

porté à Séleucus IV qu'Onias III cachait un trésor dans le Temple de Jérusalem. Héliodore ne put cependant s'acquitter de sa mission. Selon 2 Macchabées 3, il en fut empêché par une apparition surnaturelle[46]. Onias III était dans une position difficile. Il résolut d'aller plaider sa cause en personne auprès du roi, mais celui-ci mourut, empoisonné par Héliodore (176). Sur ces entrefaites, Antiochus IV était revenu de Rome avec la promesse de rétablir le temple de Zeus Olympien à Athènes. Ce retour et la mort de Séleucus furent l'occasion pour le parti hellénistique à Jérusalem de faire une sorte de révolution de palais avec l'appui de Jason, frère d'Onias III. Jason réussit à se faire nommer grand prêtre à la place de son frère par Antiochus à qui il avait promis des sommes énormes. Avec Jason, le parti hellénistique prit le pouvoir à Jérusalem (174-171).

En 172, Ménélas, frère de Simon « le Tobiade », parvint à dépouiller Jason de la grande prêtrise en promettant encore plus d'argent à Antiochus. N'étant pas de famille sacerdotale saddoqite, Ménélas souleva une vive opposition, même parmi les hellénisants[47]. Il mit le comble à l'infamie en puisant dans le trésor du temple de Jérusalem et en faisant assassiner Onias III.

Onias avait été considéré par le peuple comme un saint, peut-être même comme une figure messianique (cf. Dan. 9. 25-26[48] ; 11. 22). 2 Macchabées 3.1 le loue pour « sa piété et pour sa sévérité envers les méchants ». Sa mort galvanisa les

---

non saddoqites (cf. m. *Sukkah* 5. 8c). Il est le frère de Ménélas dont il sera question et qui deviendra grand prêtre. Simon, « prostatès tou hiérou », était bien placé pour porter son accusation contre Onias.

[46] Daniel 11. 20 : « non par suite de la colère ou de la guerre ».

[47] L'autorité sacerdotale, si effective entre le IVe et le IIe siècles, se fondait sur l'alliance avec Pinchas, fils d'Éliézer, fils d'Aaron. Au temps de Salomon, le chef des prêtres, Saddoq, était, fiction ou réalité, descendant de Pinchas. La lignée continue sans interruption jusqu'à Onias III. Elle est interrompue par Jason puis, surtout, par Ménélas. Dans Ass. Mos. 5, Jason et Ménélas sont appelés « esclaves fils d'esclaves ».

[48] Cf. en particulier la version de Théodotion sur le v. 26. De même, Jason de Cyrène (cf. Siracide) en fait un homme zélé pour la Loi. Il est étrange cependant qu'Onias se réfugie dans un sanctuaire d'Apollon et Artémis à Daphné.

énergies du parti de l'opposition et eut pour conséquence directe ou indirecte la constitution de la secte des hassidim (les pieux, les fidèles de la vraie foi) à qui nous devons le livre de *Daniel* (cf. *infra*).

La fausse nouvelle de la mort du roi ayant été répandue à Jérusalem, la rébellion contre la Syrie y éclata et l'indépendance fut proclamée. De fait, nous racontent les historiens latins Polybe (cf. XXIX. 1) et Tite-Live (cf. XLIV. 19 ; XLV. 12), le consul romain Gaius Popilius Laenas était venu à la rencontre d'Antiochus IV victorieux en Égypte et dès lors trop puissant aux yeux de Rome. Les deux hommes s'affrontèrent aux environs d'Alexandrie et Gaius notifia de la part du Sénat romain au Syrien d'avoir à se retirer. L'ultimatum était appuyé par la présence de la flotte romaine[49] au large des côtes syriennes. Antiochus dut s'incliner.

Pendant ce temps-là donc, des événements graves se déroulaient à Jérusalem. Malgré quelque confusion dans nos sources[50], il semble que la chronologie des faits soit la suivante : Jason, le grand prêtre évincé par Ménélas, prend la tête de l'opposition à Jérusalem. Il se rend maître de la ville au cours d'une guerre civile (cf. 2 Macch. 5. 6). A son retour d'Égypte cependant, Antiochus reprend Jérusalem en une campagne

---

[49] « Des navires de Kittim » (Rome), Daniel 11. 30.

[50] Il n'y a pas moins de quatre versions, toutes tendancieuses, des événements. Pour Daniel 11. 23 s, Antiochus, après avoir pillé le Temple en 169, attaque Jérusalem en 168 en « usant de tromperie » et « en pleine paix ». Josèphe (*C. Apion.* 2. 83) appuie cette interprétation et passe aussi sous silence toute éventuelle révolte contre Antiochus à Jérusalem. Les motifs du roi n'étaient que convoitise (cf. Dan. 11. 24 ; Polybe XXVII. 13 ; Diodore XXX. 2 ; 1 Macch. 1. 16). Dans la même perspective, la version de 1 Macchabées affirme qu'il ne faut s'attendre à rien de mieux de la part de païens. Mais à ces deux voix juives s'opposent une version séleucide selon laquelle le pillage du Temple fut un châtiment de la révolte à Jérusalem contre le roi, et une version plus nettement antijuive pour laquelle Antiochus agit en représentant de la civilisation contre le provincialisme juif (cf. Diodore ; Tacite). Sur toute cette question, on se référera à E. BICKERMAN, *The God of the Maccabees*, et à V. TCHERIKOVER, *Hellenistic Civilization and the Jews* (cf. *Der Gott der Makkabäen*, Berlin, 1937 ; en trad. angl., Leiden, S.J.L.A. 32, 1979 ; sur *Hellenistic Civilization...*, cf. note 59 *infra*).

éclair (2 Macch. 5. 11 ss). Il massacre 40 000 personnes et en vend autant comme esclaves. Mais à peine a-t-il quitté la ville que la rébellion y reprend (cf. 2 Macch. 5. 22).

Apollonius, chef des mercenaires, reprend la cité pendant un sabbat, en 167. Il construit la citadelle de l'Acra qui devint le centre de la « polis » grecque (cf. 1 Macch. 1. 25-26 ; de nombreux habitants abandonnent la ville, cf. aussi le v. 45). C'est des citoyens hellénisés de la « polis » que parle par exemple Daniel 11. 30 qui les appelle « ceux qui abandonnent l'Alliance sainte[51] » (cf. 1 Macch. 1. 11-15, 43, 52). Même le Temple devint la propriété commune des citoyens judéo-païens[52].

Daniel 11. 32 est témoin des dissensions que nous avons signalées au sein du peuple juif. Des partis se cristallisent à Jérusalem qui seront à l'origine des sadducéens, des hassidim, et plus tard des pharisiens, des hérodiens, etc. Les sympathies de *Daniel* vont, évidemment, aux membres de son parti, les hassidim[53]. Ils « agiront avec fermeté » ; ne sont-ils pas appelés « vaillants d'Israël » par 1 Macchabées 2. 42 ? Ce sont des « gens réfléchis », capables « d'instruire un grand nombre » (Dan. 11. 33) ; il y avait en effet beaucoup de scribes dans leurs rangs (cf. 1 Macch. 7. 12).

Quant à leurs adversaires, ils sont décrits par *Daniel* comme « profanateurs de l'Alliance » (11. 32) ; l'expression se retrouve à Qumrân (1 QM 1. 2 ; cf. CD 20. 26) pour désigner, comme ici, le parti des hellénisants. Antiochus « les fera apostasier par des intrigues » (cf. 1 Macch. 1. 52)[54]. Ce rapprochement avec Qumrân ne manque pas d'intérêt. L'hypothèse d'un *Daniel*

---

[51] Il est intéressant d'opposer à cette expression le cri de guerre de Mattathias : « Quiconque a le zèle de la Loi et maintient l'Alliance, qu'il me suive » (1 Macch. 2. 27).

[52] Sur la « polis » établie à Jérusalem, cf. *infra*.

[53] « Le peuple de ceux qui connaissent leur Dieu », cf. 8. 24, 25, 27 ; 1 Macch. 1. 65 (2, 20, 29, 42) ; 2 Macch. 6. 9 ; CD 6. 2 (8. 5) ; 20. 27 ; cf. 3. 10 ; 6. 6 ; 19. 9 ; 1 Qp Hab 5. 7 ; 12. 3-5...

[54] On trouve le terme « halaqôth » à différentes reprises à Qumrân, dans l'expression : « les chercheurs d'allégements », cf. 4 Qp Nah 1. 7 ; 2. 2, 4 ; 3. 3, 6-7 ; 4 Qp Is c li. 10...

assidéen (hassid), que je défendrai dans la suite de cet ouvrage, s'en trouve ainsi fortement confirmée, et nous pouvons mieux comprendre qu'Antiochus IV apparaisse à un auteur « fondamentaliste » comme la personnification du mal. Il est même le produit le plus raffiné et ultime de la méchanceté des empires humains en révolte contre Dieu (cf. Daniel 2, 7, 11 et *passim*). Le sommet du blasphème contre le Seigneur est atteint par l'autodéification du roi (cf. 1 Macch. 1. 49 ; 2 Macch. 5. 7 ss). Celui-ci s'élève au-dessus de tous les dieux (cf. Dan. 7. 8, 20). Il prononce, dit Daniel 11. 36, des « niphlaôth », « des choses monstrueuses, des calomnies révoltantes »[55]. Pour *Daniel*, il faut d'ailleurs que la révolte contre Dieu atteigne son comble, car, ainsi, la colère divine sera complète[56].

Plus objectivement, Adam C. Welch[57] rappelle que « la horde conduite par Alexandre n'était pas formée que de philosophes grecs... et que l'empereur n'avait guère d'autre recours que d'unifier son royaume autour de sa propre personnalité ». Ce qui est aussi valable pour Antiochus IV. Celui-ci se voit discrédité par des sources tendancieuses, pour avoir remplacé les dieux syriens de ses pères par Zeus Olympios qu'il représenta sous ses propres traits (cf. Dan. 11, 37-38)[58]. 1 Macchabées 1. 41 ss insinue même qu'Antiochus tenta d'établir un monothéisme païen ; « fait sans parallèle dans le monde gréco-romain avant le IIIe siècle après J.-C. », dit V. Tcherikover[59] qui rejette cette hypothèse comme « not credible » (cf. p. 398). Quoi qu'il en soit, le temple de Jérusalem reçut le nom de Temple de Zeus Olympios et les Juifs furent forcés d'y célébrer une cérémonie royale chaque mois et de participer à la procession rituelle en l'honneur de Dionysos[60].

---

[55] Cf. la grammaire hébraïque de Gesenius-Buhl (17e éd.), *ad loc*.
[56] Cf. mon commentaire dans la collection *C.A.T.* XVb.
[57] *Visions of the End*, London, 1958, 67.
[58] L'authenticité historique de cette auto-iconographie est aujourd'hui contestée (cf. M. HENGEL, *op. cit.* I, 285 ; II, 190). Paul utilise le texte de Daniel 11. 37-38 dans 2 Thess. 2. 4 pour décrire l'Antichrist.
[59] *Hellenistic Civilization and the Jews* (tr. ang. par S. APPLEBAUM), Philadelphia, 1959 (New York, 1970), 182.
[60] Cf. *Infra*.

On ne retiendra pas l'explication, pourtant tentante, de L. Cerfaux et J. Tondriau[61] selon laquelle, « ... pour réaliser le culte des souverains, il fallait non seulement avoir porté aux nues le prestige des mortels (Alexandre y avait puissamment contribué) mais aussi avoir dévalué les immortels (la religion olympienne souffrait effectivement de cette "dévaluation") ». Car Zeus est certainement le dieu désigné par « la divinité des citadelles[62] » en Daniel 11. 38. Antiochus lui fit aussi ériger un temple magnifique à Antioche, d'après Tite-Live XLV. 20. Cette manifestation de piété à l'égard des dieux traditionnels est d'ailleurs un trait commun des souverains hellénistiques. Tant en Syrie qu'en Égypte, les cultes divers s'associent et se fertilisent mutuellement. Dès Antiochus I, il y a assimilation de Séleucus, diadoque d'Alexandre, à Zeus, Apollon étant considéré comme fondateur de la dynastie. Plus tard, on ira jusqu'à diviniser les souverains séleucides de leur vivant. Parallèlement, en Égypte, où la divinisation des pharaons était depuis toujours au centre de la religion, les Ptolémées, dès 270, se considèrent comme des dieux. Ici aussi le culte dynastique enrichit un fonds religieux où le panthéon traditionnel garde plus ou moins sa place. C'est pour respecter ces traditions religieuses diverses — et en tirer parti — que le culte d'État s'adapte aux particularités locales et en épouse les formes[63].

Il semble que l'indignation de *Daniel* ait été provoquée par

---

[61] *Le culte des souverains dans la civilisation gréco-romaine*, Tournai, 1957, 263.

[62] O.S. RANKIN (« The Festival of Hanukkah » in *The Labyrinth*, London, 1935, S.H. HOOKE ed., 198), citant H. GRESSMANN (*Die Hellenistische Gestirnreligion*, 19-20), pense qu'il s'agit plutôt du dieu Kronos-Hélios dont la nature est guerrière (cf. Or. Sib. III, 97-154). L'élément astral peut avoir été regardé au temps de Daniel comme une importation récente.
A la suite de B. LIFSHITZ (*Z.D.P.V.* 77, 1961, 186 ss) et de H. SEYRIG (*Syria* 39, 1962, 207 s), M. HENGEL (*op. cit.*, II, 189, n. 169) pense, comme nous, qu'il ne s'agit pas de Zeus Capitolin (cf. R.H. CHARLES : *Daniel*, 316), mais du « dieu de l'Acra ». Il renvoie à une inscription de Scythopolis dédiée à « Zeus Akraios ». Cf. mon commentaire *(C.A.T.), ad loc.*

[63] Le culte royal est évidemment particulièrement en place dans les villes fondées par les souverains, telles que Démétria, Cassandreia, Séleucie, Ptolémaïs, Alexandrie, Antioche, etc.

l'attribution d'un *nom* (Zeus Akraios) à la divinité « anonyme » du Temple, qui de la sorte était cependant maintenue comme telle. Il faut voir dans cette démarche du roi « un acte de désignation "non essentielle", ce que les anciens grammairiens appelaient "denominatio"[64] » ; de plus, le culte à Jérusalem resta sans images. Daniel 11. 38 montre que la divinité n'est pas « grécisée ». Il s'agit de Zeus-Baal Shamim. Quant à l'installation dans le Temple de « l'abomination dévastatrice » (mentionnée trois fois dans Daniel, cf. 9. 27 ; 11. 31 ; 12. 11), il s'agit, dit E. Bickerman, d'une altération de l'autel des holocaustes dans les parvis (cf. 1 Macch. 1. 54, 59 ; 6. 7 ; *Ant.* XII. 253). A la base de cette conception, il y a la bomolâtrie syro-phénicienne, à laquelle renvoie Porphyre (*De Superst.* II, 56) : « (les Arabes) adorent l'autel comme une idole ». Autrement dit, l'autel des holocaustes « devint le support d'une effigie »[65] et servit de modèle pour une prolifération en Judée d'autels semblables (2 Macch. 10. 2 ; 1 Macch. 1. 51, 54 s ; 2. 23, 43, 45). Antiochus ne tenta donc pas d'imposer une autre divinité aux Juifs, mais une nouvelle conception religieuse et une autre structure cultuelle auxquelles des Juifs hellénisés de la Diaspora et de Jérusalem étaient prêts de s'accommoder[66]. Ce n'est qu'après la révolte de 169-168 qu'Antiochus recourut à la persécution pour imposer aux Juifs une uniformité religieuse (cf. 1 Macch. 1. 41) d'autant plus rigide que les mesures « libérales » avaient échoué.

Le parti proséleucide à Jérusalem était disposé à soutenir Antiochus même en cette dernière extrémité. Daniel 11. 23 rend justice à la vérité historique en avouant que la responsabilité ultime du triomphe, à peu de frais, du tyran revint à ce parti collaborationniste. N. Bentwich déjà écrivait : « (Antiochus IV)

---

[64] E. BICKERMAN, *The God of the Maccabees*, 63.
[65] *Ibid.*, 71.
[66] Cf. REITZENSTEIN : *Die hellenistischen Mysterien-Religionen,* Stuttgart, 106, n. 1. Cf. B. ANDERSON, *Understanding the Old Testament*, Englewood Cliffs, 1957, 512 : (Antiochus IV) « n'avait rien contre le fait que les nations avaient d'autres dieux et des coutumes religieuses particulières. Mais il fallait donner la preuve de loyauté politique en adorant Zeus, ce qui signifiait qu'on se soumettait à l'autorité absolue du roi — "dieu révélé" ».

fut moins le promoteur que l'instrument d'une politique dont les racines plongeaient dans la corruption d'une partie du peuple juif[67]. » Emil Schürer renchérit : « ... une partie du peuple (d'Israël), comprenant les classes supérieures et l'intelligentsia, consentirent aisément aux projets d'hellénisation d'Antiochus Épiphane. Elles surpassèrent même ce dernier par leur zèle[68]. » Quant au caractère du roi, le jugement de Schürer en donne un bon aperçu, en conformité avec le témoignage de Polybe (XXVI, 10), dans les lignes qui suivent : « (Antiochus) était par nature un vrai despote, excentrique et peu sûr. Il se montrait parfois d'une générosité extravagante, fraternisant avec le commun d'une manière affectée ; d'autres fois, il était cruel et tyranique. » On a pu le comparer à Caligula et à Néron pour ses contradictions internes. V. Tcherikover nous rappelle cependant qu'Éd. Meyer et M. Rostovtzeff, par exemple, voient en Antiochus IV un homme doué, plein d'énergie et d'activité, une des personnalités les plus importantes de la dynastie[69]. Par contre, A. Bouché-Leclercq et J. Klausner voient en lui un dégénéré[70]. Il était, en tout cas, un helléniste enthousiaste, et cela suffit à en faire un homme méprisable au jugement des Juifs « orthodoxes » de l'époque. Dans une lettre qu'il envoya à Nicanor au sujet des Samaritains, le roi explique ses mesures de répression contre les Juifs en raison du peu d'intérêt qu'ils ont pour une existence « selon les coutumes grecques » (cf. Jos. *Ant.* XII. 263 ; cf. 2 Macch. 6. 9 ; 11. 24). Antiochus avait l'ambition d'être le successeur spirituel d'Alexandre dont c'était « le plan grandiose de fonder un empire mondial. Sa cohésion serait assurée non seulement par un gouvernement

---

[67] *Hellenism*, 1919, 93 ; cité par H.H. ROWLEY, *The Relevance of Apocalyptic*, New York, 1964, 37, n. 3.

[68] *A History of the Jewish People in the Time of Jesus*, (éd. N. GLATZBERG), New York, 1961, 20.

[69] Cf. Ed. Meyer : *Ursprung und Anfänge des Christentums*, Stuttgart, 1921, 139 ss. M. ROSTOVTZEFF, *Social and Economic History of the Hellenistic World*, Oxford, 1941, 738.

[70] A. BOUCHÉ-LECLERCQ, *Histoire des Séleucides*, Paris, 1913, I, 279. J. KLAUSNER, *Histoire du second Temple* (en hb.), Tel Aviv, 1949, II, 177 ss.

unique, mais par une langue commune avec des coutumes et une culture unifiées[71] ».

C'est dans cette perspective que nous pouvons reprendre la question de l'autodéification d'Antiochus « Épiphane ». Daniel 11. 36 dit expressément : « Il s'exaltera et se grandira au-dessus de tout dieu, etc. » Dans un article aux qualités assez inégales, J. Morgenstern[72] fait remonter la conception d'Antiochus comme dieu à la tradition de la ville de Tyr où, déjà vers le XIe siècle, suite à l'expansion commerciale de l'île, on était passé d'un calendrier lunaire à un calendrier solaire, c'est-à-dire à une religion du soleil, condition pour la création d'un empire (p. 139). Baal-Hadad devint Baal-Shamem, « Seigneur du ciel », ou Zeus Olympios, de Josèphe ; Tammuz-Adon devint Melqart, « roi de la cité-État », ou Héraclès, de Josèphe (p. 141). Parallèlement, le roi de Tyr fut identifié avec cette divinité, ainsi qu'il appert de Ézéchiel 28. 1-19. Lorsque, en 172, des jeux furent organisés en l'honneur d'Héraclès-Melqart à Tyr (2 Macch. 4. 18-20), Antiochus assuma le rôle royal-divin en tant qu'*Épiphane* (p. 162). C'est pourquoi, aux dires de Josèphe (*Ant.* XII. 5), les Samaritains adressèrent une lettre « au roi Antiochus, le dieu, l'Épiphane », et sur la monnaie frappée à son nom, on lui trouve attribué le titre de « theos » (p. 164).

Comme Antiochus, d'autre part, ne manquait pas de duplicité ni de fourberie, les sources laissent à penser qu'il insistait sur ces honneurs divins avec les uns et savait les présenter comme purement « symboliques » à d'autres. Ménélas et le parti hellénophile à Jérusalem choisirent évidemment ce dernier terme de l'alternative (cf. Dan. 11. 30b, 32a ; etc.).

Quoi qu'il en soit, même les alliés d'Antiochus eurent à regretter leur coopération. Il n'était pas préférable d'avoir Antiochus comme ami que comme ennemi. Le roi, en effet, ne voyait que ses intérêts particuliers et ceux de ses courtisans

---

[71] *The History of the Jewish People in the Age of Jesus Christ (175 BC-AD 135)*, by Emil SCHÜRER, a new English version by Geza VERMES and Fergus MILLAR, vol. I, Edinburgh, 1973, 143.

[72] J. MORGENSTERN, « The King-God among the Western Semites and the meaning of Epiphanes », *V.T.* X, no. 2, 138-197.

puissants, auprès desquels les Juifs collaborateurs n'avaient que peu de poids[73]. Ceux-ci eurent beau construire des autels « aux portes des maisons et dans les rues » pour détrôner le Temple de Jérusalem comme endroit unique où l'on pouvait sacrifier, ils ne purent conjurer le triste sort de la ville. Le roi syrien y établit ses propres soldats qui procédèrent à la transformation radicale de la cité juive. Comme l'écrit V. Tcherikover[74], « Toute *cleruchia* ou *katoikia* au temps hellénistique était militaire dans sa composition et son organisation... » (Jos. *Ant.* XII, 159). Ceci impliquait, selon Thucydide (cf. I, 114, 3 ; II, 70, 4 ; IV, 102, 3), la confiscation des propriétés, des actes vexatoires et des violences à l'égard des premiers habitants, l'imposition de taxes et même l'expulsion de la ville.

En Palestine, comme dans les autres territoires de l'empire alexandrin, des « Grecs » — c'est-à-dire des immigrants de l'Hellade et la masse hétéroclite qui s'était hellénisée à leur contact — s'étaient établis et avaient créé des communautés répondant à leurs conceptions sociales et philosophiques. En comparaison, les cités autochtones apparaissaient à ces colons comme des vestiges d'une époque révolue et barbare. Eux étaient les pionniers de la civilisation. Les autres étaient des sous-hommes sans culture et leur existence était sans saveur[75].

Par goût, et aussi par opposition à l'obscurantisme des Asiatiques, les « Grecs » s'adonnaient à un mode d'existence épicurien. Chaque « polis » avait ses institutions grecques fondamentales : ses temples aux dieux et déesses helléniques, ses écoles et académies où l'on cultivait les sciences et les arts comme à Athènes ou à Corinthe, ses gymnases où les jeunes hommes se dénudaient pour rivaliser de force et d'adresse, son agora où l'on discutait des libertés municipales et individuelles[76].

---

[73] Cf. mon Commentaire *ad* Daniel 11. 24.
[74] *Op. cit.*, 189. Cf. *supra*.
[75] Paul CLOCHÉ, *Alexandre le Grand*, Neuchâtel, 1953, 139, rappelle que Callisthène, l'un des principaux amis d'Alexandre et neveu d'Aristote, croyait, comme son oncle, à une différence foncière de nature entre les Grecs et les Barbares.
[76] Aux antipodes se trouve le pays indigène ou « chora ». C'est le patri-

Comme idéal, on voulait atteindre beauté et harmonie. Quant au « sel de la vie », on le trouvait dans des parties de chants, de danses, de repas raffinés, d'orgies totalement amorales. Le scepticisme triomphait ; toute référence au transcendant était fruit de la superstition des non-civilisés. La religion hellénistique était, quant à elle, devenue un aspect de la culture. Le plus important n'était plus d'obéir à la volonté des dieux, mais de vivre avec son temps. Tout ce qui, dans la tradition des peuples, constituait une barrière puritaine à l'avènement du monde nouveau, était objet de mépris et de sarcasme[77].

Il faut cependant ajouter à ce tableau un aspect fort important et qui fonctionna parfois comme un correctif. La culture hellénistique est « la civilisation de la paideia », pour reprendre une expression de H.I. Marrou[78]. Le Gymnasium est une institution centrale. L'enfant y entre dès l'âge de sept ans et y reste jusqu'à vingt, passant de l'écolier à l'éphèbe (quatorze-seize ans) puis au « jeune homme ». Il lit Homère, s'initie à la mythologie grecque, s'exerce physiquement et militairement, observe les innombrables fêtes et offre un culte au roi. Il s'inscrit dans des compétitions sportives à caractère religieux[79]. Le stoïcisme, sur cette base « pédagogique », est allé au-delà de

---

moine du roi, maître de tout ce qu'il porte et recèle. Il est aussi maître des âmes. Cf. P. JOUGUET, *op. cit.*, 360. La « chora » est méprisée par les Grecs. La pauvreté de ses habitants ne suscite chez eux aucune pitié. M. HENGEL fait remarquer que le grec n'a pas de mot pour aumône (*op. cit.*, 48). Par contraste, la communauté de Qumrân s'applique volontiers le terme de « ebionim » (pauvres).

[77] On peut suivre Franz ALTHEIM (*Alexandre et l'Asie*, trad. de H.E. DEL MEDICO, Paris, 1954) qui voit dans cette forme abâtardie de l'hellénisme une doctrine déjà morte mais brillant encore de ses derniers feux. Quand les peuples asiatiques se furent débarrassés de la domination d'Alexandre, « on s'aperçut qu'on ne savait que faire de la liberté — alors se produisit l'imprévisible : chez les peuple d'Asie redevenus libres, un besoin croissant de modèles grecs se fit sentir » (p. 8, 10).

[78] *Histoire de l'éducation dans l'Antiquité*, Paris, 1948, 139.

[79] Le Gymnase « était souvent placé sous le patronage de dieux du Panthéon grec, Hermès ou Héraclès en particulier » (S. BARON, *Histoire d'Israël ; vie sociale et religieuse*, vol. I, 308).

toute distinction nationale et sociale. Ce qui importe est la sagesse qui n'a pas de frontières. Isocrate (*Panégyrique* IV. 50) s'écrie : « La désignation "hellène" ne semble plus être affaire de descendance mais de disposition. Ceux qui ont en commun avec nous l'éducation ont plus de droits de s'appeler Hellènes que ceux qui n'ont en commun avec nous que la descendance[80]. » On pouvait d'ailleurs se « naturaliser » grec par inscription dans un « politeuma ». On prenait alors un nom grec.

Ce libéralisme rafraîchissant ne fut pas suffisant pour gagner les sympathies des hassidim. Non seulement la nudité des gymnastes était choquante (cf. Jub. 3. 11 sur Gen. 3. 21)[81], mais on faisait un devoir de tout citoyen d'adorer une divinité hellénistique locale. Toute transgression était taxée d'« athéisme », un crime aux yeux de la loi. A cela s'ajoutent la divinisation du roi, le triomphe du mysticisme des mystères prometteurs de salut, les orgies dionysiaques, etc. On comprend dès lors que 2 Macchabées, retournant l'injure des hellénistes à l'égard des « perioikoi »[82] de la « chora », appelle les partisans des Séleucides des « Barbares » (2. 21 ; 4. 25 ; 5. 22 ; 10. 4). Par contre, les Juifs fidèles sont citoyens d'une « polis » sainte et ils luttent pour l'établissement de la « politeia » que leur accorde Dieu lui-même (4. 5, 50 ; 5. 6, 8, 23 ; 9. 19 ; 15. 30 ; 4. 11 ; 8. 17 ; 13. 14)[83].

Cette alternative toute « augustinienne » mettait les Juifs en demeure de choisir la cité de Dieu contre la « polis » hellénistique. Selon 3 Macchabées 2. 30-31 (cf. 3. 21), les Juifs qui, en Égypte, se laissèrent initier aux mystères de Dionysos reçurent la citoyenneté d'Alexandrie.

La tentation fut aussi forte à Jérusalem que partout ailleurs de céder à cette marée d'idées nouvelles. Non seulement elles apparaissaient susceptibles de « libérer » des carcans de la tra-

---

[80] Cité par Martin HENGEL, *op. cit.* I, 65. On devient alors un « homme cultivé » ($\pi\epsilon\pi\alpha\iota\delta\epsilon\upsilon\mu\acute{\epsilon}\nu\epsilon\varsigma$).

[81] Selon le Scythe Anacharsis parlant des Grecs, « dans chacune de leurs cités il y a un endroit à part où les Grecs se conduisent comme des fous jour après jour » (cité par S. BARON, *ibid.*).

[82] Cf. V. TCHERIKOVER, *op. cit.*, 163-165.

[83] Textes cités par M. HENGEL, *op. cit.*, 98.

dition ancestrale, mais elles animaient le corps nouveau d'un monde devenu demeure universelle de l'homme. Qui sait, dès lors, si le Dieu Vivant n'était pas à l'origine de ce développement inouï ? Qui sait si ce n'était pas là une occasion unique pour le judaïsme de devenir véritablement universel ?

Les Tobiades, avons-nous vu, étaient partisans des Séleucides. Ils ne manquaient pas de connaissances ou d'intérêts d'ordre religieux. L'un de leurs fervents partisans et, peut-être, leur parent, Ménélas, on s'en souviendra, devint grand-prêtre. Que ce poste ait été convoité pour des raisons politiques est indéniable. On peut pourtant au moins présumer que l'exercice du pouvoir se doublait, pour les Tobiades, d'un rêve typiquement « juif » : contribuer à l'avènement de l'ère messianique. Nous n'avons, il est vrai, que bien peu d'éléments historiques pour nous faire une idée tant soit peu exacte des arguments en présence entre les partis juifs. Il semble cependant logique de penser qu'aux remontrances d'ordre spirituel et traditionnel des hassidim et autres adversaires de l'hellénisation, les « collaborateurs » aient répondu par des contre-arguments du même ordre. Ce n'est qu'avec Ménélas, devenu souverain pontife en 163, que Yhwh fut franchement identifié avec Zeus et des sacrifices offerts à ces divinités grecques. Même des prêtres participeront, nus, aux jeux du stade.

Mais tous ces efforts en vue d'helléniser la population juive ne firent que galvaniser sa résistance profonde. Lorsque Antiochus IV dut se retirer d'Égypte en 168, sous la menace de l'intervention armée de Rome, le roi, humilié et assoiffé de vengeance, inaugura le premier pogrome de l'histoire juive. De politique, la persécution séleucide passait au plan religieux[84].

C'est donc sur ce plan, qui se révéla crucial, que nous devons maintenant poser la question historique de la collaboration sacerdotale avec l'hellénisme. Comment est-il possible que le grand prêtre et son clergé aient adopté une pensée si étrangère au judaïsme et soient devenus les instruments de la transformation de la Ville sainte en « polis » hellénistique ? Nous

---

[84] J'ai insisté plus haut sur la responsabilité, probablement décisive, du parti juif hellénisant de Jérusalem.

devons concentrer notre attention sur la notion de *Loi* à cette époque en Israël.

Torah et constitution

La conception de la Torah prend un tournant important quand, au Vᵉ siècle, Esdras et Néhémie sont envoyés par le gouvernement perse à Jérusalem pour y faire respecter la Torah comme *loi d'État*. C'est la première fois dans l'histoire que la Torah revêt ce caractère[85]. Elle est passée au rang de code légal reconnu par le pouvoir et appliquée à toute une population locale par des magistrats désignés. Au Vᵉ siècle, on peut encore se demander si la manière perse de concevoir la Loi est vraiment partagée par les gouverneurs et le peuple juif. Il se peut que certains Judéens y aient vu une fiction utile pour recouvrer quelque indépendance vis-à-vis de l'occupant.

Mais avec le temps, cette « fiction » devint certainement de moins en moins soutenable. Au IVᵉ siècle, la Judée passe de la juridiction perse à l'empire alexandrin. La Torah devient *Nomos*, c'est-à-dire principe fondamental de la structure cosmique telle qu'elle est appliquée à Jérusalem[86].

Cette conception accordant une valeur intrinsèque à la Loi et la détachant entièrement, dans son application sinon dans son origine, du divin législateur, est confirmée lorsque, en 200, Antiochus III conquiert la Palestine sur les Ptolémées et accorde aux Juifs une charte ou « lettre d'affranchissement » qui reconnaît la Loi de Moïse comme le code légal de l'« ethnos » de Judée. S'il fut jamais question d'une fiction entretenue par les habitants de Jérusalem quant à la double nature de la Torah selon qu'on la regarde de l'extérieur ou de l'intérieur,

---

[85] M. Noth, *The Laws in the Pentateuch and Other Essays*, Transl. D.R. Ap-Thomas, Philadelphia, 1967.

[86] Ainsi le Nomos peut être universel dans son essence, tout en étant appliqué par et à une population donnée, particulière. D'où la nécessité pour les penseurs juifs soucieux d'apologétique de prouver l'universalité de la Torah, plus « universelle » même que toute philosophie grecque du droit.

cette fiction est maintenant levée, la Torah est devenue constitution d'État.

Ainsi, pendant la période du second Temple, la Torah passe par une sécularisation progressive due paradoxalement à son absolutisation. Celle-ci insiste sur une valeur intrinsèque de la Loi, au lieu qu'à l'origine son autorité était médiate et relevait de celle de Dieu qui l'avait donnée. C'est-à-dire qu'il devient possible, au moins théoriquement, d'obéir à la Torah sans croire en Yhwh, en tout cas sans nécessairement faire la relation entre la Loi et le Législateur. Le garant de la Torah n'est plus Dieu mais le souverain[87]. Elle est *une* loi possible dans un monde hellénisé. Elle est *une* expression de la loi cosmique, à côté d'autres expressions spécifiques aux différents peuples avec leurs caractères propres.

Si donc certains Juifs conservateurs persistent à reconnaître à leur Loi une origine divine, ils n'ont pas nécessairement tort aux yeux des Hellénisants, car la loi cosmique est tellement transcendante qu'elle doit être divine dans son essence. Ces Juifs orthodoxes confondent cependant une manifestation de la Loi avec l'idée de la Loi. Dans la mesure où cette erreur les rend intransigeants, leur particularisme est « barbare » et dangereux pour tout le monde. Même le grand prêtre juif Ménélas est d'accord sur ce point ; il veut de la mesure en toutes choses. Aussi, lorsque les Oniades à Jérusalem, par politique et aussi probablement par conviction religieuse, mettent en danger en 168 la survie de l'ethnos juif, il obtient le *privilège* d'un changement de constitution de la ville et sa promotion en « polis » hellénistique.

Flanqué d'un tel garant pontifical, Antiochus IV rase les murs de Jérusalem et bâtit la citadelle-polis Acra. A l'origine, il a certainement très peu conscience de s'attaquer à la « Parole de Dieu » en renversant l'ancienne constitution judaïque. Simplement, ce qu'Antiochus III en 198 avait reconnu comme code légal de Judée est réduit au statut de coutume

---

[87] En 161, Judas Macchabée eut à affronter une armée royale juive conduite par Nicanor. Ces hommes, selon 2 Macch. 15. 1 s, étaient loyaux envers le roi et la Torah.

populaire et, comme telle, susceptible de se voir substituer une authentique constitution hellénistique. Elle établit à Jérusalem une élite appelée *politeuma* ou *demos*, avec à sa tête le gardien de la constitution, le grand prêtre Ménélas.

Une des conséquences principales de ce bouleversement est que la population soumise à l'ordre nouveau perdit son caractère authentiquement juif pour s'« universaliser » au goût du jour. Implicitement la Torah de Moïse avait échoué dans ses prétentions universalistes. Elle n'était plus à présent qu'un témoin désuet d'une ère révolue. La tribu orientale « primitive » avait accédé à sa maturité et était à présent jugée digne de s'assimiler à l'Oikoumènè inaugurée par Alexandre le Grand. Ménélas était d'abord un citoyen du monde, ensuite un Juif. Il était le premier par choix, le second par accident. Il se sentait bien plus près des « païens » citoyens de l'Acra ou éphèbes du Gymnase, que des Juifs « retardataires » des quartiers populeux. On peut même spéculer que le grand prêtre, à moins d'avoir perdu toute conscience professionnelle et tout sentiment d'appartenance au peuple juif — ce qui évidemment est dans l'ordre des possibilités —, partageait avec les Grecs une conception « scientifique » de la Loi. La science hellénistique en effet voyait dans la forme primordiale de la pensée son expression la plus parfaite, et dans son développement sa corruption progressive. Dès lors, la Torah de Moïse, venant quelque quatre siècles après le temps béni des patriarches, n'était qu'une forme imparfaite d'une religion pure, sans forme extérieure, sans cérémonies, sans lois, etc. E. Bickerman écrit : « Tels les enfants incorruptibles de la nature, prônés par la théorie grecque, les ''fils de l'Acra'', à savoir Ménélas et ses partisans, adoraient le Dieu céleste de leurs ancêtres, sans Temple et sans images. Ils s'assemblaient autour de l'autel à ciel ouvert sur le mont Sion. Ils se sentaient libérés du joug de la Loi et dans une union tolérante avec les Gentils. Quoi de plus humain et de plus naturel que d'imposer cette tolérance à ceux de leurs coreligionnaires encore dans l'obscurantisme ? C'est cela la persécution de l'Épiphane[88]. »

---

[88] *The God of the Maccabees*, 88. Cf. également ce qu'écrit F.M. CORNFORD dans *The Origin of Attic Comedy* (Anchor Books, N.Y., 1961) : « The

Car si Ménélas s'était fait des illusions sur le caractère irrésistible de sa proclamation des Lumières, il dut vite déchanter. La résistance populaire à l'hellénisation de la ville fut telle que la polis-Acra se trouva isolée au milieu de la cité hostile. Il est possible qu'aux termes de la nouvelle constitution, on ne trouvait pas de véritable interdit contre les coutumes ancestrales juives. Les règles alimentaires, par exemple, pouvaient probablement être suivies au nom d'une tradition sans signification religieuse. On pouvait même leur trouver *a posteriori* des raisons d'ordre diététique et tirer vanité de la sagesse physiologique du législateur ancien[89]. Mais lorsque ces mêmes règles traditionnelles sont suivies dans un esprit de résistance, au nom d'une conception religieuse rétrograde, lorsque, au lieu de rapprocher les peuples dans une commune recherche de la santé morale et physique, de simples habitudes coutumières séparent les Juifs des autres hommes[90], il ne reste plus au pouvoir d'autre choix que d'interdire circoncision, nourriture rituelle, respect du sabbat, lecture des Textes sacrés et, en général, tout ce qui rappelle la tradition religieuse ancienne.

reign of Zeus stood in the Greek mind for the existing moral and the social order ; its overthrow, which is the theme of so many of the comedies, might be taken to symbolise... the breaking up of all ordinary restraints, or again... the restoration of the Golden Age of Justice and Loving-kindness, the Age of Kronos which lingered in the imagination of poets, like the afterglow of a sun that had set below the horizon of the Age of Iron » (cité par Eric BENTLEY dans l'édition anglaise revue de *The Caucasian Chalk Circle by Bertold Brecht*, Grove Press, N.Y., 1966, 135.

[89] On trouve jusque dans Daniel 1, à côté de son caractère apologétique, un écho de cette interprétation sécularisante. Après dix jours d'une diète sévère, Daniel et ses compagnons sont en bien meilleure forme physique que leurs pairs, pour la seule raison qu'ils ont suivi fidèlement les lois de pureté rituelle alimentaire.

[90] Il est très probable qu'Elias BICKERMAN a raison lorsqu'il pense qu'à la base de cette ouverture d'esprit vis-à-vis des non-Juifs, il y avait un large consensus philosophique. Selon celui-ci, à l'origine il n'y avait pas de séparation entre Israël et les Nations. Il renvoie aux théories de Posidonius (vers 150 avant J.-C.), selon lesquelles les vues des grands législateurs antiques furent altérées. Cela s'applique également aux Juifs, dont les lois données par Moïse furent falsifiées dans la suite et réduites à l'état de superstitions (cf. *Der Gott der Makkabäer*, Berlin, 1937, 128 ; cf. M. HENGEL, vol. I, 300).

Il est donc inexact de rendre Antiochus entièrement responsable de la persécution religieuse à cause de son idéal syncrétiste. De fait, ainsi que l'écrit M. Hengel, « des mesures directement religio-politiques pour juguler des populations turbulentes restent sans parallèle dans l'antiquité[91] ». La responsabilité ultime du parti hellénistique à Jérusalem semble bien établie, d'autant plus que, selon Josèphe (*Ant.* XII. 262 s), les Samaritains continuèrent librement à observer les lois de Moïse ; ils avaient été assez « simples » pour s'adresser à Antiochus comme « theos » (cf. *supra*). Il y eut d'ailleurs une réelle variété de réponses juives au processus d'hellénisation. A l'opposé du parti du grand prêtre, on trouve le mouvement des Macchabées. Mais ce mouvement est complexe, et la restauration qu'ils réussirent à établir en Palestine est dès l'origine ambiguë (cf. 1 Macch. 2. 48 ; 3. 21 ; 13. 3 ; 14. 29). Parmi eux, un groupe particulier se distingue dès le commencement. Il s'agit des hassidim dont parlent des textes comme 1 Macch. 2. 42 ; 7. 13 ; 2 Macch. 14. 6 s ; Ps Sal. 16 et dont nous reparlerons dans le chapitre IV, *infra*. Les hassidim ou assidéens (pieux, fidèles), ancêtres des esséniens et comme eux résistants contre l'hellénisation de la Judée, participent d'abord à l'aventure armée macchabéenne parce qu'ils y voient un retour à la Torah, « purifiée » de toute interprétation minimisante. Mais lorsque les Asmonéens établissent un État où la « religion »[92] est civile, c'est-à-dire au service d'une réalité supérieure, on assiste à la sécession des « pieux » (et plus tard au silence significatif du Talmud sur la révolte macchabéenne).

Même la faction « piétiste » (hassidique) du mouvement ne resta pourtant pas imperméable aux influences de l'extérieur. Le meilleur exemple est donné par la « périodisation » de l'histoire telle qu'on la trouve systématisée dans les écrits hassidiques, ou, plus spécifiquement, dans les écrits apocalyptiques. Ainsi que l'écrit M. Hengel, « les matériaux employés pour brosser les grandes lignes d'une histoire universelle aboutissant

---

[91] M. Hengel, *Ibid.*, 287.
[92] Il y a depuis l'époque perse un mot spécial, « dath », qui désigne cet *aspect* de la vie publique (cf. les livres d'Esdras et Esther).

à une époque de salut furent en grande partie tirés des conceptions mythologiques du monde oriental hellénisé[93] ».

Ainsi, même sur la faction la plus ouvertement hostile à l'hellénisation de la Judée, l'influence grecque est sensible. Les pharisiens[94], par exemple, créent un Beth-Din-ha-Gadol (tribunal suprême), sur le modèle de la « boulè » des cités grecques[95]. Pour E. Rivkin, d'ailleurs, la révolution pharisienne est « exposed to the Hellenistic *polis* culture on all sides[96] ». Rivkin cite par exemple l'insistance des rabbins sur la conscience individuelle[97]. On notera à ce sujet qu'avec le livre de *Daniel*, on est dans une période de transition. Certes, d'une part, on ne peut y trouver de textes qui témoigneraient formellement du passage de la collectivité du peuple à l'individu, mais, d'autre part, on se demande où est Israël tandis qu'évoluent sous nos yeux Daniel et ses trois compagnons dans *Daniel A*. Et les références aux « saints » dans *Daniel B* restent, il faut bien dire, fort générales. Bref, comme l'écrit M. Hengel, « dès le milieu du IIIe siècle environ, *tout le judaïsme* doit être désigné comme "judaïsme hellénistique" au sens strict...[98] ».

Ne quittons pas le livre de *Daniel*. Il représente une position nuancée et élitiste à distance de la ferveur populaire macchabéenne des origines et de l'ordre aristocratique représenté par le haut clergé[99]. On peut dire que de la rivalité entre, d'une part, un Jason et un Ménélas représentant le parti moderniste et, d'autre part, un Mattathias et ses fils du parti traditionaliste, naquit un troisième ordre dont l'évolution va des hassidim aux pharisiens. *Daniel* a pour auteur un hassid et son attitude vis-à-vis des institutions montre à la fois un attachement sincère et un esprit critique aigu. Le meilleur exemple est fourni par l'intronisation dans le Temple céleste du « fils

---

[93] Vol. I, 181.
[94] Aussi successeurs des Assidéens.
[95] La traduction grecque de Beth-Din est *boulè*.
[96] Ellis Rivkin, *The Shaping of Jewish History*, N.Y., 1971, 69.
[97] *Ibid.*, 67-68.
[98] M. Hengel, *op. cit.*, 104.
[99] Nous y reviendrons à propos des caractères apocalyptiques de Daniel (cf. *infra*, ch. 3).

d'homme » comme grand prêtre royal à jamais. Ainsi est maintenue la promesse éternelle à David (2 Sam. 7), mais elle est réinterprétée dans un esprit nouveau qui trouvera son expression privilégiée quelque cent cinquante ans plus tard : « De ces pierres, Dieu peut susciter des enfants à Abraham. »

Les institutions d'Israël sont sacrées et immuables, mais à la condition d'être contrôlées et interprétées par les inspirés (apocalypticiens), plus tard par les sages (rabbins). Il est remarquable que Daniel ne cite plus une seule parole du Pentateuque, ne fait plus allusion à l'Exode[100], ne se réfère plus au grand maître Moïse ou au prêtre par excellence Aaron. Le terme « Torah » est employé assez rarement (6. 3 ; 7. 25), en dehors du chapitre 9. Pour les hellénistes, la « modernité » rendait la Loi caduque ; pour les hassidim, la Loi s'appliquait aux temps nouveaux, mais non sans quelque réserve. C'est pourquoi, lorsque *Daniel* cite une Parole de Dieu, il la trouve dans *Jérémie, Ézéchiel, Habacuc...* Il n'était pas dans les intentions de l'auteur de confirmer, même indirectement, l'hégémonie de la caste sacerdotale qui était en train de se disqualifier au IIe siècle (elle donna naissance au parti sadducéen). Mais, d'autre part, il n'y a pas d'opposition conceptuelle entre l'apocalyptique et le légalisme « pharisien »[101]. Comme dit W.D. Davies, « l'apocalyptique fut le résultat d'un profond sérieux éthique, non moins intéressé par l'observance de la Torah que ne l'était le pharisaïsme[102]... ».

Le 7 décembre 168, Antiochus *in absentia* (d'où l'expression « venus de sa part » en Daniel 11. 31) fit profaner le Temple par ses troupes et enlever les objets précieux. Une idole fut

---

[100] Sauf dans la prière de réemploi au ch. 9.

[101] Telle est aussi la conclusion de M. HENGEL (cf. vol. II, 118, n. 462), ou de E.P SANDERS, *Paul and Palestinian Judaism*, London, 1977, 423. *Contra* S.B. FROST, *O.T. Apocalyptic : Its Origin and Growth*, London, 1952, 125 s.

[102] W.D. DAVIES, *Torah in the Messianic Age and/or the Age to Come*, JBL Monograph Series, vol. VII, Philadelphia, 1952, 3 n. 4 (l'auteur renvoie également à A.N. WILDER, *Eschatology and Ethics in the Teaching of Jesus*, New York, 1939, 30 s, et H.H. ROWLEY, *The Relevance of Apocalyptic*, 162).

dressée et consacrée à Zeus Olympien et un autel superposé à l'ancien dont on rasa les « cornes » aux quatre coins[103]. Des porcs y furent sacrifiés. Ainsi que l'écrit G. Ricciotti[104], cet animal fut préféré à d'autres « parce qu'il offrait le double avantage d'être particulièrement odieux aux Juifs comme tout spécialement impur, et d'être (sans parler de sa consécration à Démèter) un élément important dans les rites de purification des mystères d'Eleusis : c'était une savoureuse humiliation que d'imposer comme élément de purification, ou du moins comme symbole de pureté, ce qui avait été jusqu'alors l'impureté même[105] ».

Pendant trois ans, les pratiques du culte juif furent interdites. Le sabbat, les fêtes, la circoncision furent hors la loi. Sous peine de mort, les rites hellénistiques devaient être suivis par tous. Les rouleaux sacrés furent brûlés. Des Juifs par milliers furent vendus commes esclaves. Les synagogues et les écoles furent fermées. Lors des Bacchanales, les Juifs furent forcés de se parer de feuilles de lierre en l'honneur de Dionysos. Beaucoup cependant s'enfuirent de la ville et se cachèrent dans les grottes de la montagne judéenne. Les livres des Macchabées en racontent la résistance puis les exploits, sous la conduite de Mattathias et ses cinq fils. Mais, avec la révolte armée de ces derniers, nous sommes déjà dans une période postdaniélique et, provisoirement, « postapocalyptique ».

Fait remarquable, la profanation du Temple de Jérusalem par Antiochus IV souleva l'indignation populaire dans tout le monde hellénistique pour lequel le sacrilège, même d'un temple étranger, était un crime. Pour se justifier, la propagande séleu-

---

[103] Cf. mon commentaire *(C.A.T.)* à Daniel 9. 27. C'est « l'abomination dévastatrice ».

[104] *Histoire d'Israël*, trad. franç. de Paul AUVRAY, Paris, 1948, vol. II, 296

[105] M. HENGEL (*op. cit.*, 293), estime que les hellénisants étaient mus par un véritable « zèle contre la Loi ». Non seulement il fallait abroger la législation de Moïse comme étant devenue caduque, mais il fallait la remplacer par une anti-Torah, car le but ultime consistait à détruire le fondement théocratique de Jérusalem. Hengel est d'avis que le zèle « orthodoxe » pour la Torah fut suscité en réponse à la rage destructrice des hellénisants.

cide répandit des idées diffamatoires contre le peuple juif. Ce fut alors que l'accusation de « meurtre rituel » fut lancée pour la première fois. Antiochus IV avait soi-disant découvert dans le Temple de Jérusalem un Grec « kidnappé » pour être sacrifié au dieu des Juifs. Il avait aussi découvert dans le Saint des Saints le véritable objet du culte juif, un âne[106].

Dans ces circonstances, la population de Judée dans sa grande majorité se résolut à une résistance désespérée. Ce rejet de l'hellénisation, quasi sans parallèle dans le monde de l'époque, fut, dit Pierre Jouguet[107], « si inconcevable pour les rois et leurs sujets grecs qu'elle leur inspirait encore plus de haine à l'égard de ceux qu'ils accusaient de haine pour le genre humain tout entier ». Pour l'hellénisation, ce fut, ajoute cet auteur, « le plus grave échec ».

Tel est le temps de *Daniel*. La situation apparaissait sans issue, à moins que Dieu n'intervînt d'une manière inouïe et proprement miraculeuse. C'est précisément à la jointure des deux « impossibilités » que se situe l'apocalypse. D'une part, pour le hassid, il était impossible que Dieu laissât plus longtemps bafouer son peuple et fût lui-même nié par les méchants. D'autre part, il était impossible que la situation créée si habilement par le Mal se dénoue grâce à une simple évolution historique. L'auteur de Daniel 11, écrivant au début de 166, n'attend nullement les événements surprenants de la seconde moitié de 166 : la succession de Mattathias par son fils Judas et la mise en déroute par ce dernier des généraux Lysias, Nicanor et Gorgias...[108]. La péricope finale de Daniel 11 s'ouvre sur l'imprécision : « au temps de la fin » (v. 40), et se poursuit par une évocation d'événements qui n'eurent pas lieu historiquement.

Il n'y a, en effet, aucune documentation historique sur une

---

[106] Cf. S.W. BARON, *op. cit.*, I, 261. L'auteur spécule d'autre part qu'il y a probablement à l'origine de ce trait bizarre une étymologie populaire faisant dériver Yao (= Yhwh) du mot égyptien pour âne = eio (*ibid.*, 534).

[107] *Op. cit.*, 437. Ajoutons cependant que la résistance juive à l'hellénisme ne fut pas isolée. Mais nulle opposition ne lui est comparable. Cf. S.K. EDDY, *The King is Dead*, Lincoln, Nebr., 1961, 133-135.

[108] Cf. 1 Macch., 3 et 4.

conquête totale de l'Égypte par Antiochus. La campagne décrite à partir du v. 40 est une projection dans le futur des convictions de *Daniel*. L'invasion y est décrite comme une véritable inondation qui rappelle Ésaïe 8. 7-8. Les dimensions eschatologiques sont d'ailleurs empruntées à d'autres textes encore d'Ésaïe et d'Ézéchiel (cf. És. 10. 5 ss ; 31. 8-9 ; Éz. 38-39 sur Gog et Magog ; etc.) Il est possible que la mort d'Antiochus, décrite au v. 45, soit calquée sur la prophétie de l'ennemi « tombant sur les montagnes d'Israël » (Éz. 39. 4 ; cf. Za. 14. 2 ; Joël 3. 2 ; És. 14. 25). Cet aspect eschatologique n'a pas échappé aux sectaires de Qumrân. 1 QM est un midrash de notre texte[109].

La mort historique d'Antiochus survint avant la dédicace du Temple de Jérusalem par Judas Macchabée le 14 décembre 164 ; plus exactement, il mourut entre le 20 novembre et le 19 décembre 164[110], à Tabae, en Perse[111].

---

[109] Cf. en particulier 1 QM 1. 4-7 ; cf. A. DUPONT-SOMMER, *Les Écrits esséniens découverts près de la mer morte*, Paris, 1964, 185, n. 2.

[110] Cf. la tablette du British Museum n. 35603 publiée par A.J. SACHS et D.J. WISEMAN (« A Babylonian king-list of the Hellenistic Period », in *Iraq* 16, 1954, 202-212), mentionnée *supra*.

[111] Cf. Polybe XXXI. 11 ; cf. 1 Macch. 6. 1-4 ; 2 Macch. 9. 1-2.

Chapitre II

DANIEL COMME ŒUVRE LITTÉRAIRE

Bilinguisme dans le livre de Daniel

L'un des problèmes les plus difficiles pour l'étude du livre de *Daniel*, est le passage inattendu de l'hébreu à l'araméen en 2.4, puis de nouveau à l'hébreu en 8.1. Les passages en araméen ne sont sûrement pas traduits de l'hébreu ; par contre, l'hébreu semble bien dépendre d'un original araméen. Ce point est décisif. Lorsqu'il est méconnu, on aboutit à une impasse.

Ainsi, pour O. Eissfeldt (*Einleitung in das Alte Testament*, 3e éd., 1964, 71.6), aucune solution satisfaisante n'a été jusqu'à présent proposée[1]. Emil Kraeling (*Commentary on the Prophets*, vol. 2, Camden, N.J., 1966, 20) pense que le phénomène peut probablement s'expliquer par « la difficulté de trouver un exemplaire complet du livre en hébreu lorsqu'on décida de l'insérer dans les hagiographes. Il apparaît certain que *Daniel* joua un rôle spécifique au temps de la révolte juive en 68 A.D. et que des copies du livre furent détruites par les Romains partout où ils les trouvaient ». J. Steinmann (*Daniel*, Paris, 1961) fait remarquer que l'ordre A, B, A (hébreu, araméen, hébreu) du livre correspond à celui du Code d'Ham-

---

[1] *Idem* pour Bo Reicke et Leonhard Rost, *Biblisch-Historisches Handwoerterbuch*, vol. 1, Goettingen, 1962, art. « Danielbuch », col. 318 ss. A. Bentzen, *Daniel*, 9, parle d'énigme non résolue.

mourabi (poésie, prose, poésie) ou du livre de Job (prose, poésie, prose). Selon la solution proposée par H.H. Rowley[2], les histoires de *Daniel A* (chap. 2-6) sont dues à un auteur macchabéen anonyme. Elles ont pour but d'encourager les victimes des persécutions d'Antiochus Épiphane. Plus tard, le même auteur ajoute le chapitre 7, aussi en araméen, puis les visions apocalyptiques. Mais, comme celles-ci étaient d'un autre caractère, il les compose en hébreu. Il « coiffe » le tout d'un chapitre introductif (chap. 1), également en hébreu. La « pseudonymie » de l'œuvre est un signe d'unité.

Pour Otto Plöger[3], les langues correspondent aux structures fondamentales du livre. L'« araméen » mentionné en Daniel 2.4b, au moment où le livre abandonne l'hébreu, symbolise la langue étrangère apprise par Daniel à la cour royale. La parenté des chapitres 2 et 4, 3 et 6, 2 et 7 explique que ces chapitres soient écrits dans une langue commune. Certes, le chapitre 7 est intimement lié au chapitre 8, mais dans ce dernier, pour la première fois vraiment, Israël passe à l'avant-plan et l'hébreu est donc légitime.

Nous pensons que cette solution d'Otto Plöger, combinée avec les résultats des *Studies* de H.L. Ginsberg[4], indique la bonne direction.

La théorie de J. Steinmann n'explique rien. Celle de E. Kraeling est incontrôlable, celle enfin de H.H. Rowley est à rejeter. John Gammie a raison d'y voir un « tour de force » ignorant trop de facteurs pour être convaincant. Parmi ceux-ci, notons le fait que dans *Daniel A*, le pouvoir est considéré avec trop de sympathie pour être originaire d'un temps de persécution sous Épiphane[5]. C'est là un point fort important pour notre propos et sur lequel nous reviendrons dans la suite. Je pense qu'une solution au problème du bilinguisme du livre peut être trouvée par la démarche suivante :

[2] « The Bilingual Problem of Daniel », *in Z.A.W.* 9, 1932, 256-268.
[3] *Das Buch Daniel*, K.A.T., Gütersloh, 1965, 26, 27.
[4] *Studies in Daniel*, New York, 1948.
[5] J. GAMMIE, « The Classification, Stages of Growth, and Changing Intentions in the Book of Daniel », *J.B.L.* 95/2, 1976, 191-204. Cf. 195, n. 25.

1. Les agadoth de *Daniel A* sont d'anciennes traditions d'un « cycle de Daniel » qui ont circulé pendant la période perse en araméen d'Empire[6] et dont l'origine remonte, au moins dans sa phase orale, bien plus haut. L'auteur de *Daniel B* s'en est servi pour ses desseins apologétiques et parénétiques en les transformant au minimum, tant dans leur langue que leur contenu (cf. *infra*).

2. Lui-même, bien que de langue araméenne, s'est efforcé d'écrire en hébreu la partie de sa création originale *(Daniel B)*. Ces chapitres sont des « traductions » de l'araméen, soit que la traduction soit mentale (comme lorsqu'on parle une langue étrangère sans vraiment la maîtriser), soit qu'effectivement l'auteur ait d'abord écrit sa composition en araméen et l'ait ensuite traduite. Qu'il ait voulu employer la langue sainte se comprend par la majesté de son sujet eschatologique auquel *Daniel A* ne sert que de préface.

3. Il introduit le livre entier par un chapitre en hébreu, non pas, comme il a été trop souvent dit, afin que son œuvre trouve droit de cité dans le Canon des Écritures[7] mais pour la raison décisive qui suit.

4. Les chapitres — ou plutôt les unités littéraires — de *Daniel* se correspondent harmonieusement. On a souvent souligné le parallèle entre les chapitre 2 et 7, 3 et 6, 4 et 5. Il faut aller plus loin : le chapitre 1 (en hébreu) correspond à la finale

---

[6] On se souviendra que l'araméen devint langue internationale déjà à partir du VIIIᵉ siècle dans le Proche-Orient depuis l'Inde jusqu'au sud de l'Égypte (Éléphantine), depuis l'Asie Mineure jusqu'au nord de l'Arabie, y compris les royaumes d'Assyrie et de Perse. Dans la Bible, outre Daniel 2.4 - 7, d'autres passages sont en araméen : Esdras 4.8 - 6.18 ; 7. 12-26 ; Jérémie 10. 11 ; Genèse 31. 47 (deux mots).

[7] Comme si des « inspecteurs » ou douaniers se seraient contentés d'un examen sommaire de la marchandise ! Même H.L. GINSBERG tombe dans le piège, *op. cit.*, 38-39. Il faudrait d'ailleurs que l'auteur ait eu la notion de « Canon des Écritures » au IIᵉ siècle avant J.-C. et qu'en outre il ait délibérément écrit son livre afin qu'il fasse partie de ce Canon.

11-12.5, le premier lie le passé au présent de Daniel et ses contemporains, le second joint le présent au futur. Au chapitre 8 correspond le chapitre 9 (le summum du mal est atteint par la venue d'Antiochus IV, « il s'élèvera contre le Prince des princes mais il sera brisé sans l'intervention d'aucune main » (8.25), « sur l'aile des abominations, il y aura un dévastateur, et cela jusqu'à ce que l'anéantissement décrété fonde sur le dévastateur » (9.27)). Au chapitre 10 (prologue de la partie ultime 11-12.4) correspond 12.5 ss, son épilogue.

Ainsi s'explique l'hébreu de Dan. 1-2.4 et l'araméen dans Dan. 7. On peut schématiser l'argument de la manière suivante :

Hébreu et araméen dans le livre de Daniel

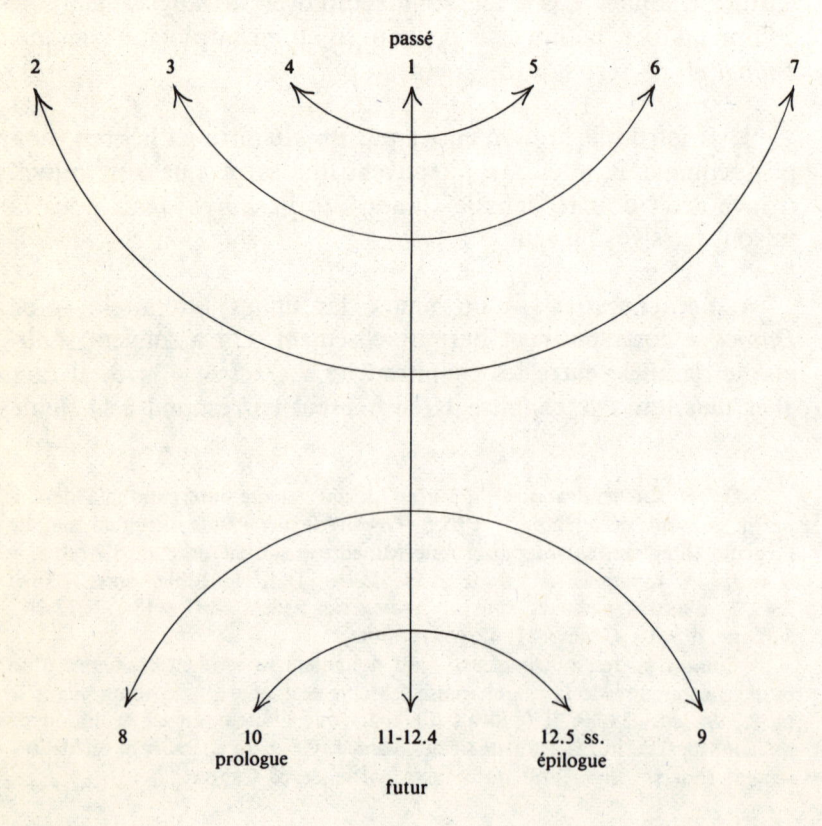

Une remarque s'impose. Si le schéma précédent est valable, cela signifie que la structure littéraire a décidément pris le pas sur la succession chronologique. Certes, de ce dernier point de vue, Dan. 7 devrait venir entre 4 et 5, car il est daté de la première année de Belchatsar. Dan. 6 serait aussi à déplacer puisqu'il se réfère à des événements du règne de « Darius le Mède », successeur de Belchatsar[8]. Mais l'auteur avait des impératifs plus pressants d'ordre structurel et il n'est donc pas légitime de tirer argument du « désordre » des chapitres en *Daniel A* pour en tirer des conclusions critiques[9].

On ne doit donc pas s'étonner de l'importance prise par la structure littéraire dans une œuvre apocalyptique comme *Daniel*. Le genre est coutumier du fait. On pense immédiatement à des œuvres plus tardives comme *2 Baruch* ou *4 Esdras*[10], mais aussi à des production antérieures comme les sept visions de *1 Zacharie*[11] ou à la magnifique fresque de *2 Zacharie* où l'hyperbole géométrique domine nettement (a b c b' a')[12]. *Daniel* aurait-il repris cette structure du livre de *Zacharie* ? A l'appui de cette hypothèse, on notera qu'à la scène d'intronisation en Zacharie 4, correspond celle du « fils de l'homme » en Daniel 7. Mais je penserais plutôt à un schéma « candéliforme » en vogue dans la communauté juive postexilique. La centralité (de la question) du Temple explique, au moins en partie, cette faveur. On en retrouve le développement

---

[8] A moins que la chronologie daniélique n'ait sa logique proprement biblique et, par conséquent, sa rigueur, comme l'explique E. BICKERMAN à propos de « Darius le Mède » (Dan. 6. 1), cf. *Four Strange Books (op. cit.)*, sur la base déjà de Théodoret, p. 93.

[9] *Pace* J. GAMMIE, « The Classification... » *(op. cit.).*

[10] Sur 2 Baruch, cf. P. BOGAERT, *Apocalypse de Baruch*, 2 vol. Paris, 1969. Sur la division de l'œuvre en sept parties, cf. vol. 1, 58 ss. Sur 4 Esdras, cf. A.L. THOMPSON, *Responsability for Evil in the Theodicy of IV Ezra, A Study Illustrating the Significance of Form and Structure for the Meaning of the book,* S.B.L. Dissertation Series, 29, Missoula, Mon., 1977. L'auteur dégage un modèle en 3 + 1 +3 « épisodes ».

[11] Cf. S. Amsler sur 1 Zacharie, dans AMSLER, LACOCQUE, VUILLEUMIER, *Aggée, Zacharie, Malachie,* C.A.T. XIc, Neuchâtel-Paris, 1981, surtout p. 58.

[12] Cf. A. LACOCQUE *in ibid.* sur 2 Zacharie, surtout p. 131.

majestueux dans le livre chrétien de l'Apocalypse de Jean. E. Schüssler-Fiorenza a, en effet, démontré que sa structure suit le schéma a b c d c' b' a', d représentant donc le pilier central flanqué de trois branches de chaque côté. L'auteur ajoute que cette forme était très répandue « dans la littérature antique » et surtout dans les « images de temple ». Elle prend comme exemple « le chandelier d'or qui apparaît sur l'arc de Titus à Rome. Il consistait en une pièce centrale avec, en parallèle, trois pièces de chaque côté. Ainsi, le tout présente une structure en A B C D C' B' A'[13] ».

Composition littéraire

La question de l'origine des matériaux employés par l'auteur est complexe, car ils sont de nature fort différente. Une première distinction s'impose, nous l'avons dit, entre les chapitre 1-6 d'une part, 7-12 d'autre part. Les premiers sont des histoires édifiantes, des homélies parénétiques et apologétiques, bref des « agadoth ». Les derniers chapitres sont des visions eschatologiques (exposées elles aussi dans le même but d'exhortation), bref des apocalypses[14].

Les chapitres 1-6 : la découverte des manuscrits du Désert de Juda a renouvelé la discussion du problème posé par ces

---

[13] Cf. « Composition and Structure of the Revelation of John », *C.B.Q.* 39/3, July 1977, 365-366.

[14] L'harmonie entre les deux parties de Daniel n'est pas assurée simplement par leur proximité matérielle. J. GAMMIE (*op. cit.*, 193, n. 15) attire l'attention sur les « sub-genres » de la littérature apocalyptique : « rapport d'une vision, *vaticinia ex eventu*, parénèse, genres liturgiques (bénédictions malédictions, hymnes, prières), sagesse cosmique, histoires, fables, allégories, énigmes, *mašal* ou paraboles, interprétations des prophéties ou *pèšèr*, prédictions eschatologiques ». Il y a, par conséquent, des dénominateurs communs entre Dan. A et Dan. B. La chose est vraie également sur le plan des idées. Les « recurring ideational elements in apocalyptic » selon GAMMIE sont : « spéculations eschatologiques, pessimisme, déterminisme nuancé, dualisme cosmique nuancé, dualisme spatial, dualisme temporel, angélologie, démonologie, messianisme, attente d'un monde transformé, résurrection, temple restauré, la liste n'est pas exhaustive » (*ibid.*, n. 16).

chapitres. De la comparaison linguistique entre *Daniel* et le Targum de Job (11 Qtg Job), par exemple, J. van der Ploeg déduit que *Daniel*, à cause de sa prédilection pour les termes iraniens[16], doit provenir de Mésopotamie. Les chapitres 1-6, où ces mots d'origine étrangère sont fréquents, sont plus anciens que les suivants.

Pour Y. Kaufmann *(op. cit.),* Daniel 1-6 est un miroir du judaïsme exilique. Les Juifs vivent apparemment en paix au milieu de nations païennes et idolâtres. Certains d'entre eux deviennent même princes à la cour royale. Pourtant, en profondeur, il y a incompatibilité entre le judaïsme et l'idolâtrie des nations. C'est sur cette collision inévitable que s'ouvre le livre de *Daniel.* D'avance, son issue est prévisible : aucun adversaire ne peut s'opposer victorieusement à Dieu et à son Oint. Nulle part cependant, dans la Bible, on ne peut trouver vis-à-vis des nations optimisme comparable à celui de *Daniel A.* Le contraste avec *Daniel B* est flagrant. Ici, c'est l'idolâtrie qui prend l'initiative et elle atteint des sommets inimaginables. C'est que les temps ont changé et l'auteur de *Daniel B* se

---

[15] J. V.D. PLOEG, *Le Targum de Job de la grotte 11 de Qumrân (11 Qtg Job), Première Communication,* Amsterdam, 1962. Cf. la recension de Paul WINTER dans *Revue de Qumrân,* t. IV, 441.

[16] J.A. MONTGOMERY, *op. cit.,* 20 ss, donne une liste des mots étrangers empruntés par la langue du livre de Daniel. Il distingue entre des mots d'origine *accadienne* (en 1. 11, 20 ; 2. 5, 26, 31, 41, 48 ; 3. 15, 21 ; 5. 5, 7, 16 ; 8. 2 ; probablement aussi en 3. 10 et 5. 2), *perse* (en 1. 3, 5 = 11. 26) ; 2. 5 (deux mots) ; 3. 2 (quatre mots) ; 3. 5 (au milieu de trois termes grecs, cf. 3. 4) ; 3. 16, 24 ; etc. ; *grecque* (cf. *supra* et *infra* sur Daniel 3). On se référera également aux études de : H.H. ROWLEY, *The Aramaic of the Old Testament...,* London, 1929, 152-156 ; H.H. SCHAEDER, *Iranische Beitraege 1,* Halle 1930 ; R.D. WILSON, « The Aramaic of Daniel », dans *Bibl. and Theo. Studies,* 1912, 261-305 ; S.R. DRIVER, *An Introduction to the Literature of the Old Testament,* New York, new edition, 1914, 501 ; J.A. FITZMYER, *The Genesis Apocryphon : A Commentary,* Bib. Or. 18A, Bibl. Instit., Rome, 1971[2], 22, n. 60 ; W. BAUMGARTNER, « Das Aramäische im Buche Daniel », *Z.A.W.* 45 (1927), 81-133 ; G.R. DRIVER, « The Aramaic of the Book of Daniel », *J.B.L.* 45 (1926), 110-119.

Sur l'origine mésopotamienne de la partie araméenne du livre de Daniel, cf. J.W. DOEVE, « Le domaine du Temple de Jérusalem », in *La littérature juive entre Tenach et Mischna,* N.C. VAN UNNIK ed ; Leiden, 1974, 159-163.

trouve au milieu de la persécution d'Antiochus Épiphane. A ce moment-là, il y a relecture de *Daniel A* et infléchissement des textes dans le sens du triomphe de Daniel et des siens sur les idolâtres. C'est aussi dans cette même perspective que Mattathias rappelle ces récits daniéliques en 1 Macchabées 2.59-60. On prête alors à Daniel lui-même des rêves dont le sens est la victoire irrésistible de la bonne cause. Ainsi deux livres différents sont reliés en un seul.

Telle est la thèse de Y. Kaufmann. J. Dheilly[17] se range, quant à lui, à l'opinion, devenue générale parmi les critiques, d'une composition de *Daniel A* au IIIe siècle[18]. H.H. Rowley reconnaît certes l'emploi de sources antérieures par l'auteur, mais il place la composition du livre à l'époque maccabéenne[19]. Dans un ouvrage devenu classique[20], il discute minutieusement toutes les données du problème. « Darius le Mède » (Dan. 6.1, etc.), dit-il, n'a jamais existé comme tel. L'expression est le signe d'une confluence de traditions diverses et d'une ignorance fondamentale de l'époque perse ; caractéristique qui se retrouve uniformément dans tout le livre[21]. Car l'auteur de *Daniel* se fait une représentation particulière et uniforme des « quatre empires mondiaux » successifs, aux chapitres 2 et 7. A moins de voir dans ces deux chapitres, apparte-

---

[17] *Dictionnaire biblique*, Tournai, 1964, art. « Daniel ».
[18] Même chose chez J. GAMMIE, *op. cit.* (cf. p. 201 « Summation » : sous Ptolémée IV Philopator ; 203 avant J.-C.), 221-224.
[19] Cf. « The unity of the book of Daniel », *in H.U.C.A.* 23, part 1, 1951, 133-173. Reproduit dans *The Servant of the Lord and Other Essays*, London, 1952, 237-268. (cf. la critique acerbe de H.L. GINSBERG, « The Composition of the Book of Daniel », *V.T.,* 1955, 272-276).
[20] *Darius the Mede and the 4 World Empires in the Book of Daniel,* Cardiff, 1959.
[21] Avec O. EISSFELDT, *op. cit.*, 521, on peut relever parmi les nombreuses erreurs historiques de Daniel, « The assumption of a deportation in the third year of Jehoiakim (605) *in* 1. 1 ; the view (5) that Belshazzar, as son and successor of Nebuchadnezzar, was the last king of Babylon... that, instead of the Persian Cyrus, it was the Mede Darius, who was the successor to the last Babylonian king (6. 1), and the further information that Darius was the son of Xerxes (9, 1) and that Cyrus was his successor (6. 29 ; 10. 1)... that there were altogether only four kings of Persia » (au lieu de neuf en réalité) ; etc.

nant aux deux parties (A et B) du livre, des gloses du temps des Macchabées[22], il faut bien attribuer tout le livre à un seul rédacteur. L'auteur voit dans le quatrième royaume l'empire grec fondé par Alexandre. Pour *Daniel*, cet empire atteint son apogée avec Antiochus Épiphane[23]. On retrouve la même situation au chapitre 8 où la vision introduit deux animaux à la place des quatre précédents parce que l'auteur concentre son attention sur les empires médo-perse et grec. Il n'est plus question ici que d'une corne, c'est-à-dire la lignée séleucide, et elle équivaut aux dix cornes du chapitre 7. Même chose au chapitre 11, dont le verset 21 introduit Antiochus IV, jusqu'à la fin du chapitre 12.

L'argument ne manque pas de poids, d'autant plus que, dans les deux moitiés du livre, on retrouve la même faute historique de créditer les Mèdes de la puissance qui, en fait, appartint aux Perses. En introduisant un règne mède entre le Babylonien Belchatsar et le Perse Cyrus, l'auteur entraîne un déplacement chronologique général[24].

---

[22] ROWLEY cite parmi les tenants de cette position : G. HÖLSCHER, « Die Entstehung des Buches Daniel », *T.S.K.* 92, 120 s, 122 s ; E. SELLIN, *Einleitung in das A.T.* 6, 153 s ; M. HALLER, *Das Judentum* 2, 279 s, 295 ; M. NOTH ; *T.S.K.* 98-99, 55 ; J.A. MONTGOMERY, *op. cit.*, 176 s ; R.B.Y. SCOTT, *A.J.S.L.* 47, 294 ; G. JAHN, *Das Buch Daniel nach LXX*, 22 s (cf. H. JUNKER pour qui tout le livre est de la période perse mais glosé au temps des Macchabées : *Untersuchungen über Literarische und Exegetische Probleme des Buches Daniel*, Bonn, 1932).

[23] Cf. Or. Sibyl. III. 397 ; 4ᵉ Esdras 12. 10-12. La Peshitto sur Dan. 7. 7 a la glose « roi de Grèce » dont le *terminus ad quem* ne peut aller au-delà de 200-250 après J.-C. selon M.J. WYNGARDEN, *The Syriac Version of the Book of Daniel*, Leipzig, 1923. Nous avons vu plus haut cette interprétation déjà avancée par Porphyre. Elle l'est aussi par Ephrem, Polychronius et d'autres.

[24] ROWLEY, *Darius the Mede...*, 150-151 ; cf. 176-178. E. BICKERMAN (*Four Strange Books of the Bible*) explique l'étrange « Darius le Mède » de la manière suivante : l'éditeur du livre de Daniel savait par Jér. 25. 1 que la première année de Nébuchadnetsar coïncidait avec la quatrième année de Yehoyakim, roi de Juda. Donc les « princes de Juda » (y compris Daniel) furent emmenés à Babylone « en l'an trois du règne de Yehoyaqim » (Dan. 1. 1). D'autre part, selon Dan. 1. 21, Daniel exerce son ministère « jusqu'à la première année du roi Cyrus », date du retour des exilés à Sion.

Y. Kaufmann[25] rejette cependant les conclusions de Rowley : c'est un même cercle littéraire qui est responsable de la rédaction finale des deux parties du livre, mais cela ne prouve pas leur unité fondamentale. De fait, les différences entre elles sont plus importantes que leurs éléments communs, car persécutions et martyres, que l'on retrouve dans *Daniel A* et *B*, peuvent appartenir à des périodes différentes de l'histoire d'Israël[26].

Dans la première partie du livre, continue Kaufmann, Nébuchadnetsar reçoit des révélations divines à portée eschatologique et messianique (4. 10-14 ; cf. 5. 5). Daniel semble n'avoir d'autre rôle que celui de dévoiler les secrets divins (2. 28, 29, 45). Par contre, dans la deuxième partie du livre, Daniel lui-même a des visions mais ne les comprend pas. Les anges doivent les interpréter ! D'autre part, les trois rois de *Daniel A*, Nébuchadnetsar, Belchatsar et Darius, ne réapparaissent plus en personne dans *Daniel B*.

Antiochus IV a suscité de nombreux récits où toute l'horreur populaire s'exprime, comme 2 Macchabées 6.18 - 7.41, et non des histoires comme celles que l'on trouve en Daniel 4 (où Nébuchadnetsar est comparé à un grand arbre abritant tout ce qui vit, v. 29-30), ou en Daniel 6 (où Darius est un grand ami

---

Or l'éditeur dispose d'un conte sur Daniel dans la fosse aux lions se passant sous « le roi Darius ». Comme tous les rois de Perse du nom de Darius ont régné après Cyrus, il faut bien que le Darius du chapitre 6 ait précédé Cyrus et qu'il ne soit pas Perse. En accord avec Es. 13. 17 et Jér. 51. 11, 28, l'auteur en fait un Mède et le place entre le dernier roi Babylonien Belchatsar et le premier roi « perse » Cyrus (Dan. 6. 1 et 29).

[25] *Op. cit.*
[26] KAUFMANN s'oppose à E. SCHÜRER *(Geschichte des jüdischen Volkes im Zeitalter Jesu Christi,* Leipzig, 1901, 1907, 1909, III, 264*)* pour qui les « trois rois » (des chapitres 2, 5, 6) ne sont autres qu'Antiochus Épiphane. Il rejette aussi les conclusions de R.H. PFEIFFER *(Introduction to the Old Testament,* New York, 1941, 762) et de H.H. ROWLEY (« The Unity... », *op. cit.*, 264-266). Pour ces critiques, ceux qui excitent le roi contre Daniel (ch. 6) sont les mauvais Juifs qui excitent Antiochus contre leurs frères. Pour KAUFMANN, il ne s'agit pas de persécutions religieuses au plein sens du terme dans 1-6 (au contraire de 7. 25 ou 11. 33) mais de heurts entre la volonté de Dieu et celle du roi. Cf. mon commentaire *(C.A.T.), ad loc.*

de Daniel et est heureux de jeter dans la fosse aux lions les ennemis de ce dernier). Il est d'ailleurs à remarquer[27] que, dans les premiers chapitres, il n'est pas question de véritables mesures discriminatoires contre les Juifs, lesquels ne sont pas visés comme peuple se séparant des autres peuples en raison de leur appartenance au Dieu d'Israël ; ceci en contraste avec 7. 21, 25 ; 8. 10-14, 25 ; 9. 26-27 ; 11. 31-39.

Finalement, l'argument décisif dans la thèse kaufmannienne est probablement obtenu par la comparaison des chapitres 2 et 7. Si les quatre royaumes sont les mêmes de part et d'autre et sont disposés dans une même succession chronologique, il y a de fortes présomptions en faveur de l'unité d'auteur et de date pour tout le livre. De fait, la majorité des critiques modernes croient découvrir, de part et d'autre, les quatre royaumes suivants : Babylonie, Médie, Perse, Grèce[28]. Or il est remarquable, dit Y. Kaufmann, qu'au chapitre 2 les quatre royaumes n'aient ensemble qu'un seul symbole (la statue) et que la ruine du quatrième entraîne celle des trois autres[29]. Par conséquent, il n'y a là qu'un empire, considéré à quatre époques différentes, un « royaume universel » (*op. cit.*, 423).

מלכו a, en effet, plusieurs sens : pouvoir (cf. Daniel 5.18) ; royaume (cf. Daniel 7. 27 ; 9. 1) ; règne (cf. 1. 1. ; 2. 1 ; 5. 26 ; 8. 1) ; suprématie, empire (cf. 11. 2)[30]. Il n'y a

---

[27] Ce que fait également en particulier H.L. GINSBERG.

[28] Au chapitre 8 dont le contenu fait suite à celui du chapitre 7, la situation est légèrement modifiée du fait que l'empire babylonien n'y apparaît plus. Le nombre des royaumes est cependant maintenu par l'adjonction, après l'empire d'Alexandre, du régime d'Antiochus Épiphane (la première corne, « plus courte », est l'empire mède ; la seconde corne, « plus longue », est la Perse ; le bouc avec une corne suivie de quatre autres est l'empire macédonien ; la petite corne prenant la place des quatre précédentes est Antiochus Épiphane).

[29] H.L. GINSBERG, *Studies in Daniel*, 7 ss, renvoie à Daniel 2. 47 où Dieu est appelé מרא מלכין, ce qui est, dit-il, un titre égyptien des pharaons jusqu'au temps des Ptolémées. Ceci prouve que l'auteur a connu le régime des Ptolémées et qu'il peut avoir eu une conception globale des royaumes successifs. A quoi, KAUFMANN répond que le titre était connu partout et que, par conséquent, l'auteur de Daniel 2 ne doit pas nécessairement avoir vécu au temps des Ptolémées.

[30] En latin, c'est la dualité « regnum, regula ».

pas de rivalité entre les quatre « étages » de la statue, continue Kaufmann, parce qu'ils représentent en fait les divisions chronologiques d'une même entité. La première époque (2. 37-38) est marquée par le règne de Nébuchadnetsar, « tête d'or » dont le pouvoir personnel est fort en Chaldée. Avec la deuxième époque, sous le signe du métal argenté, on est sous le règne d'Évil Mérodac (561-559), fils du premier. Il est vrai que son nom n'apparaît pas dans le livre, mais Jérémie 27. 7 prophétise que la Chaldée connaîtra encore, après Nébuchadnetsar, les règnes de son fils et de son petit-fils[31]. Le troisième règne est celui de Belchatsar, et, par conséquent, le quatrième est l'empire médo-perse[32]. C'est la dernière période de l'empire mondial. A ce niveau, il y a pluralité d'époques et de rois (v. 43-44) et מלכו prend un sens différent, celui de dynastie nationale.

La décadence progressive, symbolisée par la valeur décroissante des métaux de la statue, est une déchéance socio-culturelle. Le quatrième règne est divisé : il ne s'agit pas des Diadoques, mais des Mèdes et des Perses qui se mélangeront sans jamais devenir un peuple homogène[33]. La pierre fatale est l'explication de la prophétie de Jérémie 27. 7 sur les trois rois successifs de Babylone et l'asservissement final de cet empire. La quatrième période est de type « messianique » mais le

---

[31] Ce à quoi des textes comme Dan. 5.2, 11, 13, 18, 22 feraient écho.

[32] Y. KAUFMANN se refuse à séparer les Mèdes des Perses dans le livre de Daniel. La faute historique du livre n'est pas, comme on le prétend, d'avoir donné la précellence à la Médie sur la Perse, mais d'attribuer à un Mède (Darius) le pouvoir sur la Médie-Perse (cf. Dan. 5. 28 ; 6. 4, 9, 13, 16 ; 8. 3, 20 ; 6. 26-27 ; cf. 9. 1). Daniel 6. 29 dit que Daniel a servi Darius (le « Mède ») puis Cyrus le Perse ; les deux sont associés et non souverains de deux royaumes différents (9. 1 ; 10. 1). Dans le livre d'Esther aussi, « Mèdes et Perses » sont un seul royaume. En grec, « roi des Mèdes » désigne le roi perse, la « langue mède » est l'iranien, etc. Cf., *supra*, l'explication de l'expression « Darius le Mède » par Elias Bickerman.

[33] Y. KAUFMANN renvoie aux histoires sur la personne de Cyrus (Hérodote 1, 55-56, 107 ss, Xénophon, Cyropaedia 1 Ch. 2). On racontait que Cyrus était un « métis », que sa mère était une prostituée, fille du roi mède Astyax, à moins que cette princesse, Amitis, ne fût sa femme, ou encore à la fois sa mère et sa femme !

dénouement de l'histoire est rejeté dans un futur imprécis et quasi mythique[34]. L'auteur et sa génération sont, eux, à une époque où rien de sensationnel n'est attendu et où le regard est fixé sur « un avenir lointain, lointain-proche » (p. 431).

Les couches littéraires des chapitres 1-6

Il ne faut pas neutraliser l'une par l'autre les thèses de H.H. Rowley et de Y. Kaufmann. Elles ont un dénominateur commun : les chapitres 1-6 ont été intégrés dans une œuvre du IIe siècle. S'ils ont eu une origine plus ancienne (Kaufmann), leur rédaction finale est en tout cas d'époque macchabéenne.

D'un point de vue critique, il est important de faire la distinction entre sources et couches littéraires. Les récits de *Daniel A* n'ont certainement pas été inventés par l'auteur. Nous savons maintenant avec certitude qu'avait cours un « cycle de Daniel[35] » dont l'existence a été prouvée récemment encore par la découverte à Qumrân de la « Prière de Nabonide » (4 Q Or Nab) et de l'apocalypse du Pseudo-Daniel (4 Q ps Dan.). Le texte en a été publié provisoirement par J.T. Milik dans la *Revue biblique*[36] sous ce titre éloquent : « Prière de Nabonide et autres écrits d'un cycle de Daniel ». Le texte qumrânien semble dater de la deuxième moitié du Ier siècle avant J.-C. A ces textes s'ajoutent d'autres évidences, telles les inscriptions de Nabonide à Harran[37] et la Sagesse d'Aḥikar[38] dont l'écho se

---

[34] Même si la narration trouve son point de départ dans quelque réminiscence historique, elle ne relève pas de l'histoire.

[35] De même, le livre d'Hénoch est « le précipité de la littérature qui circulait aux IIe et Ier siècles avant J.-C. sous les noms d'Hénoch et de Noë... » (F. Martin, *Le Livre d'Hénoch*, Paris, 1906, LXVIII).

[36] *R.B.* 63 (1956), 407 ss ; cf. D.N. Freedman, « The Prayer of Nabonide », *B.A.S.O.R.* 145 (1957), 31-32.

[37] Publiées par C.J. Gadd, *Anatolian Studies* 8 (1958), 35-92.

[38] En partie dans les papyri araméens d'Éléphantine au Ve siècle avant J.-C. ; les points de rapprochement avec le livre de Daniel me semblent être les suivants :

a) Daniel, comme Aḥikar est explicateur d'énigmes, cette capacité est retrouve dans Tobie et le Siracide. Bref, il semble légitime d'appliquer à tous ces textes le jugement de Dupont-Sommer[39] sur les ressemblances et dissemblances entre *Daniel* et 4 Q Or Nab : nous avons affaire à « une source commune lointaine ».

Telle est la situation du point de vue de la question des sources. Qu'en est-il des couches littéraires de Daniel 1-6 ? Les études de A. Jepsen[40] viennent à propos. Considérant le chapitre 2, il voit dans les versets 41-43 des intrus complexes qui dérangent ou surchargent le contexte[41]. Leur texte rétabli donnerait :

(41b) : Le royaume sera divisé, il aura part à la force du fer, comme tu as vu les pieds, partie fer, partie argile.
(42b) : En partie le royaume sera fort et en partie fragile, comme tu as vu le fer mélangé à l'argile.
(43a) : Et ils se mêleront par la semence d'homme et ne tien-

considérée comme étant le signe de la véritable sagesse (cf. Dan. 1. 18-21 ; 5. 10-12).

b) Malgré la malignité de leurs ennemis, Daniel et Aḥikar ont la vie sauve et tous deux reprennent leurs fonctions auprès du roi après en avoir été éloignés (cf. Dan. 6).

c) Leurs adversaires subissent dans les deux cas le sort qu'ils destinaient à leurs victimes (cf. Dan. 6).

d) Daniel 4. 33 (rétablissement du roi Nébuchadnetsar dans sa royauté) semble faire écho au rétablissement d'Aḥikar dans ses fonctions à la cour royale. Ce parallèle est d'autant plus frappant dans la description que fait Aḥikar de sa condition lorsqu'il était en prison (longs cheveux et barbe, corps couvert de poussière et, surtout, ongles longs comme ceux de l'aigle).

e) Du point de vue formel, on a de part et d'autre le mélange des genres narratif et sapiential. [Par contre, on ne retiendra pas les parallèles suggérés par Harris, Lewis et Conybeare, (in *The Pseudepigraphs* publiés par CHARLES) entre Aḥ. 1. 3 (arabe) et Dan. 2. 1, 27 ; 5. 7. Aḥ. 1. 7, (arménien) et Dan. 5. 16. Aḥ. 5. 4 (arabe) et Dan. 2. 11… Ces détails ne sont pas assez signicatifs pour être rapprochés.]

[39] A. DUPONT-SOMMER, *Les Écrits esséniens…*, 339.
[40] A. JEPSEN, *V.T.* 11 (1961). 386-391, « Bemerkungen zum Daniel-Buch ».
[41] La solution proposée par Jepsen est une réponse élégante à la critique de Rowley, selon laquelle la suppression de l'expression « et les orteils » en 2. 41a, ainsi que des versets 41b-43, est une « émasculation » (« The unity… », *op. cit.*, 252).

dront plus ensemble, comme le fer ne se mélange pas à l'argile.

Jepsen continue : l'image des pieds est expliquée dans le texte actuel de trois façons différentes. La première seule est originale et date probablement du temps qui suit le partage de l'empire d'Alexandre (IVe-IIIe siècles). Le quatrième royaume est divisé mais il lui reste quelque chose de la force du fer. Le royaume de Dieu est proche, cependant il tarde à venir et la deuxième explication (v. 42b) en recule un peu l'échéance : l'accent maintenant est sur la faiblesse de l'alliage entre le fer et l'argile. Il se peut qu'on ait ici un jugement sur le royaume dans le futur, le v. 43a montre que les liens ne subsistent pas entre deux entités si différentes l'une de l'autre ; il y a ici référence à la rupture entre Syrie et Égypte (IIIe siècle).

A part ces versets de surcharge, Jepsen pense, avec Ginsberg, que le texte original remonte au IVe siècle, à la division du royaume d'Alexandre entre les Diadoques. Mais qu'en est-il du réemploi de matériaux anciens par le compilateur final de l'actuel livre de *Daniel* ? H.L. Ginsberg[43] à la fin de la première partie de son étude sur la composition du livre de *Daniel*, écrit (p. 259) : « Il n'y aurait rien d'incroyable dans l'opinion selon laquelle les auteurs de *Daniel B* (ch. 7-12) ont vu dans *Daniel A* (ch. 1-6)... un message plus profond pour eux-mêmes que pour les contemporains de *Daniel A* (cf. Bentzen). Dès lors, il firent de *Daniel A* leur point de départ. »

Nous ne suivrons pas Ginsberg dans toutes ses conclusions, mais nous souscrivons à son insistance, égale à celle de Kaufmann, sur l'absence en *Daniel A* « d'amertume à l'égard de la

---

[42] Jepsen suit la lecture de Rowley. Si le v. 43 se réfère au mariage en 193 entre Cléopâtre, fille d'Antiochus III, et Ptolémée V, le v. 42 nous renvoie à la période immédiatement précédente, c'est-à-dire au moment de la supériorité militaire d'Antiochus III qui impose précisément le mariage en question à Ptolémée V. Le but de cette union fut raté — cf. Dan. 11. 17 —, car Cléopâtre la Séleucide prit fait et cause pour sa patrie d'adoption, la Ptolémaïque Égypte. Ce fait est volontairement ignoré par H.L. GINSBERG (cf. « Composition... », *op. cit.*, 251).

[43] « Composition... », *op. cit.*

royauté païenne. Ce fait milite contre une datation du texte au temps de la tentative d'Épiphane d'anéantir le judaïsme, à moins qu'on ait des raisons contraignantes de penser à cette période plutôt qu'à toute autre[44] ! ». Puis, passant en revue quelques caractéristiques de *Daniel A*, le critique américain continue en remarquant qu'au *chapitre 1*, l'élément de pureté alimentaire a pu, certes, être réemployé, en lui donnant une portée inconnue jusqu'alors, par un auteur du IIᵉ siècle, mais il est par lui-même trop peu marqué chronologiquement pour prouver quoi que ce soit[45]. *Le chapitre 4* peut difficilement avoir été écrit à propos d'Antiochus IV[46], ne serait-ce que parce que la « agadah » culmine dans la repentance du roi et, en conséquence, son rétablissement sur le trône (Dan. 4. 33). Au *chapitre 5*, aucun Juif n'est forcé de participer à l'orgie ; au contraire, c'est un sage Juif qui est consulté ; malgré sa terrible prédiction, il est richement récompensé ; « tout ce qui arrive, c'est qu'une autre dynastie païenne succède à la précédente[47]... » Au *chapitre 6*, ce n'est certes pas à Antiochus IV que l'on pense en lisant la description d'un roi si astucieusement manœuvré par ses courtisans. Ceux-ci, d'autre part, ne représentent pas (originellement en tout cas) des Juifs hellénisés, mais des non-Juifs (même s'il n'y avait pas le v. 6, ajoute H.L. Ginsberg).

Ces arguments de Ginsberg me paraissent plus ou moins solides[48] et ils entraîneraient en gros mon adhésion *en ce qui*

---

[44] P. 247, n. 2.

[45] Cf. Tobie 1. 10-11 (*contra* Rowley). Il est vrai que le livre de Tobie est difficilement datable, mais il est antérieur à Daniel (entre le IVᵉ et le IIᵉ siècle).

[46] Même s'il fut appelé par ses sujets « Épimane » (= fou) par jeu de mots avec Épiphane (cf. *supra*).

[47] P. 257.

[48] Parmi les « moins solides », nous rangeons l'argument sur la pureté alimentaire prônée par Dan. 1. Aucune époque plus que le IIᵉ siècle avant J.-C. ne convient comme « Sitz im Leben » d'un tel texte. E. BICKERMAN écrit (*The Maccabees,* E.T., New York, 1947, 25) : « ... au temps des Maccabées, comme à l'époque de Moses Mendelssohn, la Loi établissait une barrière entre Juifs et non-Juifs. Rien ne rapproche plus les gens qu'une

concerne le message original de Daniel A. Mais sa discussion des chapitres 2 et 3 apparaît faible. A vrai dire, le chapitre 3 est rapidement « expédié » et les conclusions sur le chapitre 2 ne sont que partiellement correctes. Il semble que, s'il ne faut pas voir dans le *chapitre 2*, avec Y. Kaufmann, fidèle à sa thèse d'un *Daniel A* « miroir du judaïsme exilique », une liste de rois babyloniens[49], il est aussi invraisemblable qu'il faille descendre jusqu'en « 246-5 B.C.E. » avec Ginsberg[50]. Ce dernier tire argument du mariage mentionné en Daniel 2. 43, dans lequel il voit l'union d'Antiochus II et Bérénice en 252. Le déséquilibre politique est celui qui résulte de la « guerre de Laodicée » en 246[51]. Ptolémée III y obtint un succès durable et Daniel 2 y ferait écho. Plusieurs remarques s'imposent :

1. Avec Jepsen, je pense que les versets 41-43 du chapitre 2 sont une glose formée d'éléments d'origines diverses (cf. *supra*). Ces versets interprètent des détails inexistants dans les v. 31-35 qui décrivent le rêve-énigme. Ils sont donc, selon moi, des témoins de relectures successives du texte primitif, c'est-à-dire de « couches » littéraires superposées. Si la première intervention dans le texte est du temps de la division de l'empire d'Alexandre, il est clair qu'il faut remonter au moins jusque-là pour chercher l'origine de *Daniel A*.

2. Avec Kaufmann et Ginsberg, je suis impressionné par la contemporanéité, selon le texte, des quatres empires (ou règnes) représentés par la statue. L'argument de Ginsberg (p. 249) paraît fragile, selon lequel, « à travers l'époque grecque et jusque bien avant dans la période romaine, il a existé des royaumes résiduels mède et perse sous la forme des deux principautés plus ou moins indépendantes de la Médie Atropatique (Strabon, *Géographie* XI, 13 : 1 ; 5 : 6) et de la Perside (*Ibid*.

---

table commune. » C'est bien pourquoi les Juifs modernistes renversent cet ordre de choses et établissent une « polis » à Jérusalem (cf. p. 169).

[49] Cf. *supra*.
[50] *Op. cit.*, 254.
[51] Cf. Daniel 11. 7.

XV, 3 : 24 ; cf. 3 : 3) ». Plutôt, il faut penser que le texte est plus fluide et en tirer une conclusion paradoxalement plus ferme. En effet, Alexandre le Grand démantèle la Babylonie, la Médie, la Perse. Mais la mort prématurée du Macédonien donne l'occasion à ces royaumes de « ressusciter » en quelque sorte sous forme de « diadochies ». Séleucus I Nicator, le premier des Séleucides (306-281 ; cf. Dan. 11. 5) adopte le titre de « roi de Babylonie[52] » ; et le tribut ainsi payé entre 304 et 301 à la gloire de la grande cité sur l'Euphrate pouvait être légitimement interprété comme assurant la survie de ce royaume antique, au moins dans l'imagination populaire que Séleucus I consacre peut-être[53].

3. La contemporanéité des « quatre royaumes » de Daniel 2 s'explique donc parfaitement au temps des luttes entre les successeurs d'Alexandre (celui-ci meurt à Babylone en 323). Les temps sont alors assez troublés et incertains pour susciter l'espérance, dans certains milieux juifs, que va s'écrouler toute la construction de l'empire mondial et unique, réalisé d'une manière si étonnante par le grand conquérant païen.

4. En résumé, le chapitre 2 représente un texte dont on peut faire remonter la date de rédaction au IVe siècle avant J.-C. (soit entre 323 et 300). Une première intervention rédactionnelle date d'une période très proche de la précédente, elle est introduite dans le v. 41b. Une deuxième intervention faisant allusion à un mariage qui n'atteint pas son but politique entre des représentants de Syrie et d'Égypte, est à placer, soit en 252

---

[52] H.L. GINSBERG (*op. cit.*, 249, n. 2) renvoie à l'inscription d'Antiochus, I *apud* F.H. WEISSBACH, *Die Keilinschriften der Achaemeniden*, Leipzig, 1911, 132, et à BICKERMANN, *Berytus* 8, fasc. 2, 73-83, « Notes on Hellenistic and Parthian Chronology », 1944, 75, n. 16.

[53] On se souviendra d'un parallèle antique et fameux, celui de la survivance des tribus israélites unies (et de leurs noms) après l'instauration de la monarchie sous Saül, David, et surtout Salomon qui pourtant redivise son royaume en provinces sans tenir compte des limites tribales traditionnelles.

avec Ginsberg[54], soit, plutôt, en 193 avec Rowley. Un troisième fléchissement du texte se manifeste au verset 43a après la rupture entre la Syrie et l'Égypte (IIIᵉ siècle ou IIᵉ siècle). Enfin, quatrième et ultime relecture : le chapitre 2, avec *Daniel A* tout entier, est inséré comme première partie d'une œuvre apocalyptique datant de 166 avant J.-C.[55].

Dans ce nouveau cadre, tous les détails reçoivent un éclairage nouveau. Ainsi, par exemple un parallèle rédactionnel entre *Daniel A* et *B* rejeté par H.L. Ginsberg, emporté par la défense de sa thèse, est au contraire à prendre en considération. Daniel 2. 21 dit : « C'est lui (= Dieu) qui change les

---

[54] Dans ce cas, l'allusion est réinterprétée au IIᵉ siècle à la lumière du mariage entre Cléopâtre et Ptolémée V, et nous avons une couche de plus dans « l'épaisseur » du texte actuel.

[55] Otto PLÖGER *(Theocracy and Eschatology*, Richmond, 1968) tire argument du passage dans Dan. 2 de la vision de Nébuchadnetsar à celle de Daniel lui-même aux versets 19 ss. Le chapitre 2 est ainsi une combinaison de Daniel A et Daniel B, précieuse indication quant à sa date finale de rédaction. De fait, O. Plöger voit dans ce chapitre une introduction thématique sur le modèle de Dan. 7 afin de lier dès le commencement les deux parties du livre (le chapitre 1 étant une introduction générale à toute l'œuvre). Notre section, *supra*, sur le Bilinguisme de Daniel marque notre agrément avec la thèse de Plöger.

Notons l'accord d'E. BICKERMAN, *Four Strange Books,* 70, « Composed under Nebuchadnezzar *(sic)*, revised under the successors of Alexandre toward the end of the 4th century, the prophecy of Daniel was again adjusted some 50 years later to meet a new international crisis. In 252 Antiochus II of Syria married Berenice, daughter of Ptolemy II of Egypt », etc. (les v. 41-43 sont des ajoutes plus tardives). Plus récemment, B. CHILDS souligne également le parallèle des chapitres 2 et 7 (les 10 cornes correspondent, par exemple, aux 10 orteils ; en 2. 37, le royaume est donné à Nébuchadnetsar ; en 7. 27, cette promesse est transférée aux saints...). Bref, « 7-12 extend the vision of chapter 2 » *(Introduction to the O. T. as Scripture,* Philadelphia, 1979, « Daniel »).

Que l'histoire rapportée par Daniel 2 ait été composée originellement sous Nébuchadnetsar (Bickerman) est tout à fait improbable. Le roi babylonien était plutôt vu par les Juifs comme « archétype du mal », ainsi que le rappelle J.J. COLLINS *(Daniel, op. cit.*, 41). Cet auteur ajoute : « However, there is evidence that during the Hellenistic period the Babylonians recalled the reign of Nebuchadnezzar as a golden age. » (Cf. BEROSE et MEGASTHÈNE d'après JOSÈPHE, *C. Ap.* 1. 19, 132-144.)

temps et les moments » ; en 7. 25, on lit : « Il (= Antiochus) pensera changer les temps et la loi (la religion). » Le rapprochement des deux textes est certainement légitime à partir du moment où ils font partie d'une seule œuvre. Antiochus, en révolte contre Dieu, va jusqu'à occuper sa place. La différence dans le vocabulaire (« les moments » d'un côté, « la loi » de l'autre) résulte du besoin d'explication historique en ce qui concerne Antiochus.

Ce dernier détail, il faut le noter, fait partie d'un groupe de versets (16-23) de Daniel 2 dont l'originalité est à juste titre mise en question[56]. Il est de même facture que Daniel 1 et notre rapprochement du v. 21 avec 7. 25 n'en prend que plus de relief. Dans un article important, S. Niditch et R. Doran écrivent[57] : « Les versets 16-24 peuvent bien avoir été écrits par l'auteur de Dan. 1. Il présuppose que Nébuchadnetsar connaît Daniel depuis un certain temps (1 : 18-20) et, dès lors, introduit le v. 16 » (p. 191). Les versets 20-23 introduisent à l'intérieur du morceau le genre littéraire hymnique qui « dérange la forme narrative populaire de Dan. 2, de sorte que nous avons à présent un genre mixte » *(ibid)*. H. Gunkel[58] et S. Mowinckel[59], entre autres, l'ont étudié. Plus récemment, W. Sibley Towner[60] en a montré le caractère de Psaume individuel de louange, que l'on retrouve en Daniel 3. 31-33 ; 4. 31 s ; 6. 26-28. Une comparaison de ces morceaux montre que :

a) ils ont des éléments linguistiques semblables ;

b) ils imitent l'une des formes stéréotypées de la prière biblique ;

c) ils remplissent une fonction de résumés théologiques de la narration ;

---

[56] Cf. mon commentaire *C.A.T.*, 46.

[57] « The Success Story of the Wise Courtier : A Formal Approach », *J.B.L.* 96/2 (1977), 179-193.

[58] *Einleitung in die Psalmen* (*H.K.A.T.*, sup. : Vandenhoeck u. Ruprecht, Göttingen, 1928, 32).

[59] « Psalms and Wisdom », *in* M. NOTH et D.W. THOMAS, *Wisdom in Israel and the Ancient Near East*, *V.T.S.* 3, 1960.

[60] « Poetic Passages of Daniel 1-6 », *C.B.Q.*, 31 (1969), 317-326.

d) ils ont été « composés *ad hoc* » (Towner, p. 323) ;
e) « ils ne proviennent pas directement du culte » (p. 324) ;
f) ils sont écrits « dans un style très proche de celui qu'on trouve dans les Psaumes savants (cf. Ps. 1 ; 112) » *(ibid.).*

La succession narration-prière sert aussi à souligner le thème de la théodicée, et même, puisque la confession est mise dans la bouche d'ennemis notoires en terre hostile, de « théodicée universaliste... afin de dénigrer les chances de succès de la puissance du mal » (p. 318, 325).

Dans l'article précité de Susan Niditch et Robert Doran, ces auteurs montrent qu'en Daniel 1-6, les « tales of the courtier » (histoires des gens de cour) — comme les appelle W.L. Humphreys[61] — présentent les caractéristiques du « type 922 » défini par les folkloristes finnois A. Aarne et S. Thompson[62] : « Actions et Paroles Habiles », (« Clever Acts and Words »). Ces caractéristiques sont (en résumé) :

a) Un personnage d'extraction humble (par exemple un prisonnier ou un étranger) est sollicité par un noble de résoudre une énigme (souvent sous menace de punition en cas d'incapacité).
b) Le problème est posé.
c) La solution est donnée.
d) L'interprétateur est récompensé (il reçoit la moitié du royaume, ou la fille du roi, ou des vêtements somptueux, etc.). Cf. Genèse 41 (Joseph) et Aḥikar syr. 5 - 7.23. Il s'agit surtout de montrer que la sagesse conduit au succès, et, par conséquent, *ce type de récit n'est pas ouvertement polémique.*

Ce dernier point est important. Il relativise l'argument de la différence profonde d'atmosphère entre *Daniel A* et *Daniel B.*

---

[61] « A Life-Style for Diaspora : A Study of the Tales of Esther and Daniel », *J.B.L.* 92/2, 1973, 211-223.
[62] *The Types of the Folktale* (Folklore Fellows Communications 184) 2ᵉ éd., Suomalainen tiedeakatemia, Helsinki, 1964. Cf. A. LORD, *The Singer of Tales,* New York, 1968 ; V. PROPP, *The Morphology of the Folktale,* Austin, 1973.

L'auteur ne pouvait pas, sans en trahir le caractère générique, transformer des « contes du courtisan » en satires ou en manifestes polémiques[63].

Le *chapitre 3* est complexe. La personne de Daniel en est absente et on voit, à juste titre, dans ce trait un indice de l'existence originellement indépendante de cette légende. D'autre part, on remarquera avec Bentzen[64] que la version des LXX présente de nombreuses surcharges par rapport au T.M., indication entre autres que cette agadah a particulièrement frappé les imaginations. Les versets 16-18 en particulier sont devenus, au cours d'une histoire émaillée de persécutions, la déclaration de foi par excellence des martyrs.

Différents éléments du chapitre doivent être sondés en vue de la datation des couches littéraires du chapitre :

1. La statue érigée par « Nébuchadnetsar ».
2. Les instruments musicaux.
3. Le martyre pour la foi.
4. La torture par le feu infligée aux trois jeunes gens.

Nous connaissons déjà (cf. *supra*) les deux pôles entre lesquels se situera la date du chapitre 3. Ce sont, pour le *terminus a quo*, la période de l'exil à Babylone, et pour le *terminus ad quem*, le IIe siècle avant J.-C. Pour cette dernière date milite la présence même du chapitre 3 dans le livre de *Daniel*. En faveur de la première, la LXX par exemple ajoute, au verset 1 : « la 18e année de Nabuchodonosor », c'est-à-dire 587. Dès lors, l'érection de la statue est un acte officiel pour célébrer la ruine de Jérusalem (cf. Nötscher et Gottsberger, cités par O. Plöger)[65].

---

[63] Les catégories « tales of contest » pour Daniel 2, 4, 5, et « tales of conflict » pour Daniel 3 et 6, employées par H.-P. Müller et J.J. Collins ne doivent pas être pressées outre mesure. Cf. H.-P. MÜLLER, « Märchen, Legende und Enderwartung », *V.T.* 26 (1976), 338-350 ; J.J. COLLINS, *Daniel (op. cit.)*, 33 ss.

[64] Aage BENTZEN, *Daniel* (*H.A.T.* Erste Reihe 19), Tübingen, 1952.

[65] O. PLÖGER, *Das Buch Daniel*, 59.

De fait, l'identification de la statue monstrueuse pose un premier problème chronologique. H.H. Rowley va trop vite en parlant de statues (au pluriel) placées par Antiochus IV dans le temple de Jérusalem (*op. cit.*, 268-9). Nous souscrivons plutôt au jugement de Ginsberg (*Studies,* 28) : « Le chapitre 3 est un conte dont les Juifs de Palestine dans les années 167-164 pouvaient sans aucun doute recevoir le message si approprié à leur état... mais il ne peut pas avoir été rédigé par quelqu'un dans leur situation. » L'auteur continue en montrant la différence de *Sitz im Leben* avec le IIe siècle : L'idolâtrie est limitée à un « colosse dans la plaine de Doura » et il n'est pas question d'un « antisémitisme » global[66]. La mention d'une statue colossale d'Apollon dressée à Daphné au temps d'Antiochus IV et que mentionne Ammien Marcellin (XXII, 13, 1) indique seulement une possibilité supplémentaire, offerte aux lecteurs du IIe siècle, de s'approprier la légende. Car des auteurs fort anciens rapportent la présence de telles statues. Hérodote, par exemple, en mentionne une dans un temple à Babylone (1, 183)[67]. Diodore de Sicile (II, 9) parle de trois images en or au sommet du temple de Belus (Zeus, Héra, Rhéa)[68]. On connaît le colosse de Rhodes[69]. Montgomery[70] cite Eusèbe (*Praep. Evang.* IX, 39) qui parle d'une image en or du nom de Bel au temps de Jérémie et comment celui-ci indiqua la calamité à laquelle il fallait s'attendre. En conséquence, « Jonachim (= Yehoyaqim) tenta de le brûler vif mais lui (le prophète) leur dit qu'avec le combustible ils devraient plutôt cuire des aliments pour les Babyloniens et, en tant que prisonniers de guerre, creuser les canaux du Tigre et de l'Euphrate ». Enfin Bérose[71] rapporte que les

---

[66] Cf. A. BENTZEN (*op. cit.*, 35) : il s'agit de jalousie professionnelle, non d'inimitié contre la religion juive. G. HÖLSCHER, « Die Entstehung... », 113-138, présente le même argument.

[67] Ve siècle avant J.-C.

[68] Diodore de Sicile a vécu au Ier siècle avant J.-C.

[69] Œuvre de Charès, élève de Lysippus, vers 300 avant J.-C. Une des sept merveilles du monde.

[70] *op. cit.*, 194.

[71] Vers 250 avant J.-C.

Perses ont introduit l'usage d'images humaines au temps d'Artaxerxès II[72].

De tout ceci, il ressort que l'élément de la statue est incapable par lui-même de fournir une indication chronologique de quelque précision pour le chapitre 3 de *Daniel*.

Un autre élément d'appréciation est donné par le martyre pour la foi (point 3 de notre liste *supra*). Les choses deviennent déjà beaucoup plus claires, car, s'il faut voir dans la scène décrite par l'auteur une persécution du peuple juif *qua* juif, et sévissant dans le domaine religieux et non seulement politique, alors le candidat par excellence est le IIᵉ siècle avant J.-C. Le pogrome antiochien est le premier de son espèce dans l'histoire. Le critique hésite pourtant encore, à ce niveau, à tirer des conclusions fermes quant à la chronologie. Car que des Juifs aient eu *individuellement* à souffrir de régimes politiques étrangers à cause de leurs croyances religieuses est un phénomène probablement trop fréquent pour nous permettre de nous arrêter à une époque plutôt qu'à une autre.

Le deuxième problème sur notre liste est plus prometteur. Les instruments de musique, mentionnés dans le chapitre à plusieurs reprises, ont une origine iranienne, accadienne ou grecque. On y trouve par exemple la « symphonia » et le « psalterion »[73]. Ce dernier se trouve pour la première fois chez Aristote (384-322) et le premier chez Platon (427-347), mais au sens premier d'harmonie. Comme instrument de musique, il apparaît pour la première fois chez Polybe (environ 200-118), donc au temps macchabéen qui constitue, dès lors, un repère chronologique important[74]. La conclusion de Bentzen[75] est correcte,

---

[72] A. Bentzen ajoute à la liste déjà longue : Pline 33. 24 ; 34. 9 ss ; Ép. Jér. 7. 54 ss ; Bel et le Dragon 7, etc.

[73] Symphonia : vv. 5, 10, 15 ; Psalterion : vv. 5, 7, 10, 15.

[74] Polybe raconte précisément qu'Antiochus IV choqua l'opinion publique en dansant aux sons sauvages de cet instrument (XXXI : 4). Exprimant un jugement plus général, Franz ALTHEIM, *op. cit.*, 184, écrit : « C'étaient surtout les formes les plus basses de l'art qui fleurissaient (dans la Séleucie hellénistique). Sous Antiochus IV Épiphane, des mimes figuraient aux panégyries de Daphné. »

[75] *Op. cit.*, 38.

« Comme la signification "concrète" (du mot symphonia) peut être un peu plus ancienne que sa première occurrence chez Polybe, il s'ensuit que (Dan. 3) appartient à la période grecque, non à l'exil. »

Par contre, le genre de torture infligée aux trois jeunes gens ne nous permet guère d'apporter une précision chronologique. La peine du feu est rare dans l'Écriture (cf. Gen. 38. 24 ; Lév. 21. 9 ; Jos. 7. 15, 24 ; cf. Jub. 20. 4 ; 30. 7 ; 41. 19, 25) ; elle est rare à Babylone (cf. cependant Jér. 29. 22). A. Bentzen cite von Soden (*Z.A.W.* 53, 1935, 85-86) qui, après Sidney Smith, voit dans le récit de Daniel 3 des traces d'initiations cultuelles relevant de la sorcellerie telles qu'elles avaient cours pendant le règne de Nabonide à Babylone (555-539). C. Kuhl[76] voit l'influence de la légende de Crésus[77] et peut-être d'un conte iranien (Firdosi XV).

Plus féconde est la remarque de E. Bickerman[78] notant que l'épreuve du feu a été appliquée en Perse pour mesurer la vérité d'une religion et de ses protagonistes. Zoroastre a, dit-on, marché dans le feu pour prouver la vérité de son message.

Le chapitre 3 de *Daniel* peut donc, tout compte fait, trouver son origine lointaine pendant la période perse et avoir eu son point de départ dans la figure du babylonien Nabonide. Le caractère général du texte actuel est cependant plus sûrement de la période grecque et bien entendu sa relecture finale, par son insertion dans le livre de *Daniel*, est du IIe siècle avant J.-C.[79].

---

[76] *Altorientalische Texte zum A.T.* 2 (éd. par Gressmann), 273 ss.

[77] *Regnit* VIe siècle avant J.-C. ; la légende elle-même étant évidemment plus récente.

[78] *Four Strange Books*, 99. Cf., dans un sens mi-propre, mi-figuré, le « feu » de la colère royale selon Aḥikar VII, 95-110 (*A.N.E.T.*, 428-29, trad. de H. L. Ginsberg).

[79] Le dépôt d'alluvions nouvelles continue au-delà de cette date, ainsi qu'en témoignent les deux versions grecques (et les versions secondaires basées sur elles). Il y a, par exemple, une prière des trois compagnons dans la fournaise (vv. 24-90 du texte élargi) dont la version originale était probablement sémitique.

Les couches littéraires des chapitres 7-12

L'atmosphère est tout autre quand on passe à *Daniel B* (= chapitres 7-12). Ici l'amertume vis-à-vis des royaumes païens est très nette, et les allusions à Antiochus IV Épiphane et à ses persécutions sont trop nombreuses et trop spécifiques pour qu'aucun doute soit permis quant à l'origine de cette partie du livre. Comme dans *Daniel A*, cependant, il y a des couches littéraires diverses. H.L. Ginsberg[80] en a fait une étude détaillée que nous prenons ici pour base de notre présentation.

Chapitre 7 : en contraste avec le chapitre 2, les quatre royaumes sont déclarés pernicieux et condamnés à disparaître (7. 11, « l'animal » désigne alors la totalité des royaumes païens, cf. *infra*). Ginsberg cependant voit dans la description actuelle des quatre animaux un texte en désordre et, sur la base d'arguments d'ordre logique, philosophique, zoologique, historiographique et même esthétique, il le rétablit de la façon suivante : Versets 1, 2, 3, 4a, 5aγ-b, 4bα-β, 5aα-β, 4bγ-δ, 6, 7... En substance, certains détails, attribués dans le *textus receptus* au deuxième animal, s'appliquent en fait au premier et *vice versa*. C'est le lion qui a trois côtes entre les crocs et à qui il est commandé de dévorer beaucoup de chair. On notera que la traduction du verset 4 est transformée d'une manière significative puisque « il s'éleva de terre » (suivi de la station debout), devient « il disparut de la terre »[81] (car la station debout se rapporte à l'ours, non au lion). Ginsberg fait grand cas de cette disparition des premier et quatrième animaux (7. 11), qu'il oppose au sort des deuxième et troisième. Ceux-ci ne sont pas détruits, mais la domination leur est retirée. Ils subsistent plus ou moins jusqu'à l'avènement des saints (7. 12)[82].

Il n'y a donc pas de royaume babylonien survivant (= premier animal) ; ce qui correspond historiquement à une période qui va de 260 à 63 et, par conséquent, comprend l'époque épi-

---

[80] *Studies (op. cit.)*.

[81] Ginsberg renvoie entre autres à Or. Sib. VIII, 39.

[82] *Op. cit.*, 6 ; cf. Daniel 7. 27b. On se souviendra de sa thèse, discutée plus haut, des « royaumes résiduels mède et perse » pendant toute la période grecque.

phanienne de 175-163[83]. On retiendra aussi la haine marquée à l'égard de la Macédoine (= quatrième royaume). Or ce quatrième monstre est la réplique en plus féroce du premier et l'auteur, ayant épuisé ses hyperboles en parlant du lion et de l'aigle, est donc obligé de dire qu'il n'y a pas, dans la nature, d'animal comme celui dont il a eu la vision (7. 7 ; cf. Jug. 14. 18 ; 2 Sam. 1. 23b). Ce superlatif en monstruosité désigne bien entendu l'empire d'Alexandre, mais, au-delà, il envisage l'épitomé de tous les empires païens.

Le monstre a dix cornes, voire onze. Quelle que soit l'interprétation que l'on donne à ces cornes, il est clair qu'Antiochus est identifié tantôt avec la dixième, tantôt avec la onzième, ce qui, d'un point de vue critique, est évidemment intolérable. Ginsberg résoud l'énigme en voyant dans toutes les allusions à une onzième corne un élément secondaire. Celui-ci est visible dès le verset 8 (une onzième excroissance en arrache trois précédentes[84]) et devient très clair au verset 24a. Au-delà de Daniel 7, cette même intervention dans le texte se poursuit dans le chapitre 8 : v. 9-14, 23-24, passages écrits après la profanation du Temple et les interdictions de pratiquer la religion juive (fin 167), mais avant l'amnistie royale (hiver 164).

Ainsi donc, la couche littéraire originale du chapitre 7 remonte à une période précédant les mesures épiphaniennes de 167. Lorsqu'elles furent promulguées, on ressentit comme nécessaire l'addition d'allusions spécifiques aux indignités du tyran : ce sont les additions du chapitre 7 et les chapitres 8-12 en partie[85], le chapitre 9 étant écrit tout entier par ce même rédacteur[86].

---

[83] *Op. cit.*, 9.

[84] E. SELLIN, *Zur Einleitung in das A.T.*, 153 ss. est le premier à l'avoir remarqué. Il s'appuie sur des particularités de vocabulaire :

a) אלו au lieu de ארו v. 2, 5, 6, 7, 13.

b) אלו suivi de parfaits (au lieu de participes).

c) Emploi de « homme » comme symbole d'arrogance (en opposition avec les v. 4 et 13 où il symbolise la sainteté).

[85] P. 21. On passe d'ailleurs, comme l'a montré Hölscher, de la destruction de royaumes dans la première couche, à la destruction de rois dans la deuxième (v. 20b, 24b). Cf. G. HÖLSCHER, « Die Entstehung... », 120.

[86] H.L. GINSBERG cite sept rapprochements linguistiques précis, proposés

Il est donc possible, après tout, qu'un original de Daniel 7 remonte au temps des diadochies postalexandrines, ainsi que l'affirme A. Jepsen *(op. cit.)* Dans ce cas, il ne serait pas impossible que les « saints » entourant Celui comme un fils d'homme aient désigné originellement les anges de la Présence (selon l'expression des rabbins). Leur relation avec l'Homme au v. 13 conduit à interpréter ce dernier comme également angélique et à l'identifier avec l'archange Michel[87]. Mais il y a évolution de la notion et déjà au temps du livre des Jubilés (entre 153 et 105) et du Testament de Lévi (IIe siècle), le terme « saint » devient amphibologique (cf. Jub. 33. 12 et 9. 15). T. Lévi 18. 11 dit : (le Messie lévitique) « écartera l'épée menaçant Adam et donnera aux saints à manger de l'arbre de la vie ». En tout cas, à Qumrân, les sectaires s'appliquent à eux-mêmes le titre de « saints» (comme plus tard les premiers chrétiens) et il y a, « à cette association des anges aux activités "ecclésiales" et à la communion des saints dans le culte, des parallèles étonnants dans les sources de la secte », dit W.D. Davies[88]. Il renvoie à C.D. 11. 8 s ; 1QSa 1. 25-2. 10 ; 11. 8 ; 1QSb 4. 25-26, où il est clair que la communion entre hommes et anges est actuelle, car ces textes « ... ne doivent pas être compris au futur mais en un présent mystique, la liturgie terrestre se déroulant *en même temps* dans le "Temple du Royaume"[89]. »

Cette situation est déjà celle de *Daniel B*. Nous verrons au chapitre VI de ce livre que le *Sitz im Leben* de Daniel 7 est liturgique et, plus précisément celui de la Fête du Nouvel An

---

par Hölscher, entre, d'une part, les ajoutes dans le chapitre 7 et, d'autre part, les chapitres 8-12 (cf. *op. cit.*, 30).

[87] Cf. mon commentaire, l'introduction au chapitre 7 de Daniel. Z. ZEVIT pense plutôt à l'archange Gabriel ; renvoi est fait à 9. 21 (se référant précisément à 7. 13, le texte de transition étant 8. 16). Certaines sources rabbiniques ont précédé Zevit avec cette lecture (« The Structure and Individual Elements of Daniel 7 », *Z.A.W.* 80 (1968), 385 ss.)

[88] W.D. DAVIES, *The Setting of the Sermon on the Mount*, Cambridge U. Pr., reprinted 1977-226.

[89] D. BARTHÉLÉMY et J.T. MILIK, *Qumran Cave I*, Oxford, 1955, 117 ; cité par W.D. DAVIES, 227.

/ Succoth / Intronisation royale, qui célèbre le renouvellement de l'Alliance. Les « saints » (anges et hommes) sont partie prenante et ainsi confirment leur sainteté[90].

Chapitre 8 : de notre étude du chapitre 7, il ressort que la couche première du chapitre 8, où l'on trouve la mention d'une petite corne sortant d'une autre et grandissant d'une manière extraordinaire, a été écrite par le glossateur du chapitre 7. Son intervention date de 166-164 (cf. *supra*) et est responsable, comme nous l'avons vu plus haut, des versets 9-14, 23-24.

Signalons, pour la réfuter, l'opinion de Ginsberg selon laquelle les versets 13-14 coupent le développement et introduisent des éléments inconciliables avec le reste du chapitre. La même intrusion étrangère se manifesterait à nouveau dans les versets 26a et 27b, également dans le verset 16 qui doit être traité à part[91]. Les différences principales introduites par cette seconde main résideraient, selon le critique de Cincinnati, dans le fait que Daniel, qui devait comprendre la vision mais non la publier (v. 16, 17b, 19, 26b), confesse maintenant ne pas la comprendre du tout (v. 27b). Auparavant, le mot « saints » représentait les Juifs (cf. v. 24) comme au chapitre 7, maintenant il désigne des anges, cf. v. 13. Dans le corps du chapitre, « mare'èh » a le sens de révélation compréhensible par Daniel ; dans les éléments glosés, de mystère incompréhensible. Quant au verset 16, présupposé par le chapitre 9 (cf. v. 21), il a été ajouté plus tard encore, évidemment par l'auteur du chapitre 9 qui est le rédacteur final du chapitre 7, d'une part, et des chapitres 8-12, de l'autre[92].

Nous ne suivrons pas H.L. Ginsberg dans ses conclusions sur le chapitre 8. A ceci, plusieurs raisons, d'ordre technique aussi bien qu'exégétique. D'abord, la situation, d'un point de vue statistique, ne manque pas d'être impressionnante : le mot « ḥazôn » (vision) apparaît sept fois et ponctue tout le chapi-

---

[90] Cf. *infra* sur le « fils d'homme ».
[91] *Op. cit.*, 33.
[92] Cf. *supra*. Sur les versets 17 et 18 appartenant, selon Ginsberg, à deux couches littéraires différentes, cf. notre discussion du ch. 10 *infra*.

tre, le verbe « ra'ah » (voir) dix fois[94], l'association étroite de ces deux termes trois fois[95], le substantif « mare'èh » quatre fois[96] se subdivisant, du point de vue du sens, en un plus trois[97].

D'autre part, Ginsberg passe à côté d'une caractéristique importante du livret apocalyptique *(Daniel B)*. En effet, il ne faut pas opposer, comme il le fait, l'*ordre* de comprendre donné à Daniel et sa *confession* d'incompréhension. La racine verbale uniformément employée de part et d'autre est « bîn » (comprendre) ; elle apparaît v. 5[98], 15, 16, 17, 27[99]. Il n'y a aucune impossibilité logique — surtout de logique « biblique » — à affirmer la nécessité existentielle de comprendre le mystère et le trouble de ne pas en être capable[100]. L'ordre supplémen-

---

[93] Versets 1, 2a, 2b, 13, 15, 17, 26.
[94] Versets 1a, 1b, 2a, 2b, 3, 4, 6, 7, 15, 20.
[95] Versets 1, 2a, 2b.
[96] Versets 15, 16, 26, 27.
[97] Dans le verset 15, il s'agit de l'apparence humaine d'un ange ; dans les autres versets, le terme conserve son sens classique de vision.
[98] Il est significatif que la traduction de la Pléiade donne : « Et moi je cherchais à comprendre. »
[99] Les cinq occurrences se partagent comme suit : la première et la dernière sont similaires et encadrent le chapitre. Daniel « cherche » à comprendre (v. 5), mais personne ne peut comprendre (v. 27). Au cœur du chapitre (v. 16, 17), l'ordre est pourtant formel et répété sous forme similaire : « Comprends ! » La quête de Daniel est pathétique, il cherche la compréhension (v. 15, cas unique de l'emploi du substantif au lieu du verbe). On voit donc à nouveau combien la structure littéraire semble répondre à un plan fermement établi.
[100] Ainsi, Emil FACKENHEIM (*God's Presence in History,* New York, 1970, 39) établit la distinction entre « révélé et caché » d'une part, « expliqué et inexplicable » d'autre part. « There may... be revelation without explanation. » Il n'en demeure pas moins que « l'inexplicable » doit être « compris ». Cf. Dan. 9. 23 ; 12. 8, 10 ; Job 37. 23 ; Prov. 20. 24. Job, par exemple, sait qu'il *doit* trouver la clef de son mystère et est torturé par son incapacité. Enfin il peut s'écrier : « Je ne te connaissais que par ouï-dire, maintenant, mes yeux t'ont vu » (42. 5 *T.O.B.*). Cf. A. LACOCQUE, « Job and the Problem of Evil », *Bib. Res.* 24-25, 1979-80, 7-19 ; « Job or the Impotence of Religion and Philosophy », *Semeia* 19, 1981. De même Jacob, au moins avant d'être appelé « Israël », sait qu'il ne sait pas (cf. Gen. 32. 30 s).

taire, donné au v.26b, de « cacher la vision » n'est pas non plus sans relation avec la situation dans son ensemble. Daniel ne comprend pas la vision dans toute sa profondeur, mais il en sait assez pour être mis sur ses gardes quant à la publication de secrets si redoutables.

Quant au sens double du mot « saints » dans ce chapitre (il désigne des Juifs v. 24, avec l'adjonction du mot significatif « peuple » qui ne laisse aucune ambiguïté ; par contre, il s'agit d'anges au v. 13 comme en 4. 10), il correspond à une doctrine fondamentale du livre[101]. Comme l'homme accède à l'Homme avec la victoire de celui qui apparaît comme un fils d'homme, ainsi le « peuple des saints » accède à la stature angélique des saints avec le triomphe de l'humain sur l'animal.

En conclusion, nous ne voyons pas de raison contraignante pour découper le chapitre 8 en plus de deux couches littéraires. L'une, originelle, est d'un temps postalexandrin, lorsque l'Empire fut divisé entre les quatre Diadoques (IVe-IIIe siècles). L'autre, faisant clairement allusion à Antiochus Épiphane, est représentée par les versets 9-14 et 23-24 ; elle est de 166-164[102].

Le *chapitre 9* comprend deux parties distinctes : Versets 1-3 (1-4a) + 21-27 (= a) et 4-20 (= b). La première a été écrite primitivement en araméen, ainsi que l'a montré d'une manière convaincante Ginsberg[103] ; de l'autre nous avons l'original hébreu. (b) vient chronologiquement après (a) ; j'en ai fait une étude critique détaillée sous le titre « The Liturgical Prayer in Daniel 9[104] ». C'est une pièce liturgique composée à Jérusalem pendant l'exil. Elle est fortement influencée par la pensée deutéronomiste et jérémienne. On en trouve plusieurs versions, en Esd. 9. 6-15 ; Néh. 9. 6-37 ; Dan. 9. 4 ss ; 1 Bar. 1. 15-3. 8 ;

---

[101] *Cf.* mon commentaire *C.A.T.*, en particulier sur Daniel 7. On se référera également à Éz. 40. 3 et peut-être à Zach. 1. 8-10 ; 2. 5.

[102] La portée de cette division entre deux couches littéraires sur la situation statistique exposée plus haut est la suivante : au lieu de sept occurrences du mot « vision » on en a 6 (deux fois trois) dans la couche initiale. Sans la couche seconde, par conséquent, le texte garde toute sa majesté structurale.

[103] *Op. cit.*, 41 ss.

[104] *H.U.C.A.* 47 (1976), Cincinnati, 1978, 119-142.

4Q Dib Ham. A la lumière de ce texte qumrânien, son *Sitz im Leben* est la liturgie synagogale du vendredi et, plus spécifiquement, du Yom ha-kippourim (cf. Dan. 9. 24), une fête mise par Dan. 9 en relation avec l'année jubilaire, comme on en voit un autre exemple en Lév. 25. 9. *Daniel* a tiré avantage de l'accent eschatologique propre à cette fête composite[105].

Nous avons déjà noté que 9. 21 présuppose 8. 16. L'auteur est nettement préoccupé par le calcul de la fin de la période des persécutions d'Antiochus IV. 9. 27 est en parallèle avec 7. 25 ; 8. 14 ; 12. 7.

Les *chapitres 10 à 12* forment une unité littéraire. Une première partie va de 10. 1 à 11. 2a (ce dernier verset étant d'ailleurs une répétition de 10. 21a). Ginsberg[106] semble avoir raison d'inverser l'ordre de 10. 21a et 10. 21b. 11. 1 doit être lu : « Quant à moi, depuis la première année ("mi-šenath" au lieu de "bi-šenath") de Darius le Mède, je[107] me tiens près de lui (Michel) pour le fortifier et le soutenir[108]. » C'est l'explication du délai de trois semaines mentionné en 10. 3 (cf. v. 12). Le verset 11. 1 combine même ce motif avec celui de l'intervalle des trois ans qui se sont écoulés entre 9. 1 et 10. 1. Ainsi l'ange qui parle au chapitre 10 est identifié avec Gabriel de 9. 21[109].

Daniel 10. 1 et 11. 2 ont donc été écrits après Daniel 9. D'autre part, la comparaison avec le chapitre 8 est intéressante. Ginsberg fait remarquer que, de part et d'autre, on a un emploi fort différent d'une même source littéraire : Habacuc 2. 2-3. Dans Daniel 8. 17 et 26b, le « ḥazôn » (vision), comme en Habacuc, est le point de départ de la révélation eschatologique, mais en 10. 14b (cf. 14a) ; 11. 27b et 35b, le mot-clé est

---

[105] Cf. *Ibid.*, résumé de l'article, 141-142.
[106] *Op. cit.,* 34.
[107] L'ange anonyme ? Gabriel ? Cf. *infra*.
[108] On trouvera une autre alternative de traduction dans mon commentaire *C.A.T. ad loc.*
[109] D'autant plus que l'original araméen du verbe « lemaḥziq » de 11. 1 correspondrait à « limegabbēr », dans la racine duquel on retrouve le nom « Gabriel » (cf. Ginsberg, *op. cit.*, 46-47).

« mo'ed » (temps) (ou « yamim » (jours), en 10. 14). Ces textes de la deuxième série sont paraphrasés par Ginsberg (p. 35) de la manière suivante : « Évidemment, vous savez qu'il y a un *mo'ed*. Eh bien, il cache encore par devers lui beaucoup de *ḥazôn*... et un *qeṣ*. » C'est-à-dire, continue ce critique, que *mo'ed* a pris ici le sens de « terme de la dispensation actuelle » et *ḥazôn*, celui de « événements qui doivent arriver pendant ledit terme ». Ce malentendu, Ginsberg le voit basé sur l'absence d'article devant *ḥazôn* en Habacuc 2. 2 et 3 et sur la lecture massorétique « 'od » (encore) au lieu de l'original « 'ed » (témoignage). De Daniel 8 à Daniel 10 et 11 on passe d'une « relative freshness » à une « dry erudition and a maximum of artificiality »[110].

Poursuivant son enquête critique, Ginsberg trouve d'autres preuves de remaniements dans les chapitres 8 et 10, dont les points de contact sont nombreux et variés. Ainsi, par exemple, le verbe « tomber en léthargie » de 10. 9 (« *rdm* 'al panim »), apparaît aussi en 8. 18. Or, en 8. 17, on a un autre verbe (« *n ph l* 'al panim), dans lequel Ginsberg voit un synonyme. Dès lors 8. 17 et 18 représentent deux couches littéraires différentes[111]. Comme, d'autre part, une comparaison entre 8. 26b (« garde secrète la vision ») et 12. 4 (« garde secrètes ces paroles ») prouve, aux yeux du critique, une semblable dualité d'auteurs, la conclusion s'impose : le rédacteur des chapitres 10-12 est intervenu dans le chapitre 8 (v. 18, 26b) pour l'aligner sur sa pensée. Un argument supplémentaire est trouvé dans le fait qu'en 8. 17 Daniel tombe sur sa face à la *vue* de l'ange, tandis qu'en 8. 18 et au chapitre 10, Daniel défaille en *entendant* les paroles de l'ange.

Il me semble qu'il y a progression entre 8. 17 et 8. 18 et non pas opposition. Daniel tombe sur sa face à la vue de l'ange — un trait typiquement biblique, cf. 1 Rois 18, 46 ; Jér. 15. 17 ; Nomb. 24. 4, 16 ; Ez. 1. 28 — puis, en entendant ce que l'ange lui dit, il tombe en défaillance ou en léthargie. Il est impossible de prouver que le verbe araméen « d m k » (être

---

[110] Ginsberg, *op. cit.*, 36.
[111] *Op. cit.*, 36-37.

couché, dormir) a été bien traduit dans la couche représentée par 8. 17 et mal dans celle de 8. 18 et 10. 9. Il y a certes dans l'emploi abusif de « rdm 'al panim » (8. 18 et 10. 9), une liberté avec l'hébreu qui nous paraît trop grande, mais les imperfections sont si nombreuses dans le passage de l'araméen original de ces chapitres à l'hébreu actuel, qu'il est difficile de sélectionner pour la blâmer une chose plutôt qu'une autre. Ce qui semble plus probable, c'est que le traducteur a simplement rendu deux verbes différents — et indiquant une progression dans l'action — par deux verbes hébreux dont l'un est loin d'être heureux.

CONCLUSION

Dans la deuxième moitié du IIe siècle avant J.-C., le rédacteur et véritable auteur du livre de *Daniel* s'est servi de contes appartenant à un cycle populaire de Daniel. Son projet était de galvaniser la résistance spirituelle des pieux à la persécution d'Antiochus IV et des hellénisants. Il a donc donné aux « agadoth », circulant autour du nom de Daniel, une tournure convenant à ses desseins. Ce sont les chapitres 1-6, ou « *Daniel A* ». Les chapitres 7-12, ou « *Daniel B* », sont œuvre plus originale de l'auteur. Ici, le genre littéraire est apocalyptique et le message plus directement conçu pour les martyrs de 167-164.

Tel quel, le livre présente une facture duelle qui n'est pas sans poser des problèmes au critique et à l'exégète. Il ne faut pourtant pas en conclure que deux œuvres originellement indépendantes ont été plus ou moins artificiellement juxtaposées. En soi, il est vrai, la « agadah » n'est pas apocalyptique, ni l'apocalypse nécessairement agadique. Cependant, ainsi que nous l'écrivions avec le professeur P. Grelot dans notre introduction au livre de Daniel de la « Traduction œcuménique de la Bible [112] » : « La forme littéraire d'un texte est toujours commandée par deux éléments : la fonction qu'il remplit dans la

---

[112] Sigle *T.O.B.*, Paris, 1975.

communauté pour laquelle il est écrit, et les conventions en usage dans le milieu culturel qui l'entoure. Remis dans le contexte de son temps, le livre de *Daniel* présente une combinaison originale de deux genres que la littérature juive a employés avec prédilection à cette époque : le récit didactique (la *agadah*) et l'apocalypse. »

Chapitre III

CARACTÈRES APOCALYPTIQUES DE DANIEL

Le genre apocalyptique dans le livre de Daniel

Daniel, surtout dans sa seconde partie (cf. 7-12), est un livre apocalyptique. Or il faut bien dire qu'il y a autant de définitions du terme « apocalypse » qu'il y a de critiques. Certains jugements anciens se sont trop facilement imposés qui sont aujourd'hui remis en question. Deux opinions, en particulier, me paraissent relever plus de la pétition de principe que de la démonstration. Selon la première, l'apocalyptique serait un phénomène nouveau au IIe siècle avant J.-C. Selon la seconde, ce genre littéraire sans précédent en Israël serait né d'influences étrangères, surtout iraniennes.

Le terme « apocalypse » ($ἀποκάλυψις$), tout d'abord, trouve son origine dans le nom grec du dernier livre du Nouveau Testament[1]. Il a été étendu à un genre littéraire particulier dont l'existence commence, au sens strict, au IIIe ou IIe siècle avant J.-C. Il s'agit généralement d'un recueil de visions interprétées pour le voyant — souvent un héros antédiluvien — par

---

[1] Cf. Apoc. de Jean 1. 1.
[2] Ainsi, par exemple, Daniel décrit la profanation du Temple par Antiochus IV en 168, mais le texte ne nous conduit pas jusqu'à sa rededicace par Judas Macchabée en 165. Dès lors, nous disposons d'un *terminus a quo* et d'un *terminus ad quem* pour la datation du livre (ou, du moins, de Daniel B, cf. *supra*).

un ange. La vision porte fréquemment sur la succession des époques historiques depuis un commencement, coïncidant par exemple avec le temps de l'auteur légendaire du livre, jusqu'au moment de la crise vécue par l'auteur réel[2]. Lorsque l'authenticité historique cesse dans le texte, nous avons l'indice que l'auteur passe de la rétrospective chronologique à la spéculation mystique[3].

Mais, revenons à la nomenclature de ce genre littéraire particulier. Que signifie le mot ἀποκάλυψις dans ce contexte ? Pour Théodotion, en Daniel 2. 28, 29, 47, Dieu est « apocaluptôn mustèria » et le même traducteur ancien entend clairement la racine « gl' » de l'araméen qu'il rend en grec, comme signifiant « la manifestation par Dieu de secrets inconnaissables par des moyens naturels » (cf. Dan. 2. 19, 28, 30, 47 ; 10. 1). Cette conception se retrouve dans les apocryphes. Les Testaments des XII Patriarches, par exemple, font intervenir des anges interprétateurs des mystères divins (cf. Test. Rub. 3. 15 ; Test. Jos. 6. 6) ; on se référera aussi à Hénoch 1. 2 ; 72. 1 ; 74. 2 ; 75. 3 ; 79. 2-6 ; 81. 1 (dans Hén. 46. 3, ce rôle est assumé par le fils de l'homme)[4].

Ces révélations sont orientées selon deux axes, dit J.J. Collins[5], un axe temporel (salut eschatologique) et un axe spatial (monde surnaturel). Encore qu'ils ne s'excluent pas mutuellement, *Daniel* accentue le temporel. L'histoire ici est divisée en périodes et est envisagée dans toute son étendue depuis le commencement jusqu'à la fin. Ainsi les révélations divines portent également sur les grandes divisions de l'histoire :

— *le passé :* les grands événements sont présentés comme encore à venir et prédits dans leur déroulement. Cf. Jub. 2 ss ; Apoc. d'Abraham 23-38 ; Hén. 85-90 ; Hén. Slave 23-25 ; 2 Bar. 53-59 ; Or. Sib. III. 819 ss ;

---

[3] Cf. G.F. MOORE, *Judaism in the First Centuries of the Christian Era*, Cambridge Ma., 1958, vol. II, 279 ss.

[4] Cf. J.B. FREY in *Supplément au Dictionnaire de la Bible*, tome I, 1928, art. « Apocalyptique ».

[5] *Semeia* 14, 1979, éd. J.J. COLLINS, 1-20.

— *le présent :* les visions concernent les choses supraterrestres. Cf. Hén. 14. 8-36. 4 ; 64-69 ; Test. Lévi 2. 7-3. 8 ; 2 Bar. 2-17 ; etc. ;

— *L'avenir* (l'eschatologie) : les événements messianiques, la victoire finale des justes, la conversion des Gentils survivants, la nouvelle Jérusalem, la résurrection, le jugement individuel, le sort final des justes et des méchants, le sort du monde[6].

C'est donc une véritable théologie de l'histoire que l'apocalyptique cherche à brosser. Il s'agit de montrer que tous les événements depuis « le commencement » s'imbriquent parfaitement dans une construction majestueuse et, pour tout dire, divine. Rien n'y est superflu, rien non plus n'y manque[7]. Le « mystère » inhérent aux choses est insondable seulement parce que les hommes manquent de clairvoyance. Par contre, les Pères ont été grands parce qu'ils ont été au bénéfice de cet esprit prophétique ; ils ont eu une vision totale de l'histoire depuis alpha jusqu'à oméga pendant qu'elle se manifestait dans les événements qui leur étaient contemporains. Comme le dit l'enseignement traditionnel de la synagogue : devant Adam, Dieu a fait défiler, non seulement les animaux pour voir quels noms il leur donnerait, mais « dôr, dôr, wedôrshayw » (toutes les générations à venir avec leurs exégètes).

Daniel constitue l'apocalypse par excellence des Écritures

---

[6] Cf. Jean STEINMANN (*Daniel,* Paris, 1961, 24) : « Une apocalypse est un recueil pseudonyme de visions allégoriques représentant le destin du monde sous forme de lutte entre des puissances mauvaises, lutte qui se dénoue brusquement par un triomphe impromptu de Dieu, dans une catastrophe qui met fin au monde. L'inauguration de ce règne divin est accompagnée d'un jugement général des hommes et de la résurrection des justes. »

[7] Cf. L. DENNEFELD, in t. VII de *La Sainte Bible,* (éd. L. Pirot et A. Clamer, Paris, 1947) : « La particularité principale de la forme consiste en ce que non seulement les prédictions de l'avenir, mais aussi les narrations historiques sont revêtues d'un caractère prophétique. L'auteur y réussit au moyen d'une fiction : il place ses paroles dans la bouche de quelque ancien patriarche ou prophète, Hénoch, Moïse..., comme si, dès les temps les plus antiques, ceux-ci avaient révélé l'histoire ainsi que les fins dernières du monde et en particulier d'Israël » (p. 636).

hébraïques, mais on commettrait une erreur de penser qu'il est unique en son genre. Avant Daniel, d'autres textes apocalyptiques au sens strict ont été écrits et retenus dans le Canon biblique : Ézéchiel 38-39 ; Zacharie 1-8 ; 9-14 ; Joël 3 ; Ésaïe 24-27... D'autre part, il est important de signaler que le genre apocalyptique est surtout représenté hors du Canon, car il fut considéré avec suspicion par les pharisiens, responsables de la fixation du Canon au Ier siècle de notre ère. Selon Rabbi Akiba, la lecture des apocalypses coûte au lecteur sa part du monde à venir. Dès lors, des livres écrits pourtant en araméen ou même en hébreu et, pour certains d'entre eux avant 70 après J.-C.[8], furent rejetés comme « ne souillant pas les mains[9] ». Ceci n'empêcha d'ailleurs pas que d'autres apocalypses vissent le jour après 70[10].

On peut donc parler d'une production apocalyptique prolifique pendant la période hellénistique et intertestamentaire. Instrument de réaction négative et de résistance à la culture hellénistique de l'époque, il faut en souligner l'insertion historique, le *Sitz im Leben*. Ainsi que nous l'avons vu dans le chapitre I, le judaïsme[11] a connu alors l'une des menaces les plus graves de son existence. L'« oikoumènè », inaugurée par Alexandre le Grand, ne souffrait aucune exception. Au moment où se faisait entendre « le son du cor, de la flûte, de la lyre, de la sambuque, de la cornemuse et de toutes sortes d'instruments de musique », tous peuples, nations et langues devaient se prosterner et adorer la statue d'or élevée par le souverain universel[12]. Il

---

[8] Par exemple, le livre d'Hénoch (écrit en hébreu au début du IIe siècle avant J.-C.), le Testament de Lévi (en araméen du IIIe siècle avant J.-C.), le livre des Jubilés (du IIIe siècle avant J.-C.) ; cf. M. STONE, *Scriptures, Sects and Visions,* Cleveland, 1980.

[9] Expression rabbinique indiquant que le caractère du livre n'est pas sacré, de sorte qu'il n'y a pas lieu de se laver rituellement les mains pour sa lecture.

[10] Par exemple, 4 Esdras, 2 Baruch et, *last but not least,* l'Apocalypse de Jean dans le Nouveau Testament (originellement une œuvre juive revue par Jean ou un judéo-chrétien ?).

[11] On peut parler de « judaïsme » à partir d'Ézéchiel.

[12] Cf. Daniel 3. 5, 4. E. BICKERMAN écrit : « Dès ses origines, la culture grecque a été supranationale. Les Grecs, en effet, n'élaborèrent jamais un

n'y avait pas d'autre choix pour le pouvoir central, investi de la plus noble des missions, puisque la plus généralement humaine et humaniste, que de jeter à l'heure même au milieu d'une fournaise de feu ardent celui qui ne se prosternerait pas et n'adorerait pas[13]. Un tel trouble-fête était intolérable. Il ne riait pas avec tout le monde, et il pleurait à contretemps. On était à l'heure du triomphe de l'homme ; la *Kultur* devenait irrésistible — aussi irrésistible qu'un instrument de torture par le feu chauffé sept fois plus qu'il n'était nécessaire[14] — et lui, en dépit des chants triomphaux célébrant une apparente harmonie universelle, pleurait sur un temple profané. Chacun avait les yeux brillants à la lueur des torches brandies par les adhérents de l'Ordre nouveau, lui seul ne voyait pas la lumière des flambeaux, il ne sentait que la morsure de leur flamme[15].

Le fossé ne pouvait que s'élargir entre, d'une part, les fausses promesses d'un monde qui refusait de voir sa corruption profonde et son effondrement proche et un judaïsme déçu de ce que l'âge messianique annoncé par les prophètes de l'exil se révélât si lent à venir. Plus personne, d'ailleurs, n'avait l'audace de s'adresser au peuple en disant : « Ainsi parle le Seigneur Dieu... » Il n'y avait plus de prophètes, Dieu ne parlait plus, on était en pleine « éclipse de Dieu », selon le mot de Martin Buber (cf. Psaume 74. 9 ; 1 Macchabées 4. 46 ; 9. 27 ; 14. 41)[16]. Pour affronter le futur, il ne restait qu'à fouiller le

État unifié... leur culture était panhellénique, identique à elle-même sur le Nil ou sur l'Euphrate... La culture grecque, comme la culture européenne moderne, était basée sur l'éducation. On devenait un ''Hellène'' sans être contraint d'abandonner du coup ses dieux et son peuple. Il suffisait d'adopter la culture hellénique » (*The Maccabees,* New York, 1947, 22-23).

[13] Cf. Daniel 3. 6.
[14] Cf. Daniel 3. 6.
[15] Les circonstances historiques expliquent à suffisance le pessimisme des apocalypses (cf. P. VOLZ) et leur tendance au dualisme (cf. BALDENSPERGER). Nous y reviendrons *infra*.
[16] Alfred GUILLAUME, dans *Prophecy and Divination among the Hebrews and other Semites* (1938), p. 162-163, avance la très intéressante théorie que le passage de la prophétie à l'apocalypse est dû à l'opposition farouche à la magie et aux divinations des Babyloniens. Outre l'incidence évidente sur la date de naissance de l'apocalyptique juive, l'opinion de Guil-

passé ; le présent restait désespérément silencieux. C'est à cette époque dramatique que l'on « thésaurise » les livres prophétiques[17]. Ce faisant, le judaïsme optait d'une manière décisive pour leur espérance contre la duperie des événements contemporains[18]. Les uns et les autres ne pouvaient avoir raison ensemble. Par conséquent, il fallait aujourd'hui retrouver le regard en profondeur des prophètes dans les événements et les choses afin de voir, comme eux, au-delà des apparences, les signes du Royaume de Dieu.

C'est ici qu'intervient l'apocalypticien. Il n'est pas un prophète mais un héritier. C'est un homme déchiré entre sa foi en Dieu et le déni de l'histoire. Certes, le prophète connaît lui aussi de tels déchirements mais sa certitude de l'action de Dieu dans le présent transcende son doute. Pour Jérémie, « minuit », « ṣaphôn », est l'annonce du matin qui vient, plutôt que le signe du triomphe des ténèbres[19]. L'apocalypticien, incapable d'aller au-delà de ce temps crucial dans lequel il vit, reste nécessairement à « minuit » et cherche à voir, de l'intérieur de l'angoisse du moment présent, l'aspect révélateur et salutaire, l'aspect « prophétique », de la souffrance et de la mort à « minuit ». Le prophète était l'homme de l'histoire, l'homme du temps créateur. Faisant appel au passé et inscrivant le présent dans la trame du devenir, il pouvait pointer vers le futur, et replacer ainsi dans leur juste perspective les événements contemporains. Maître de ses propres contradictions, il avait « la tête froide » — car le Seigneur de l'histoire,

---

laume jette aussi une lumière sur la pseudonymie de cette littérature. Il rappelle que Zacharie 13. 3 est dans un contexte de condamnation de l'idolâtrie. C'est pour cette raison que la littérature apocalyptique est anonyme, les auteurs craignant d'être passibles de la malédiction qui pèse désormais sur les prophètes.

[17] De sorte que, par exemple, Daniel 9. 12 pourra se référer au livre de Jérémie comme à un livre connu et faisant incontestablement autorité.

[18] Selon les termes d'Émil FACKENHEIM, après Auschwitz, le Juif choisit la vie contre la mort, l'espérance contre le désespoir, la santé d'esprit contre la folie (conférence à Chicago le 24 janvier 1971).

[19] Cf. Jérémie 1. 13 ss, cf. André NEHER, *Jérémie,* Paris, 1960, en particulier 191 ss.

c'est Dieu — quand il y avait tant de raisons de douter et de s'affoler.

L'apocalypticien n'a pas cette stature. Venant après les grands prophètes de l'exil, leur successeur et souvent appelé leur épigone[20], il se voit contraint de rendre compte du fait objectif que l'annonce de la venue de l'ère messianique semble démentie par une actualité de plus en plus dramatique. L'influence apocalyptique est manifeste lorsque J. Moltmann écrit : « Les promesses que profère l'espérance sont en flagrante contradiction avec la réalité du moment telle qu'elle est vécue[21]. » La tension extrême entre les promesses d'un second Ésaïe ou d'un Jérémie d'une part, et la persécution des Hellénistes d'autre part, en fait un homme survolté. D'après les « livres », le temps présent devrait être béni ; on devrait avoir débouché dans un éon nouveau où Dieu est reconnu universellement comme le « Dieu Très-Haut », maître du ciel et de la terre. Car si la Parole de Dieu a un sens, c'est ici et maintenant qu'il devrait être manifeste. Si la promesse du Royaume doit se vérifier, c'est aujourd'hui qu'elle se réalisera. L'apocalypse, au contraire du prophétisme et du judaïsme « officiel », ne fait plus appel au passé, car celui-ci appartient à une époque révolue de l'histoire sainte. Il n'évoque pas non plus de véritable futur, car nous sommes arrivés au « jour du Seigneur » après lequel il n'y a pas d'autres journées[22]. Le temps est télescopé dans le moment vécu. Pour la première fois dans la littérature biblique à dimension historique, on ne trouve plus de mention de l'exode, de l'Alliance du Sinaï, de la promesse davidique... L'instant remplit l'horizon. Dès lors, il est suspendu dans les airs et doit être interprété cycliquement en partant de lui pour arriver à lui. Ce n'est plus le travail attentif

---

[20] Mais le terme traduit un malentendu, car l'apocalypse ne vient pas combler une absence avec un pis-aller. Elle *remplace* la prophétie avec une nouvelle temporalité, cf. *infra*, chapitre V.

[21] *Theologie der Hoffnung*, 1968, 7, 13.

[22] Le futur des apocalypticiens est en réalité notre présent puisqu'ils se projettent dans un passé éloigné sous des noms d'emprunt pour parler d'événements qui leur sont contemporains.

du prophète qui voit le « ṣemaḥ », le germe[23], en maturation dans les événements ; l'apocalypticien a recours à un langage mythopoétique et à des catégories de pensée cosmologique, qui frisent la mythologie pure et simple. Le prophète, même un « émotif » comme Jérémie, apparaît calme et sûr à côté de ces apocalypticiens écorchés. Un tournant décisif est pris ; il *faut* que vienne un monde nouveau, le monde de Dieu[24]. C'est toute l'impatience des temps modernes au IIe siècle avant J.-C. ! A la proclamation de la « mort de Dieu » contenue dans l'actualité, les apocalypticiens répondent par un cri jailli de leur cœur martyrisé. Malgré le caractère composite et même hybride des apocalypses[25], il est difficile de dire que leurs auteurs démontrent quelque chose, qu'ils prêchent, ou témoignent ; ils ne rapportent pas non plus un message reçu et imposé. Ils crient NON. Contre les tyrans, contre l'évidence, contre eux-mêmes, ils proclament l'impossibilité de la mort de Dieu. Ils « voient » l'Ancien des Jours triomphant, jugeant le monde, arrivant à ses fins au moment précis où les hommes pensent qu'il est « à bout de souffle ». La foi prend une nouvelle signification, elle n'est plus simplement fidélité, ferme assurance, certitude, espérance... elle est aussi vision mystique de la vérité de Dieu *contre* le mensonge des hommes. Dès lors, la foi n'est plus un « faire la vérité[26] » *dans* et *avec* le créé, mais une adhésion à la Vérité incréée, divine en dépit de l'humain, transcendante en dépit de l'immanence de nos perceptions. Que la tendance soit au dualisme de l'univers et de l'histoire, on ne s'en étonnera

---

[23] Cf. És. 4. 2 ; Jér. 23. 3-5 ; 33. 14-26 ; Zach. 3. 8 ; 6. 9-15. Cf. J.G. BALDWIN, « Ṣemaḥ as a technical term in the Prophets », *V.T.*, vol. 14, 1964, 93-97.

[24] Cf. 1 Hén. 72. 1 ; 91. 16 ; Jub. 1. 29 ; 2 Bar. 32-36 ; 4 Esd. 7. 75 ; 2 Pi. 3. 13 ; Apoc. de Jn 21. 1. Précédé par un cataclysme, 1 Hén. 99. 4 ss ; 100. 1 ss ; 4 Esd. 4. 51 ss ; 6. 11 ss ; 9. 1 ss ; Apoc. de Jn 6 ss...

[25] On y trouve des histoires, des testaments, des traits parénétiques, apologétiques, hagiographiques, des oracles et des décrets, des proverbes et des tracés topographiques du ciel et de la terre... Tous ces aspects de l'apocalypse sont autant de ponts avec d'autres genres littéraires traditionnels tels que la narration, la sagesse, la prophétie, l'apologétique, etc.

[26] Cf. Éz. 18. 9 ; 1 QS 1. 5, 6 ; Jean 3. 21 ; 1 Jean 1. 6...

pas. Nous y reviendrons. Elle aboutira, on le sait, à une forme extrême à Qumrân. Telle cependant qu'elle apparaît dans *Daniel,* elle est tolérable, car elle n'est pas encore devenue un système, une affirmation dogmatique, mais plutôt une conséquence largement imprévue et même inconsciente d'un message dont la pointe est ailleurs[27].

L'apocalyptique n'est pas un exercice académique[28]. Les « Hitler » du temps triomphent et parviennent même à « faire tomber des étoiles du ciel » (cf. Dan. 8. 10). Les justes « sont égorgés tout le jour » (Ps. 44. 23). L'impasse est totale. Il faut tirer des conclusions extraordinaires de cette situation extraordinaire. Puisqu'on ne peut plus aller ni à droite, ni à gauche, ni en avant, ni en arrière, c'est donc que Dieu nous accule de telle sorte qu'on ne puisse plus regarder que vers le haut, comme au temps du « neḥuštān » (serpent d'airain), élevé par Moïse dans le désert (Nombres, 21. 8-9). Au VIe siècle avant J.-C., au temps des Nébuchadnetsar, les Israélites ont cru que tout était fini, qu'ils étaient abandonnés de Dieu et des hommes. C'est à ce moment-là précisément que se sont levés les trois plus grands prophètes d'Israël, Jérémie, Ézéchiel, II Ésaïe. Ils ont transformé la détresse en espérance, la catastrophe en victoire, l'impasse en avenue (cf. Ésaïe 40. 3 ; 43. 16). Au IIe siècle, le livre de *Daniel* replace le lecteur dans ces mêmes circonstances babyloniennes parce que les événements contemporains sont au moins aussi graves que ceux de l'exil. Dieu, alors, est intervenu en puissance ; Dieu, aujourd'hui, va intervenir en gloire. La leçon de l'exil a été que la déréliction du peuple était en même temps théophanie ; « galuth » signifiait, dans le même temps, exil *et* révélation (« à qui le bras du Seigneur a-t-il été "galah" ? » Es. 53. 1). Telle la main que

---

[27] La résurrection partielle s'inscrit dans la même perspective « duelle ». L'humanité est partagée en deux groupes, l'un vit « pour rien », l'autre pour la vie éternelle.

[28] Encore qu'il soit faux d'en faire un genre populaire. « Il appert, avec une clarté croissante, que la littérature apocalyptique de l'époque du second Temple dans sa totalité n'avait pas été, comme on le croyait anciennement, la littérature de l'homme de la rue, mais plutôt le *midrash* ésotérique de l'élite intellectuelle » (S.W. BARON *Histoire d'Israël,* tome II, 1018-1019).

j'approche de mes yeux jusqu'à ne plus la voir, quand le Royaume me semble le plus éloigné, il est le plus proche.

Cette conception dramatique de l'histoire et des relations Dieu-homme n'est pas nouvelle. Seule la formulation apocalyptique est originale jusqu'à un certain point[29]. Il y a, présente à travers les Écritures, une conception « apocalyptique » du dialogue Dieu-homme. Dieu aime et, *par conséquent,* il est l'ennemi de l'homme[30]. Il se révèle, *donc* il se cache[31] ; il pardonne, *donc* il châtie[32] : il est loin, *donc* il est près[33] ; il est sans repentance, *donc* il se repent[34] ; il promet une postérité comme le sable de la mer, *donc* il réclame le sacrifice d'Isaac...

C'est dire qu'il est bien difficile de tracer les limites exactes de l'apocalyptique. Selon la formulation de G. von Rad, « quiconque utilise le terme d'apocalyptique devrait être conscient du fait que jusqu'à ce jour, on n'a pas encore réussi à le définir d'une façon satisfaisante[35] ». Il continue d'ailleurs en ces termes[36] : « Ni l'ésotérisme, ni la conception périodique de l'histoire, ni l'idée de la transcendance des réalités du salut, ni l'explication des textes canoniques, ni la pseudonymie, ni l'interprétation des songes, ni les récits de voyages célestes, ni les récits historiques dans le style des prédictions ne sont des traits spécifiques de l'apocalyptique[37]. »

---

[29] Cf. *infra*, « Influences étrangères » et « Bifurcation » (p. 115 ss).

[30] Abraham reçoit l'ordre de sacrifier son fils unique (Gen. 22) ; Jacob lutte avec l'ange jusqu'au matin (Gen. 32) ; Moïse est attaqué par Dieu « qui cherche à le faire mourir » (Ex. 4) ; David « tombe entre les mains du Seigneur » (2 Sam. 24. 14) ; etc.

[31] 1 Rois 8. 12.

[32] Amos 3. 2.

[33] Jér. 23. 23 ; cf. A. NEHER, *op. cit.*, 141-145 ; 151 ss.

[34] 1 Sam. 15. 29 et 11.

[35] G. VON RAD, *Théologie de l'Ancien Testament,* tome II, trad. franç. de E. PEYER, Genève, 1967, 264. A la même page, note 1, von Rad cite la définition proposée par W. BAUMGARTNER (cf. *Th.R.* 1939, 136) : « Pseudonymie, impatience eschatologique et calculs précis au sujet de la fin des temps, ampleur et caractère fantastique de la narration, perspective historique universelle et cosmique, symbolique des nombres et langage ésotérique, angélologie et espérance concernant l'au-delà. »

[36] *Ibid.*, 274.

[37] Même idée chez C. WESTERMANN, *The O.T. and the Christian Faith* :

Sous cette forme négative, G. von Rad nous fournit une liste de caractéristiques de l'apocalypse qui, si elles ne sont pas déterminantes prises séparément, deviennent néanmoins impressionnantes groupées dans un même genre littéraire. Lindblom pense que l'identité de l'apocalyptique se trouve dans le transcendantalisme, la mythologie, l'orientation cosmologique, le traitement pessimiste de l'histoire, le dualisme, la division du temps en périodes, la doctrine des deux éons, le jeu des nombres, la pseudo-extase, les prétentions artificielles à l'inspiration, la pseudonymie, le mystère[38]... H.H. Rowley considère ces caractéristiques comme plus accidentelles qu'essentielles[39], et fait remarquer que « dans toutes ces œuvres... provenant des IIe et Ier siècles avant J.-C., on constate l'émergence d'idées que l'on retrouve dans le Nouveau Testament. Toutes ont le souci de la destinée du juste et du méchant, mais il y a une certaine fluidité dans leur pensée. Elles amplifient librement des idées élaborées par l'Ancien Testament ou par une autre apocalypse, mais la construction de chacune offre un caractère particulier. Chacune aussi apporte sa contribution partielle au courant d'idées présentes dans le Nouveau Testament[40] ».

Il nous faudra discuter de la validité de tel ou tel de ces traits apocalyptiques, en particulier du dualisme, du déterminisme et du transcendantalisme[41], qui sont devenus, au jugement de nombreux critiques, autant de faiblesses d'une littérature mineure. Plus nuancée et plus juste est la définition proposée récemment par J.J. Collins[42] : « L'apocalypse est un

---

la « Heilsschilderung » (portrait du salut) que l'on trouve dans l'apocalypse est déjà présente dans la prophétie. Cf. És. 11. 1-10 ; 2. 1-4. Elle a sa racine dans les bénédictions antiques. Cf. Gen. 49. 11-12 ; Nomb. 24. 5-7a... (p. 208-209).

[38] J. LINDBLOM, *Die Jesaja-Apokalypse,* Lund, 1938, 102.

[39] *The Relevance of Apocalyptic,* Londres, 1963³, 25, n° 2.

[40] *Ibid,* 92. L'auteur pense surtout à l'espérance de l'au-delà et à l'attente de la résurrection comme rétribution individuelle (cf. És. 24-27 ; Dan. 12).

[41] On peut d'ailleurs se demander dans quelle mesure ces jugements modernes, en particulier ceux qui découvrent dans l'apocalypse des traces de déterminisme et de transcendantalisme, ne sont pas autant d'anachronismes.

[42] « Apocalypse, the Morphology of a Genre », *Semeia* 14, 1979, 9.

genre littéraire de révélation. Dans un cadre narratif, une révélation est transmise par l'intermédiaire d'un être surhumain à un destinataire humain. Y est dévoilée une réalité transcendante selon deux axes. Le premier est temporel en ce qu'il envisage un salut eschatologique ; le second est spatial en ce qu'il y est question d'un autre monde, surnaturel. »

En ce qui concerne *Daniel,* ce second axe est à peine esquissé[43]. Il nous faut nous tourner plutôt vers la question du salut historique.

L'un des problèmes les plus délicats est celui de la position de l'apocalyptique vis-à-vis de l'histoire. Plus haut, nous avons vu deux choses à ce sujet : d'une part, l'apocalypticien tente d'élaborer une théologie de l'histoire universelle, de l'autre il réduit passé et futur dans un instant censé les contenir tous deux. Quelles sont les raisons de ces tendances contradictoires ?

Nous avons insisté sur le caractère polémique de l'apocalypse juive. Elle est outil de propagande et de résistance entre les mains des utopistes dans leur lutte contre l'hellénisme et son totalitarisme culturel et religieux. Ainsi, par exemple, contrairement à la philosophie ambiante, tout orientée vers le succès et la « grande vie », l'affirmation des pieux en Judée fut que Dieu était à l'origine de tous les événements historiques, même les plus pénibles ou les plus mystérieux. Justement, la raison d'être de l'apocalypse est la conviction que Dieu a un dessein unificateur de l'histoire de l'humanité, dessein qu'il s'agit de découvrir car il constitue le secret du monde. Ainsi, l'histoire est à la fois polarisée par un avènement *historique* ultime et suspendue à l'éternité de la science et de la sagesse divines. C'est pourquoi le Royaume de Dieu transcende l'histoire, mais a une insertion historique dans le règne des saints (Dan. 7). Ceci explique le synchronisme de la vision apocalyptique. Mystérieusement, il y a concordance entre le ciel et la terre, entre, si l'on peut dire, le phénomène et l'épiphénomène. Comme l'écrit M.J. Lagrange, « tandis que, dans l'évolution naturelle, les choses vont du germe au plein épanouissement puis à la mort, ici tout vit en même temps, et l'avenir existe

---

[43] Au contraire dans 1 Hén. 1-36 ; 72-82 ; 2 Hén. ; 3 Bar., etc.

déjà[44] ». A la concordance « spatiale », donc entre là-haut et ici-bas, correspond une concomitance « temporelle » de l'échec et de la Victoire.

Rien ne pouvait être plus étranger à la pensée hellénistique. Mais, comme il arrive souvent en pareil cas, l'adversaire impose sa problématique et ses catégories, au moins sous forme de questions. Par ses prétentions « œcuméniques », l'hellénisme force Israël à élargir sa conception de l'histoire et de l'univers. D'ailleurs, les « nations », telles que la Babylonie, la Médie, la Perse, la Macédoine (les quatre royaumes dont il est question dans Daniel 2 et 7), sont devenues trop puissantes et leur influence sur la destinée juive trop grande, sinon déterminante, pour que le judaïsme puisse les ignorer. Ce n'est d'ailleurs pas seulement une question de puissance politique et économique. Alexandre a jeté dans la balance un élément nouveau : une doctrine à caractère universel. Il était immanquable que le judaïsme affronte ce prétendant à la souveraineté totale et lui oppose son Dieu Très-Haut, créateur du ciel et de la terre, Seigneur du monde, « celui qui renverse les rois et qui élève les rois » (Dan. 2. 21 ; cf. dans *Daniel A* : 2. 37 ; 5. 18 ; 6. 27 ; 3. 33 ; 4. 31 ; 4. 28, 34 ; 5. 23). Une question dynastique dresse Yhwh contre les puissants de ce monde. Du IIe siècle avant J.-C. au IIe siècle après J.-C., l'affirmation du judaïsme est qu'il n'y a d'autre *Kyrios* que le Dieu Vivant. Parce qu'ils jugèrent que cette cause valait le sacrifice de leur vie, des Juifs par milliers moururent martyrs.

Ce qui était en jeu, c'était l'âme même d'Israël. Car, fidèle à sa vocation iconoclaste, ou, si l'on veut, « antireligieuse », le Juif se devait de refuser de voir le contingent intronisé en absolu. Sous deux formes différentes, *Daniel A* et *Daniel B* élèvent la même protestation contre la divinisation de l'homme. Une seule chose peut sauver Nébuchadnetsar de la catastrophe qu'il a lui-même suscitée : l'humilité (cf. Dan. 4. 24, 31, et surtout v. 34). Tous les systèmes sont rejetés comme asservissants et déshumanisants. Toutes les dictatures, même et surtout celles

---

[44] M.J. LAGRANGE, *Le judaïsme au temps de Jésus-Christ, op. cit.*, p. 77.

qui procèdent d'un idéalisme humaniste, sont dénoncées. La liberté de l'homme, c'est l'obéissance à Dieu seul.

Un complexe théologico-rituel se prêtait parfaitement à l'expression de la souveraineté exclusive de Dieu sur l'univers : *le culte royal de Sion*. Certes, les prophètes n'avaient pas entériné sans plus ce complexe. Ils en avaient montré les dangers, au nom même du triste exemple donné par la plupart des rois d'Israël et de Juda. Le substrat cosmologique de la fête avait pris progressivement le pas sur son historicisation « yahwiste ». Mais le mythe du Dieu guerrier (célébré par des hymnes épiques) avait perdu beaucoup de sa nocivité pour la bonne raison qu'il n'y avait plus de roi en Israël. Qu'il y ait un rapport de cause à effet entre la disparition du pouvoir royal et la résurgence du mythe est démontré par la nouvelle liberté à son égard ressentie par les théologiens pendant l'exil. Le second Ésaïe en particulier emploie, sans ambiguïté désormais, le moule de la fête d'intronisation royale (cf. És. 42. 10-16 ; 43. 16-21 ; 51. 9-11 ; 58. 7-12).

Nous reviendrons sur la dévaluation du mythe qui en fait un outil utilisable par l'apocalyptique[45]. En ce qui concerne le culte royal de Sion cependant, si perméable dans le passé aux influences cosmologiques, sa résurgence dans l'apocalyptique ne se justifie pas seulement par des arguments négatifs comme le fait Paul Hanson[46]. L'emploi du « pattern » de l'intronisation royale est plus qu'une dérobade devant des contingences politiques défavorables. C'est aussi plus qu'un simple moyen d'expression adopté par une classe opprimée par la « Realpolitik » d'un parti socio-religieux au pouvoir. Le cadre cérémonial de l'intronisation royale de Dieu n'est pas un langage parmi d'autres. Le motif est central dans l'apocalypse. Il est même, à notre avis, plus originel que celui de l'eschatologie[47]. Car, au temps des apocalypticiens, comme dans la période préexilique

---

[45] Cf. son langage mythopoétique, la symbolique des visions, etc., chapitre V, *infra*.

[46] Dans un ouvrage aux qualités exceptionnelles, *The Dawn of Apocalyptic,* Philadelphia, 1975.

[47] *Pace* Paul Hanson.

et exilique, *c'est du culte que jaillit l'eschatologie.* L'opposition établie par Paul Hanson entre une théologie royale-sacerdotale, d'une part, et une théologie prophétique, d'autre part, est trop radicale. Preuve en est pour nous l'emploi exilique et préexilique par les prophètes de la fête royale de Sion (cf. És. 6-11 par exemple)[48].

Il est particulièrement intéressant de noter que, même en l'absence du Temple et de sa liturgie, le fondement cultuel reste vivant. Ainsi, *Daniel,* en pleine persécution dans une Jérusalem au Temple profané, axe son écrit sur les fêtes traditionnelles[49] et présente, dans son chapitre central (ch. 7), la venue du fils d'homme comme une intronisation royale sacerdotale. Car, comme nous l'avons dit plus haut, l'apocalypse voit l'histoire entière comme une querelle dynastique entre Dieu et les faux prétendants au trône universel. Il y a donc beaucoup de mérite à présenter l'apocalyptique juive comme naissant du sentiment de cette déchirure, ainsi que le fait Y. Kaufmann[50], entre le royaume des cieux où règne le vrai Dieu, mais d'une manière encore invisible, et le royaume des nations où les Juifs sont prisonniers et soumis à un règne visible et idolâtre. En fait, celui-ci n'a pas de réalité. L'autre, au contraire, est la seule vérité qui soit. D'où la tendance depuis Ézéchiel et Zacharie à représenter Dieu entouré de ses nombreux serviteurs. Le cadre est une cour royale universelle, de telle sorte que soit soulignée la dimension proprement cosmique de la lutte entre Israël et l'idolâtrie.

Urzeit-Endzeit

Le dialogue entre Dieu et Israël s'inscrit dans le cadre d'une ellipse à double foyer. Il y a l'alliance avec la nation comme telle et l'alliance avec la dynastie de David. Le premier aspect a

---

[48] Certes, Ahaz le Davidide y est remplacé par Emmanuel, l'enfant du miracle, mais c'est Ahaz lui-même qui s'est disqualifié (cf. chapitre 7).
[49] Cf. *infra,* chapitre VI, « Du Davidide à l'Adamide ».
[50] *Toldot haEmunah haYisraelit,* vol. 8, 434.

historiquement son centre à Sichem ; il sous-tend la confédération des tribus[51]. Sa perspective est celle d'une histoire ouverte dans laquelle les événements successifs sont kérygmatiques, inouïs, chargés de sens toujours nouveau, et dont il convient de tenir un compte cumulatif. Une telle alliance se renouvelle périodiquement, car il vient toujours un moment où elle est mise au défi par les faits[52] ; il s'agit de lui rendre son actualité[53].

Le second pôle est fixé à Jérusalem. Il célèbre la royauté de Yhwh à Sion avec son oint assis sur un trône à ses côtés[54]. Par définition, la royauté doit être durable, symbole de stabilité au milieu du transitoire. Ici, l'histoire est considérée comme possédant, sous-jacente aux variations circonstancielles, une constante inconditionnelle. Qu'on la considère en son commencement, dans son déroulement ou à son terme, le point *oméga* est toujours présent ; il ne demande qu'à se manifester dans toute sa gloire. Ainsi un troisième niveau de correspondance, de *coincidentia oppositorum,* s'ajoute aux deux autres déjà vus plus haut. Non seulement il y a mutualité entre là-haut et ici-bas et entre l'échec et la victoire, mais encore et surtout entre *déjà* et *pas encore*.

---

[51] Cf. Jos. 24 ; Jug. 9 ; 1 R. 12. L'alliance du Sinaï s'y rattache organiquement, toutes les tribus de la confédération « reconnaissant » qu'elles ont quitté la servitude d'Égypte et ont rencontré Dieu dans le Désert.

[52] Par exemple, le péché d'Israël est si grand qu'il nécessite le renouvellement de l'alliance, car la malédiction invoquée, lors de la ratification, sur le parjure anéantirait Israël. Cf. Klaus BALTZER, *Das Bundesformular,* Neukirchen-Vluyn, 1964.

[53] Cf. Jos. 24 ; 2 R. 23 ; Néh. 10 ; 2 Sam. 23 ; Ps. 89... De même, Sir. 45. 24-25 distingue entre « l'alliance de paix » sacerdotale et populaire, et « l'alliance avec David » transmise « seulement de fils en fils » (cf. 2 Sam. 7. 12 ; 25. 3 ; Jer. 33. 17-26). Siracide appelle aussi cette dernière « l'alliance royale » (47. 11).

[54] On reconnaîtra la description de Daniel 7. 13 ss. L'alliance avec Abraham est de même nature, un « Covenant of grant ». Cf. M. WEINBERG, « The Covenant of Grant in the Old Testament and in the Ancient Near East », *Journal of the American Oriental Society,* vol. 90 n° 2, 1970, 184-203. Cf. Ronald CLEMENTS : *Abraham and David ; Genesis 15 and its Meaning for Israelite Tradition, Studies in Biblical Theology,* 2. series, n° 5, Naperville, 1967.

Les prophètes ne furent pas les adversaires de cette idéologie royale[55]. Le prophète Nathan joue un rôle décisif dans l'élaboration de la mystique davidique. Celle-ci affirme la pérennité du choix de Dieu, la stabilité de sa providence, la continuité de l'histoire. Même lorsque les événements paraissent contredire la validité d'une telle conception, la foi prophétique maintient l'unité organique de la « Heilsgeschichte ». Elle découvre le message dans ce qui semble muet, la signification dans l'absurde, la lumière dans les ténèbres. Elle adopte, pour s'exprimer, la métaphore de la confrontation mythique — ou plutôt transhistorique — entre création et chaos, ne séparant pas le sacré du profane, le bien du mal, le bonheur de l'adversité (cf. És. 45. 7). Dieu est en « creatio continua » ; la divinité se vit dans un environnement de mort. « Le matin vient. »

La personne du roi est au cœur du « mythe et du rituel » célébrant la victoire du Dieu créateur et souverain. L'école « anglo-scandinave » a eu l'intuition juste que le roi est, en Israël, le pivot autour duquel se poursuit inlassablement le combat de Dieu et de ses saints contre les forces chaotiques[56]. Dans ce contexte, l'un des traits « originaux » de l'apocalypse est d'avoir souligné que la victoire de Dieu suppose précisément la présence d'ennemis à vaincre. *Il y a* des ennemis chaotiques qui empêchent la création d'aboutir. Plus ces puissances

---

[55] *Pace* Paul Hanson.

[56] Ici, à nouveau, le chapitre 7 de Daniel peut servir d'exemple tardif de ce développement. E. JACOB résume de la manière suivante les points essentiels du drame cultuel en question :

a) lutte du Dieu représenté et incarné par le roi et se terminant par la victoire du roi sur les forces mythiques adverses ;

b) proclamation de la victoire du roi sur le monde entier ;

c) adjuration au roi à régner selon la justice ;

d) revêtement des ornements royaux ;

e) le roi reçoit une nourriture sacramentelle, baptême d'eau et onction d'huile ;

f) proclamation du roi comme fils de Dieu ;

g) installation du roi sur le trône de Dieu ;

h) mariage sacré du roi.

(*Les Thèmes essentiels d'une théologie de l'Ancien Testament,* Neuchâtel, 1955, 189).

mauvaises sont à l'œuvre et plus aussi Dieu doit s'engager dans la bataille. En d'autres termes, plus il semble être loin, plus au contraire il est près. Ainsi de son Royaume[57].

Avant l'avènement de l'apocalyptique, cette idée existait déjà en Israël, sous forme liturgique. Surtout lorsque les phénomènes historiques ne permirent plus une simple affirmation discursive de la victoire de Dieu sur le Chaos, Israël continua à proclamer liturgiquement — et donc concrètement — le roi vainqueur sur ses ennemis et sur tout l'univers[58]. Le souverain d'Israël, représentant et substitut de son peuple, appartient déjà, liturgiquement, au monde d'« En Haut ». C'est pourquoi il reçoit, au cours de la cérémonie, des ornements, une onction et des aliments appropriés ; il est « fils de Dieu » et s'assied sur le trône divin[59].

Or, les nations ne devaient pas seulement priver Israël du cours normal de son histoire. Le refuge liturgique même lui fut refusé. Pourtant, même lorsque la liturgie fut rendue impossible (exil en terre étrangère, destruction du Temple, trône royal vacant, perte de l'indépendance nationale puis, après un semblant de restauration, la profanation du Saint Lieu que Daniel appelle « l'abomination de la désolation ») la fête d'intronisation ne tomba pas en désuétude, elle se fit clandestine et littéraire, surgissant ici et là dans des œuvres préapocalyptiques[60],

---

[57] « ... Le Maharal affirme avec force que la cœxistence des extrêmes en un même sujet est toujours possible au prix d'un effort indéfiniment renouvelé, effort qui est l'expression même de la continuation de la création. L'être humain, dès lors qu'il se sait et se veut l'associé de Dieu dans l'œuvre de la création, ne cesse de tenter de ramener au Créateur la vérité que celui-ci avait délibérément jetée sur la terre des hommes, à charge pour ces derniers de la faire germer » (Theo DREYFUS, « Comprendre le Maharal de Prague », *Les Nouveaux Cahiers,* n. 6, 29.) Sur la vérité jetée à terre, cf. *Gen. R.* VIII, 5 (cf. Dan. 8. 12).

[58] Israël pense qu'il n'y a victoire de l'ennemi qu'au moment où toute espérance est abolie. Tant qu'il y a espérance, l'ennemi est, malgré les apparences, vaincu. Certains événements derrière le « rideau de fer » dans les années récentes sont une illustration moderne de ce principe.

[59] Cf. Ps. 2. 7 ; 89. 26 ; 2 Sam. 7. 14 ; Ps. 45 ; 84. 12 ; 47. 10 ; 89. 19... Cf. *supra,* le résumé du drame cultuel royal par E. JACOB.

[60] Cf. l'étude du III És. et du II Zach. dans l'ouvrage cité de P. HANSON.

puis franchement apocalyptiques. Leurs auteurs disent tout haut, ouvertement, ce qui était objet de foi tacite dans les milieux pieux du peuple. C'est bien au niveau de l'histoire ou du temps que Dieu sera vainqueur, ainsi que l'ont affirmé les prophètes. La souveraineté de Dieu Créateur passe nécessairement par l'intronisation de l'Homme[61] ; alors, le monde sort des ténèbres et passe à la vie.

Il est impossible d'ignorer la toile de fond de cette espérance : le dieu mourant et revenant à la vie de Sumer, Babylone, Canaan[62]... Le triomphe de la vie sur la mort dans la nature est célébré par tous les peuples du Proche-Orient ancien. Israël se distingue de ses voisins en ce que, pour lui, ce processus n'est pas cyclique ni magique. Le drame se passe *dans* l'histoire et se résout « be-aḥarit ha-yamim » (à la fin de ces jours). Non d'ailleurs que la fin soit indéfiniment reportée, mais le sens de « fin des temps » ne doit pas être exagérément souligné. On peut en effet comprendre l'expression prophétique comme désignant un événement historique concluant la période présente d'une manière chaque fois dernière et décisive, ultime et eschatologique, même s'il doit être suivi par une ère nouvelle qui, à son tour, est en tension vers son point *oméga*. La perspective prophétique est, en général, plutôt téléologique. Tous les événements ont du sens, qui ne sera pleinement manifesté que par le « dernier » d'entre eux, aboutissement d'une trajectoire dont nous ne voyons au fil des jours que des moments partiels, que des tronçons « sans queue ni tête ». C'est à la lumière de l'exode que le séjour en Égypte devient significatif ; à la lumière de la conquête, les quarante ans dans le désert deviennent chargés de sens ; à la lumière du retour d'exil, les « 70 ans » de la captivité à Babylone sont interprétés comme un châtiment, mais non un rejet divin. L'exode, la conquête, la restauration... sont autant de « aḥarit ha-yamim ». Que l'on s'achemine vers une fin définitive de l'histoire, les prophètes en sont convaincus, cf. És. 2. 2-5, 9-21 ; Soph. 1. 14-18 ; Jér.

---

[61] Déjà dans l'Urzeit, Dieu avait délégué ses pouvoirs à l'homme (cf. Gen. 1. 28). Nous y reviendrons.
[62] Cf. E. JACOB, *op. cit.*, 189.

25. 30-38 ; 31. 31-34 ; Éz. 36. 26 ; 37. 1-14 ; etc. En général, cependant, ils ne spéculent pas à ce sujet, prenant, par exemple, occasion de l'annonce du « Jour du Seigneur », non pour se livrer à des envolées mystiques, mais pour appeler à la repentance ici et maintenant (cf. Am. 5. 18 ss ; És. 2. 11 ss ; Soph. 1. 14 ss ; Jér. 30. 5-7 ; Joël 1. 15...).

Mais, au Temple de Jérusalem, on est moins réservé à ce propos. Autour de l'idéologie royale, en effet, s'est développée — progressivement d'après S. Mowinckel[63] — une véritable eschatologie cosmique ou, si l'on veut préapocalyptique. Elle fut en effet reprise à nouveaux frais par l'apocalypse, après avoir imprégné des sources sacerdotales comme « P », Ézéchiel et le proto-Zacharie. Il est bon, par conséquent, de garder en mémoire ce problème important. Occasion sera fournie dans le dernier chapitre de cet essai d'en préciser les contours à propos de la figure du « fils d'homme ». Le substrat contextuel y est encore celui du culte de Jérusalem. Dans cette perspective, au point ultime de l'histoire, le roi eschatologique est couronné, et la royauté en Israël devient « telle qu'en elle-même enfin l'éternité la change ». En attendant, tout souverain isréalite incarne les qualités métaphysiques du roi eschatologique. Ces attributs transcendants sont décrits comme des faits démontrés, encore qu'objets de foi, de la manière suivante[64] :

« L'oint du Seigneur » est « le *souffle* de nos narines... nous *vivons* à son ombre » (Lam. 4. 20). Il est « la *lampe* d'Israël » (2 Sam. 21. 17). Le Psaume 72. 15-16 formule le souhait : « Puisse-t-il vivre longtemps (de sorte que) nous puissions avoir *abondance* de blé dans le pays... et que les hommes puissent fleurir dans les villes comme *l'herbe* de la terre. » Le roi a des pouvoirs curatifs, de sorte qu'à l'imitation de Dieu, il est supposé « faire mourir ou vivre » (2 R. 5. 7). « Monseigneur le roi est comme *l'ange de Dieu* pour écouter *le bien et le mal* », dit la femme de Tékoa à David (2 Sam. 14. 17). Il

---

[63] Cf. *He That Cometh (op. cit.),* mais on ne peut avec S. MOWINCKEL, réduire l'eschatologie israélite à la seule période postexilique.

[64] Cf. E. JACOB, *op. cit.,* 191.

est « notre bouclier » (Ps. 84. 10), ainsi que Dieu lui-même est un bouclier (v. 12), cf. Ps. 89. 19 ; 47. 10.

Nous avons, en cours de citations, souligné certains termes qui renvoient directement à l'*Urzeit*. La conclusion qui s'impose est que le roi en Israël n'est autre que « fils d'Adam », « fils de l'homme », « l'image de Dieu ». C'est en tant que tel qu'il reçoit le mandat et le pouvoir de dominer sur l'univers (cf. Gen. 1. 28). Les liens entre l'idéologie royale et celle de l'homme primitif s'expriment clairement dans le tableau du mythe de l'homme primitif que l'on trouve en Ézéchiel 28. 11-19. On pensera aussi à la sagesse universelle d'Adam selon Job 15. 7-9, ou à celle des rois et des princes selon Proverbes 8. 15 s, car elle « trouve (ses) délices parmi les hommes » (v. 31)[65]. Dans la littérature juive à partir du IIe siècle avant J.-C., l'identification du roi avec Adam connaît un développement remarquable. On se référera à des textes comme Siracide 49. 16 (vers 190-180) ; Philon, *De Virtutibus* 203 (avant 50 après J.-C.) ; Luc 3. 38 ; etc.

Tout ceci doit évidemment être pris en considération pour la lecture de Daniel 7. 13 ss. On notera à ce sujet un élément de grande portée : la réconciliation des deux aspects de l'alliance mentionnés plus haut. Celui qui est présenté comme ressemblant à un fils d'homme en Daniel 7. 13 ss (alliance davidique) n'est autre, dans sa dimension collective, que le peuple des « saints du Très-Haut » (alliance avec la nation)[66].

Quatrième niveau de correspondance, la relation entre l'individu et la communauté — ou ce qu'il est convenu d'appeler depuis que W. Robinson a popularisé l'expression dans les

---

[65] Cf. És. 9 ; 11. 6-9 ; 65. 17-25 ; Ps. 2. 6 ; 48. 2 ; 89. 27 ; 110. 1, 3 ; 45. 4-7.
[66] Dan. 7. 27. Il y a, d'ailleurs, des précédents importants à cette « réconciliation ». David installe dans le Temple-Chapelle royale, l'Arche de l'Alliance, centre de l'amphictyonie israélite — nous employons le terme pour ce qu'il représente et sans nécessairement l'entériner. La sécession du royaume du nord implique la survivance du principe amphictyonique combiné avec une royauté de type charismatique. Le roi Josias proclame la Torah de Moïse comme constitution officielle de l'État, mais en identifiant celui-ci avec « Israël »... Sur tout ceci, cf. les études de M. NOTH.

milieux de critique biblique, la « personnalité collective » — vient compléter le tableau des « coincidential ». La notion est extrêmement ancienne. Elle est seulement réutilisée par l'apocalypticien. Elle revêt ici une très grande importance ; après H.H. Rowley[67], D.S. Russell[68] explique par elle la pseudonymie de la plupart des apocalypses. Leurs auteurs, dit-il, avaient conscience d'appartenir à une lignée remontant à Hénoch, Moïse, Esdras, Daniel ! Ils sont les héritiers de ces héros antiques, ils représentent ces voyants et leurs traditions[69].

Dualisme et déterminisme

C'est dans cette perspective de *Urzeit-Endzeit* qu'il faut examiner l'un des caractères les plus surprenants de l'apocalyptique juive : sa conception « dualiste ». On y voit la trace d'une nette influence hellénistique sur le judaïsme du IIe siècle avant J.-C. Citons ce jugement de Claude Tresmontant[70] : « La conception hellénique du monde était, semble-t-il, hantée par un pessimisme naturel, faussée par ce qu'on pourrait appeler un manichéisme avant la lettre. Le dualisme apparaît comme un des caractères congénitaux de la philosophie grecque : opposition entre le monde sensible et le monde intelligible, entre la matière et la forme, entre le corps et l'âme, l'action et la contemplation, la classe des travailleurs et celle des hommes de loisir. » A quoi s'oppose, pour Tresmontant, la pensée hébraïque classique (celle représentée par la Torah et les prophètes) qui est moniste comme elle est monothéiste. Autre part, le même auteur écrit : « L'homme n'est pas, dans la pensée biblique, *pars divinae essentiae*. Il est créé par Dieu. Les âmes ne préexistent pas, puisqu'elles ne sont pas d'essence divine. Elles

---

[67] Cf. *The Relevance...*, 37 ss.
[68] *Op. cit.*, 127-139.
[69] Cf. notre chapitre I, *supra*, sur la question de pseudépigraphie ; cf. aussi l'opinion de A. Guillaume, *supra* (p. 85, n. 16). Les problèmes débattus dans cette section sont repris à nouveaux frais au chapitre VI, *infra*.
[70] C. Tresmontant, *Études de métaphysique biblique*, Paris, 1955, 14.

sont créées. L'homme n'est pas une âme tombée dans un corps. Dieu a créé l'homme corporel. Le corps n'est pas autre chose que l'homme, autre chose que l'âme. L'homme est une âme vivante, il *est* chair, et cela ne fait qu'un... La sainteté n'est pas un fait hors de ce monde matériel, mais une coopération à l'œuvre créatrice et rédemptrice de Dieu... L'anthropologie biblique est une anthropologie positive, délivrée du mythe de la préexistence, de la chute et de la transmigration des âmes[71]. »

Bref, s'il existe dans *Daniel* un dualisme ontologique, le livre tombe sous le coup de sa propre condamnation contre ceux qui abandonnent leur identité juive pour s'assimiler aux nations !

De fait, *Daniel* joue constamment sur des oppositions entre des réalités polarisées. Il établit une radicale distinction entre le pouvoir exercé par des monarques humains et la véritable souveraineté d'En Haut, entre la bestialité monstrueuse des empires du monde et l'humanité restauratrice de droit du Royaume de Dieu, entre la barbarie du persécuteur et la patiente fidélité du persécuté, entre ce temps de malheurs et de larmes et la félicité qui vient, entre cette existence pour la mort (souvent violente) et la résurrection pour la vie qui n'aura pas de fin... Dualisme donc ? Voire. Un simple rappel des circonstances historique dans lesquelles l'apocalyptique a vu le jour invite le critique à beaucoup de prudence. D'autant plus que, au niveau même des textes, les choses ne sont pas simples. Le « dualisme », le « transcendantalisme », le « déterminisme »[72], sont

---

[71] C. TRESMONTANT, *La doctrine morale des prophètes d'Israël*, Paris, 1958, 30.

[72] Cf. le jugement — beaucoup trop rigide — de VON RAD, *Théologie de l'Ancien Testament,* vol. II, 263 ss (« Daniel et l'apocalyptique ») : « Dans la partie historique des deux grandes visions de Daniel — celle de la statue du monarque et celle des quatre animaux —, l'histoire d'Israël n'est même pas mentionnée, Dieu y est seul avec les empires de ce monde ; le Fils de l'homme lui-même ne sort pas d'Israël, il vient ''sur les nuées du ciel'' » (p. 267). On peut d'ailleurs, continue cet auteur, se demander dans quelle mesure la pensée ici n'est pas fondamentalement anhistorique, puisque l'expérience des contingences historiques n'y apparaît pour ainsi dire plus

le plus souvent corrigés immédiatement par leurs antidotes. Plus d'une fois, on a l'impression de voir l'auteur détruire d'une main ce qu'il a construit de l'autre. On doit, par conséquent, se poser sérieusement la question des intentions de l'auteur et de son but ultime.

Le complexe *Urzeit-Endzeit* va nous permettre de faire avancer la question. Car, justement, les extrêmes ne s'opposent pas en un dualisme irréductible, ils sont en correspondance. Il y a correspondance entre le ciel et la terre, entre l'éternel et le transitoire, l'absolu et le contigent, le sublime et le quotidien[73]. *Plus on insiste sur l'un des termes, plus l'autre est présent.* Le Maharal de Prague disait : plus les pôles sont éloignés, mieux ils se répondent[74]. Tel est aussi le paradoxe apocalyptique : plus l'histoire devient catastrophique, plus le Royaume de Dieu est proche[75]. Le livre de *Daniel* nous conduit dans un crescendo d'horreurs jusqu'à l'avènement du Fils de l'homme (Dan. 7) et la résurrection finale (Dan. 12). De même qu'il n'y a pas de résurrection sans mort préalable, il ne peut y avoir triomphe du Fils de l'homme qu'après une provisoire et trompeuse victoire des forces chaotiques. Car le Fils de l'homme est intronisé justement pour juger, condamner et détruire la Bête et ainsi faire émerger l'humain du cadavre maudit. De la carcasse du lion est sorti du miel (cf. Jg. 14. 9).

Ce schéma du passage de la mort à la vie est courant dès avant *Daniel,* en particulier dans les textes apocalyptiques ou préapocalyptiques (cf. Éz. 38-39 ; Joël 3. 9-11 ; Zach. 14. 1-3).

(cf. p. 286). Pour von Rad, la vision apocalyptique de l'histoire est extrêmement pessimiste : la mesure du crime doit être remplie (Dan. 2 ; 8. 23). L'apocalypticien reconnaît la direction providentielle de Dieu dans l'histoire par l'intermédiaire d'un strict déterminisme historique (p. 269). La présence des grands empires humains conduit les chapitres 2 et 7 de Daniel jusqu'à la limite extrême où l'histoire rejoint la transcendance (cf. p. 279).

[73] Dans le livre de Daniel, on se référera à des textes comme 9. 24 ss ; 10 ; etc.

[74] Cf. André NEHER, *Le puits de l'exil,* Paris, 1966.

[75] L'apôtre Paul désigne la même réalité sous la métaphore des douleurs de l'enfantement. Cf. Rom. 8. 22 et tout le contexte.

Après *Daniel,* on ne s'étonne pas de le retrouver pleinement développé dans les Manuscrits de la mer Morte[76].

La question se pose dès lors de savoir si ce caractère dialectique est dû à des influences étrangères sur l'apocalyptique juive. Elle retiendra toute notre attention dans la suite. En attendant, il faut noter à propos de ces influences qu'elles sont indéniables en ce qui concerne le genre apocalyptique (la forme)[77], mais que leur portée sur le fond doit être appréciée avec beaucoup de prudence[78].

On notera en particulier que le « dualisme » reçoit ici le coup de grâce dans le fait que Dieu est la première victime du mal qui atteint son peuple. Il est *avec* les compagnons de Daniel *dans* la fournaise ardente ; *avec* Daniel *dans* la fosse aux lions ; son honneur est en jeu *dans* la destinée d'Israël (représenté par les quatre princes juifs exilés) ; etc. Il faut d'ailleurs s'entendre sur le terme, car il y a différents types de dualisme. John Gammie, n'en distingue pas moins de dix[79]. Dans *Daniel*, selon cet auteur, on trouve un dualisme *spatial* (cf. l'expression « Dieu du ciel » dans la partie araméenne, et, dans la partie en hébreu, les textes 8. 9-14 ; 10. 10-21, etc.) ; mais surtout, le dualisme daniélique est *éthique* (plus dans

---

[76] Cf. O. BETZ, *Was wissen wir von Jesus ?* (Stuttgart 1965), édition anglaise (London 1968) p. 48 : « Dans les écrits de la mer Morte, la fin du monde est décrite comme un grand tournant. L'ordre présent et ses valeurs seront renversés. Car la structure de ce monde-ci s'oppose à Dieu : le mal règne et la masse de l'humanité lui est, volontairement ou non, assujettie. Le juste souffre. Seule, la conscience que tout, bientôt, va changer radicalement lui donne la force de supporter injustice et oppression. Mieux même, son sort le remplit de joie et de fierté. L'homme qui maintenant souffre bientôt triomphera. Celui dont la destinée en ce monde semble dépourvue d'espérance participera au jugement dernier en tant qu'accusateur et vengeur. »

[77] De même, la LXX, Philon, Saul de Tarse, parlent grec mais leur pensée reste juive.

[78] Nous sommes heureux de trouver dans le livre récent de Paul HANSON *(op. cit.)* la même mise en garde.

[79] J. GAMMIE, « Spatial and ethical dualism in Jewish wisdom and apocalyptic literature », *J.B.L.* 93 no. 3, 1974, 356 ss (une riche bibliographie accompagne cette étude).

l'esprit du livre que dans son vocabulaire d'ailleurs). On peut citer 12. 10 que Daniel 9 contrebalance avec « un profond correctif au... (danger) d'autojustification » (p. 378). Il n'y a pas trace de dualisme ontologique ou cosmologique.

On retrouve le même « caveat » sous la plume d'auteurs aussi différents que J.A. Montgomery, H.H. Rowley, S. Holm-Nielsen[80]. Montgomery déjà, en 1927, insiste sur le caractère juif de *Daniel* qui contraste avec les autres apocalypses sur ce plan. Son « dualisme », dit-il, est moral, non ontologique. Son « déterminisme » ne verse pas dans le fatalisme. La repentance n'est pas exclue (cf. 4. 25-27), et les prières des chapitres 2 et 9 montrent que le dualisme peut être transcendé. L'auteur se préoccupe d'histoire humaine, la résurrection a lieu sur cette terre, de même l'avènement du royaume eschatologique (cf. son commentaire, p. 84).

H.H. Rowley écrit cette mise en garde ou, si l'on veut, cet appel au bon sens[81] : « Nous ne pouvons penser à la lumière qui ne soit négation des ténèbres, au bien qui ne soit logiquement opposé au mal. Quand nous disons que Dieu est bon, nous affirmons qu'en lui il n'y a pas de mal. Quant on dit qu'il est lumière, cela signifie qu'en lui il n'y a pas de ténèbres. L'idée du mal est logiquement contenue dans l'affirmation de la bonté de Dieu. Cependant, ceci ne signifie nullement que le mal soit coéternel avec la bonté de Dieu, ou que d'éternité en éternité il doive s'incarner dans un être personnel se dressant contre Dieu. En ce sens, ni les apocalypticiens ni les théologiens chrétiens n'ont été dualistes. »

On notera, dans la même perspective, l'absence très remarquable de Satan ou Béliar dans le livre de *Daniel*.

Bref, il apparaît que l'apocalypse ne fait qu'employer un moule étranger pour y couler son message proprement hébraïque. En cela, elle suit l'exemple établi par une longue tradi-

---

[80] S. HOLM-NIELSEN, *Hodayot : Psalms from Qumran* (Aarhus, 1960), p. 281 n. 16 : « Both (dualism and predestination) are theological attempts to create order in an old-fashioned dogmatism of the good governing by God of His world, which no longer seems to fit the actual circumstances. »

[81] H.H. ROWLEY, *The Relevance of Apocalyptic*, 175.

tion, surtout dans un domaine qui nous est familier ici, à savoir l'idéologie royale et sa réplique, le mythe de la victoire de Dieu sur le chaos[82]. Sans doute, au niveau des apocalypses juives, les influences étrangères sont-elles encore plus sensibles, mais c'est une question d'intensité seulement. En tout cas, en dépit du cadre emprunté aux religions babyloniennes et iraniennes, l'auteur de *Daniel* a maintenu dans une large mesure l'affirmation prophétique que la victoire de Dieu se manifestera dans l'histoire.

Pourtant, celle-ci est paradoxalement peu faite pour cette révélation. Elle est même inadéquate par nature, car elle provient d'un choix mauvais qui l'imprègne tout entière. C'est ici que l'eschatologie apocalyptique se distingue de l'eschatologie prophétique. L'eschaton a maintenant, si l'on peut dire, un pied dans l'histoire et un pied dans la métahistoire. Inauguré dans l'histoire, il en marque la fin et l'accomplissement et débouche dans le transhistorique. Entre le temps et l'éternité, cependant, il y a consubstantialité. Le « transcendantalisme » (dont parle par exemple J. Lindblom, *op. cit.*) ne peut être affirmé sans nuances. Ainsi que l'écrit D.S. Russell (*op. cit.* p. 224), « dans les écrits apocalyptiques il y a... une unité plus grande que celle d'une simple histoire universelle. C'est une unité dans laquelle le temporel est élevé au niveau de l'éternel grâce aux qualités morales et spirituelles de ceux qui accomplissent le propos de Dieu. Le dessein divin trouve sa réalisation

---

[82] Cf. H. GUNKEL, *op. cit.*, pour qui l'apocalypse n'est que la projection dans le futur du passé le plus ancien. De même, C. WESTERMANN, *Genesis* (*B.K.A.T.* I ; Neukirchen 1966, 70) : « L'apocalyptique, dans son fond et selon son intention originale, n'est pas associée à la "Heilsgeschichte" mais à l'*Urgeschichte,* surtout à l'histoire de la création et du déluge. » Selon S.H. HOOKE, *Middle Eastern Mythology,* Baltimore, 1963, 162 ss, le livre de Daniel inaugure un usage original du mythe. « Il est à présent employé comme un moyen de propagande dans le monde gentil. Yhwh est présenté comme Pantocrator, dont la domination est universelle, élevant et abaissant à volonté les royaumes et capable de protéger ses serviteurs de toute espèce de danger aussi longtemps qu'ils lui restent fidèles » (p. 163). Hooke souligne aussi l'emploi du mythe de la création et du chaos dans l'apocalyptique (thème étroitement lié avec celui de la souveraineté de Yhwh). Il en voit l'origine littéraire dans des passages comme És. 27. 1 et 51. 9-11.

dans l'histoire, certes, mais il doit aussi chercher sa justification au-delà de l'histoire. »

On pourrait dire que les valeurs historiques sont actualisées dans l'ordre temporel, mais qu'elles nécessitent un ordre éternel pour leur interprétation et leur justification. De fait, on constate que l'auteur de *Daniel* réussit si bien à maintenir le dynamisme et la tension dans la dualité[83] que R.H. Charles affirme[84] : « Daniel a été le premier à enseigner l'unité de toute l'histoire humaine. Pour lui, chaque phase de cette histoire était un jalon supplémentaire dans la réalisation des desseins de Dieu. »

Pourtant, certaines propositions de *Daniel* frisent le déterminisme (cf., par exemple, 4. 14, 17, 22) : les événements sont si loin d'être hasardeux qu'ils se déroulent au contraire selon un plan prédéterminé par Dieu, dont le projet n'est pas le nôtre[85]. L'apocalypse ne recule pas devant l'affirmation scandaleuse — douloureuse à entendre après Auschwitz — : Dieu est l'auteur du mal dont souffrent les innocents. Il faut bien dire que, dans l'apocalyptique, « l'histoire prend des allures schématiques, presque mécaniques[86] ». Comment l'apocalypticien en est-il arrivé là ? Il y a été conduit presque malgré lui par un bilan traditionnel doublement déficitaire. D'une part, le cadre de la « Heilsgeschichte », ainsi que nous l'avons vu, est ici quasi inexistant, le moment présent en tant que sommet de l'histoire a, en quelque sorte, englouti le passé. D'autre part, avec le passage du prophétisme à l'apocalyptique, il y a eu perte du *pathos* dans lequel Abraham Heschel voyait une des caractéristiques du prophétisme[87].

---

[83] Employer le terme « dualisme » serait une contradiction dans les termes, car, dans le véritable dualisme, les deux termes de l'opposition s'excluent mutuellement. Pour un développement plus large, on se référera au chapitre VI, section « La résurrection », *infra*.

[84] R.H. CHARLES, *Commentary on Daniel,* 1929, CXIV-CXV.

[85] Cf. Ésaïe 55. 8.

[86] J.B. FREY, *op. cit.,* col. 326 ss. Cf. Add. à Esther 7. 7, 8 ; Jub. 5. 13 ; 10. 5 ss ; etc.

[87] A. HESCHEL, *The Prophets,* New York, 1962, Harper Torchbook, vol. II, chapitre 1 : « The Theology of Pathos » (1-11).

Mais ici, à nouveau, les nuances sont d'une importance décisive. L'apocalypticien, il est vrai, disparaît derrière sa composition, mais le *Sitz im Leben* du genre compense en pathétisme l'objectivité de l'auteur. L'apocalypse, il est vrai, est déclarative, elle est constative, mais elle est aussi performative[88]. De sorte qu'ici le « déterminisme » n'est pas paralysant. De fait, « le déterminisme apocalyptique ne concerne que le cours extérieur des événements. La destinée individuelle n'est pas, elle, prédéterminée[89] ». La pensée, nous le constatons encore une fois, reste décidément juive. Au IIe siècle de notre ère, Rabbi Akiba, selon la tradition, disait : « Tout est prévu d'avance, mais le libre arbitre est accordé » (*Pirkè Aboth* 3 : 19).

Lorsque ces nécessaires nuances sont observées, l'enquête peut reprendre son cours à l'intérieur même du monde biblique. Il est clair certes que nous avons affaire à un processus de cosmologisation de l'histoire sainte. Il entraîne dans son sillage une division plus ou moins arbitraire du temps en périodes (périodisation), établissant du même coup un cadre fixe dans lequel les événements contemporains sont introduits de force (cf. Jubilés ; 1 QS X, 3-8 ; etc. ; Dan. 12. 1, 4 ; etc.). Mais cette fixité est celle même du calendrier liturgique (cf. Jub. 6. 32-38), et le schématisme de l'histoire qui en résulte n'est pas plus étrange et étranger dans l'apocalypse qu'il ne l'est dans *le culte*. Le télescopage de l'histoire dans l'instant n'est pas une fuite hors du temps ; pas plus que le « kairos » liturgique, dont l'insertion naturelle est dans le présent eschatologique cultuel de la rencontre avec Dieu. L'instant n'est pas ici

---

[88] Au moins dans son esprit, cf. J.J. COLLINS, « The Jewish Apocalypse », *Semeia* 14, 1979, 26 : « all apocalypses... are concerned with human conduct on earth... (and) are therefore hortatory in purpose, whether this purpose is expressed explicitly or not ». G.W.E. NICKELSBURG, « The Apocalyptic Message in I En. 92-105 », *C.B.Q.* 39. 3, 1977, 326 : « the revelation of God's unseen world and future paradoxically calls the oppressed community to faith, courage, and joy in the present ». Voir également W. SCHMITHALS, p. 36 de l'édition anglaise.

[89] J.J. COLLINS, « Pseudonymity, Historical Reviews and the Genre of the Revelation of John », *C.B.Q.* 39 : 3, 1977, 336.

abtraction philosophique, mais contemporanéité, synchronisme, de tous les événements du salut depuis alpha jusqu'à oméga. L'Alliance avec les Pères, l'exode, le Sinaï ne sont plus invoqués par l'apocalypse, non parce qu'ils seraient vidés de leur substance, mais parce qu'ils sont dépassés par un événement qui en concentre toute la portée tout en les surclassant. L'eschaton est l'oméga de l'histoire vers lequel précisément Abraham, l'exode, le Sinaï, l'intronisation royale étaient tendus[90]. On y reviendra dans la suite[91].

Il est vrai qu'avec l'apocalyptique, il y a un « décollement » par rapport à l'histoire qu'on ne trouvait pas chez les prophètes, plus engagés politiquement et donc plus étrangers à toute idée transcendantaliste. Mais l'apocalypse, nous l'avons vu plus haut, n'usurpe pas la place du prophétisme en Israël, elle le poursuit tout en ayant conscience de le dépasser. Or, les prophètes ont annoncé la naissance du Royaume, mais ils n'ont pas mentionné, par ignorance ou par délibération, le fait que l'exil comme période de gestation devait être suivi encore d'autres « douleurs de l'enfantement ». C'est là le rôle nécessaire que se découvre l'apocalyptique. Elle se pose comme interprétation des prophéties avec leur vision dynamique de l'histoire. Celle-ci ne s'élève pas vers la victoire finale, comme une lecture superficielle des oracles exiliques aurait conduit à le penser ; au contraire, elle chute vers l'échec ultime, au-delà duquel seulement — c'est-à-dire donc au-delà de l'histoire humaine — Dieu accorde un triomphe soudain, inattendu, miraculeux. L'histoire n'a de sens que par ce triomphe que pourtant elle a été incapable d'apporter. Les justes en ont eu au moins l'intuition depuis le commencement ; les prophètes l'ont « vu » en filigrane dans la trame de l'histoire ; les sages en ont par avance décrit les béatitudes. Dans les événements dramatiques contemporains, les apocalypticiens reconnaissent les derniers soubresauts d'une « lutte finale » dont ils décrivent les péripéties de la manière suivante :

---

[90] « ... Voici qu'il y a ici plus que Jonas » (Matt. 12. 41 ; cf. Jean 8. 56, 58).
[91] Cf. *infra*, dans ce chapitre, « Bifurcation ».

a) présence de temps mauvais avec corruptions de tous genres ;

b) intervention de Dieu (en personne, ou par l'intermédiaire d'un Messie) ;

c) châtiment des pécheurs (nous sommes arrivés au point au-delà duquel il n'y a plus de délai accordé pour la repentance) ;

d) salut des justes qui se réjouissent à jamais[92].

L'horloge de l'histoire indique minuit, ce cœur de la nuit où l'obscurité est la plus profonde et où le temps vacille entre le passé et le futur, l'accompli et l'inaccompli, le déjà et le pas encore. Il est maintenant déjà trop tard pour influer sur le cours de l'histoire, mais il est encore possible d'exhorter à la conversion et à la résistance au monstre. Cette ambiguïté n'est supportable que par son caractère transitoire, par son absence de durée qui nous arrache déjà à l'histoire alors que l'histoire nous crucifie encore. Elle permet la concomitance de deux affirmations contradictoires :

a) tout est écrit dans le ciel : Jub. 2. 1 ss ; Dan. 4. 25 ; 1 QS 3. 15, 16 :

b) tout dépend de la fidélité d'Israël : *Daniel (passim)* ; cf. Jub. 21. 4...

L'apocalypticien peut aller jusqu'à la doctrine de la double prédestination (Jub. 10. 5 ss) et cependant tenir l'homme pour responsable de ses actes ; car le décret de Dieu n'empêche pas, paradoxalement, l'homme d'agir librement et en toute responsabilité[93]. On n'est jamais bien loin de la doctrine prophétique

---

[92] L. HARTMAN, *Prophecy interpreted. The Formation of Some Jewish Apocalyptic Texts and of the Eschatological Discourse im Mark*, Lund, 1966, 55 ss, a réuni plus de vingt textes apocalyptiques où l'on retrouve cette séquence. Ainsi, Jub. 23. 11-31 ; I Hén. 10. 16-11. 2 ; 80. 2-8 ; 91. 6-11 ; 99. 1-16 ; 100. 1-9 ; 102. 1-11 ; 103. 1-15 ; 104.1 - 105. 2 ; Test. Lévi 4. 1-4 ; 14.1 - 16. 5 ; Test. Juda 21.6 - 22. 3 ; Test. Zab. 9. 5-9...

[93] « Car lorsque Dieu emploie hommes et peuples pour accomplir sa volonté, il ne les contraint pas à s'engager dans ce genre d'action ni ne

la plus « orthodoxe » selon laquelle les hommes sont les agents de l'histoire alors que Dieu en est le Seigneur, car il y accomplit ses desseins par ses hassidim (pieux).

Ce dernier point en particulier va nous permettre de résumer la discussion qui précède. Au milieu du désespoir des faibles, les apocalypticiens en appellent à une vue « intérieure » des événements. Au-delà des apparences, il s'agit de découvrir les signes du Royaume de Dieu. Ainsi, au-delà de la licence affichée par les puissants de ce monde, dont le pouvoir semble s'exercer sans frein ni limite, il y a la souveraineté de Dieu qui, seule, « renverse les rois et élève les rois » ; c'est elle aussi qui « suscitera un royaume qui ne sera jamais détruit et dont le règne ne passera pas à un autre peuple. Il pulvérisera et anéantira tous les royaumes précédents et lui, il subsistera à jamais » (Dan. 2. 21, 44). L'intention ultime de l'apocalypse est atteinte lorsque les nations elles-mêmes, en la personne de leurs plus prestigieux représentants, confessent : « C'est la vérité que votre Dieu est le Dieu des dieux et le Maître des rois... » (Dan. 2. 47). Il y a donc beaucoup de vrai dans la thèse de Nils Messel[94], selon laquelle il y a unité profonde de l'eschatologie juive : tout se ramène aux espérances terrestres. Le « monde à venir » ne s'oppose pas « géographiquement, spatialement » au monde présent (dans une perspective dualiste), mais qualitativement (tension au sein d'une dualité). C'est l'ère de félicité qui succède au *temps* des malheurs présents.

Il n'y a rien là de radicalement étranger au reste de l'Écri-

---

détruit leur liberté. Il emploie bien plutôt, pour accomplir son propos, leurs actes choisis librement pour les fins qui leur sont propres. L'activité divine dans l'histoire n'étouffe pas la liberté humaine » (H.H. ROWLEY, *The Relevance of Apocalyptic*, 169-170). Cf. Hén. 98. 4 ; Sir. 2. 27 s ; Ps. Sal. 5. 6 ; mais cf. 9. 7 ; Jub. 5. 13, 15 et 41. 24 ss ; 21. 25 ; 22. 10. Dans Daniel, cf. 4. 17, 25, mais aussi le v. 27. L. ROBBERECHTS écrit : « ... il n'y a rien de commun entre une cause et un motif, entre un déterminisme compact et ce même déterminisme intégré au devenir d'une conscience. Ce n'est pas la prédiction qui nous rend moins libres » (*Husserl,* Paris, Éd. Univ., 1964, 100).

[94] N. MESSEL, *Die Einheitlichkeit der jüdischen Eschatologie,* Giessen, 1915 ; cf. aussi : *Der Menschensohn in den Bilderreden des Henoch,* Giessen, 1922. Cf. la section « La résurrection », au chapitre VI, *infra.*

ture, si ce n'est que, pour les besoins de la cause, l'apocalyptique a été amenée à employer des cadres et des moules dont l'orthodoxie est contestable : dualisme, prédestination, déterminisme, extase, calculs de la fin des temps[95], individualisme[96], ou encore l'angélologie, dont il nous faut maintenant dire quelques mots.

Angélologie

L'étude de l'angélologie dans le livre de *Daniel* appelle, de nouveau, le critique à beaucoup de prudence. Il ne s'agit pas vraiment d'une nouveauté, car l'Écriture a souvent mis en scène des anges[97]. Ils remplissent l'espace entre Dieu et les hommes *pour qu'aucune atteinte ne soit portée à son unité.* Daniel leur prête une personnalité, mais ils ne sont jamais adorés. Ils ne font donc pas écran et ne sont pas des intermédiaires indispensables et autonomes (cf. Job 33. 23)[98]. A part *Daniel*, la seule fois où un ange est investi d'une mission parfaitement définie selon les textes est Josué 5. 13-15. Les apparitions angéliques cessent après Élie, car, avec la prophétie classique, ce sont les prophètes qui prennent la place des anges (cf.

---

[95] On ne doit pas oublier que cet exercice d'imagination est pratiqué par les apocalypticiens parfaitement à contretemps, et c'est à porter au crédit de leur foi. Tandis que les hellénisants acclament l'Ordre nouveau qui inaugure l'âge d'or, eux annoncent la fin toute proche d'un monde en décomposition parce que coupé de la Source de vie.

[96] Dans Daniel, le Fils de l'homme est à la tête du « peuple des Saints », mais le livre tout entier place l'individu Daniel en gros plan. Après Daniel, l'individualisme se poursuit et trouve une expression privilégiée à Qumrân (cf. I Qp Hab 7. 4 ; I QS 8. 11-12 ; I QH 1. 21 ; 12. 11-13 ; etc.).

[97] On les retrouve depuis les traditions sur les origines et dans l'histoire du Deutéronomiste puis du Chroniste, ensuite dans les Psaumes, Qohelet, etc.

[98] Il n'en est pas ainsi à Babylone ou à Ougarit où les dieux de la cour céleste autour des divinités majeures ont leur autonomie propre. L'angélologie en Israël est le résultat de la démythologisation des panthéons étrangers. Dans cette perspective, l'homme peut être égalé à un ange (cf. Hénoch 6 ; 14 ; I QH 3. 19-22).

Agg. 1. 13). Leur réintroduction (déjà dans les livres d'Ézéchiel et de Zacharie) annonce la fin de la prophétie et l'avènement de l'apocalyptique : les révélations sont trop profondes pour être saisies sans explication divine. Dès la période du second Temple, les anges remplissent l'univers. Dans *Daniel,* cependant, l'ange est sauveur (3. 25) et il donne ou transmet des ordres (4. 14). Pour la première fois, des chapitres entiers rapportent le message angélique (11 ; 12). Ici aussi pour la première fois, il est fait mention des anges tutélaires (en Daniel 10. 13, par exemple, cf. la LXX de Deutéronome 32. 8). Cette idée est reprise dans les apocryphes, les Midrashim, la Cabbale. A noter avec Bevan dans son commentaire sur Daniel *ad* 10. 13, que cette croyance est ici présupposée et non définie ; elle est donc déjà familière au temps de *Daniel.* Or, dans le parsisme, les « Fravashis » sont les types divins de tous les vivants, amis et protecteurs des hommes, créés avant leur naissance et subsistant après leur mort. Quelquefois, ce sont des étoiles (on rapprochera ce trait de Dan. 8. 10, 11 ; 12. 3). Que nous ayons là une source possible de l'angélologie juive tardive, nous en avons peut-être un gage rabbinique important. Certains textes, en effet, témoignent de l'influence mésopotamienne sur l'angélologie juive. Dans *Gen. R.* 48 et *j. R.H.* 1. 2, par exemple, on lit : « les noms des anges ont été apportés par les Juifs de Babylone[99] ».

---

[99] En plus des sources citées, on se référera entre autres aux ouvrages suivants : *Encyclopédie Biblique* (en héb.) vol. IV, col. 975-990, art. « mal'ach », de S.E. Loewenstamm ; Y. Kaufmann, *Ha-Emounah ha-Yisraelit* vol. II, 422-432 (en héb., traduction partielle en français sous le titre : *Connaître la Bible,* Paris, 1970) ; Van Imschoot, *Théologie de l'Ancien Testament,* 114-130 ; N. Snaith, *The Jews from Cyrus to Herod,* 132-138 ; E. Jacob, *Théologie de l'Ancien Testament,* 60 ss ; Michel Testuz, *Le Livre des Jubilés,* 75-80, 85-87, en particulier ; *Anges, Démons et Êtres intermédiaires* (colloque de l'Alliance mondiale des religions, 13-14 janvier 1968), Paris 1969, où l'on trouvera cette excellente réflexion de Léon Askenazi (p. 210) : « ... entre le Créateur et moi, il y a la volonté de Dieu. La volonté de Dieu traverse en quelque sorte toutes ces hiérarchies des anges. Mais dans le sens inverse, dans le face à face entre moi et Dieu, il n'y a rien d'autre que Dieu seul. » On trouvera d'autres développements sur

Quoi qu'il en soit, il y a une grande sobriété dans l'emploi de notions d'origine étrangère. De plus, le développement angélologique, de même que les catégories « non orthodoxes » mentionnées plus haut dans ce chapitre, ne représentent pas nécessairement des vérités doctrinales aux yeux de l'apocalypticien. Ces « curiosités » attirent peut-être sur elles une attention disproportionnée du lecteur moderne. Elles appartiennent en propre à un genre littéraire et ressortissent souvent de sa forme seulement[100]. Quant au message apocalyptique lui-même, il est souvent supérieur à son expression[101]. C'est la forme plus que le fond qui a constitué le plus grand obstacle à l'adoption de la plupart des apocalypses dans le Canon des Écritures.

INFLUENCES ÉTRANGÈRES

Il a été fait allusion, à différentes reprises, aux influences étrangères sur l'apocalyptique juive. Il n'est probablement pas inutile de leur consacrer quelques notes plus systématiques, encore qu'assez schématiques, car nous nous réservons d'étudier ce problème plus à fond dans un autre ouvrage[102].

La présence de telles influences a été soulignée par l'école dite d'« histoire des religions » (inaugurée par H. Gunkel, W. Bousset, H. Gressmann...). Le phénomène d'emprunt est

---

la question dans notre commentaire sur Daniel (*C.A.T.* XVb), cf. en particulier *ad* 10. 13).

[100] Ce point, nous l'avons vu, a été reconnu par différents critiques. Cf. le jugement de R. OTTO *(The Kingdom of God and the Son of Man,* 1943, 39)* : « Les nouveaux thèmes, actifs dans l'eschatologie de l'apocalyptique juive tardive, sont loin d'être absolument et radicalement étrangers par rapport au sentiment religieux plus ancien en Israël. Autrement, nous aurions affaire à un syncrétisme par addition mécanique. L'eschatologie du judaïsme tardif serait alors, purement et simplement, un phénomène étranger, ce qui n'est pas le cas. Bien plutôt, les Israélites ont exploité des idées fécondes déjà présentes dans l'ancien Israël. »

[101] On peut faire le même reproche à bien d'autres auteurs prestigieux, à l'évangéliste Jean par exemple lorsqu'il parle « des Juifs », ou à l'apôtre Paul dans ses attaques contre « la Loi ».

[102] *Symbolism and Temporality in Jewish Apocalyptic* (en préparation).

d'autant plus probable en ce qui concerne *Daniel* que le livre a été écrit à un moment où l'hellénisation battait son plein, tant en Palestine que partout ailleurs depuis Rome jusqu'aux limites de l'Inde. Des idées grecques mais aussi orientales circulaient librement. Ainsi la division de l'histoire en périodes déterminées (cf. Dan. 2 ; 7) a son origine à Babylone. En symboliser la succession par quatre royaumes (Dan. 7 ; cf. T. Napht. 5. 8) se retrouve chez Hérodote (1. 95, cf. 130), Ctésias (688 F 1-8). Polybe qui s'y réfère à propos de Scipion en 146 avant J.-C. (38. 22). Même leur remplacement par un cinquième royaume semble avoir été un thème connu. Quant au symbole des quatre métaux de valeur décroissante (Dan. 2), on le trouve sous la plume d'Hésiode, au VIIIe siècle.

Daniel 2 encore est basé sur le symbole anthropomorphique du monde vu comme un microcosme. Daniel 7 peut avoir comme toile de fond la même conception à propos du Fils de l'homme. C'est là une idée courante dans l'astrologie ancienne[103], en Iran, et dans l'orphisme et les spéculations hermétiques. D'Iran aussi pourraient venir le dualisme, la résurrection des morts[104], la victoire du dieu bon sur les forces mauvaises, l'angélologie... Même le type d'eschatologie présent dans l'apocalypse avec son caractère cataclysmique est iranien, disent certains.

La représentation de l'au-delà serait redevable aux doctrines grecques ; les inspirations divines, l'ascétisme aux religions à

---

[103] Daniel 8. 2-8 traduit une véritable connaissance de la géographie astrale ancienne. Le Bélier y était l'étoile de Perse ; le Bouc celle de la Syrie des Séleucides.

[104] Dan. 12. Cf. K.G. KUHN, « Die Sektenschrift und die Iranische Religion », *Zeitschrift für Theologie und Kirche,* 49 (1953), 315 : « Le dualisme éthique et eschatologique enseigné par Zoroastre et le mazdéisme trouvèrent accueil dans cette communauté juive tardive de Palestine (Qumrân) et s'y combinèrent avec les bases paléo-testamentaires de celle-ci, alors que la gnose représente un stade *plus tardif* d'infiltration du dualisme parsi. A ce stade, il fut révisé sous une influence entièrement différente, celle de la pensée grecque, et devint un dualisme physique des deux substances. C'est ainsi que, pour la première fois, est apparu la notion décisive pour la gnose, que la *matière,* c'est-à-dire le monde dans sa substance physique, est l'ennemi de Dieu. » Sur la résurrection, cf. *infra,* au chapitre VI.

mystères. Mais, ainsi que le dit J.B. Frey, « beaucoup de conceptions religieuses étaient répandues dans le monde antique en général et n'étaient le bien propre de personne... En ce qui concerne le parsisme... il faudrait qu'on soit fixé sur l'âge des documents[105] ». Ajoutons avec M. Hengel[106] que l'eschatologie iranienne est de caractère astrologique, mythologique et dualiste.

M. Hengel attire l'attention sur le procédé du « vaticinium ex eventu », fort courant dans l'apocalypse. *Daniel* en donne un excellent exemple dans les chapitres 7 et 11 ; on le retrouve en I Hénoch 85-90, dans l'Assomption de Moïse, dans Oracles Sibyllins... Il est à la base des « pèshèrs » à Qumrân. Ici, les parallèles de la période hellénistique sont impressionnants. Ils vont depuis la « chronique démotique » sous les premiers Ptolémées d'Égypte, jusqu'aux oracles antiromains d'Asie Mineure et de Syrie dont on a des exemples dans certains oracles sibyllins. Hengel en retraçait les débuts israélites dans l'historiographie chroniste sous l'empire perse. Mais le genre comme tel existe dans le Moyen-Orient depuis bien plus longtemps, comme l'a montré W.G. Lambert qui cite une tablette assyrienne du VIIe siècle dont le refrain est composé sur la fiction

---

[105] J.B. FREY, *op. cit.*, col. 341. Sur tout ce développement, cf. M. NICOLAS, *Les doctrines religieuses des Juifs pendant les deux siècles antérieurs à l'ère chrétienne,* Paris, 1860, 49-55 ; 294-310. H. GUNKEL, *Schöpfung und Chaos,* Göttingen, 1895, 286-293 ; 323-335. Donnons seulement ici ce résumé de la position de Gunkel : l'origine du matériau apocalyptique (forme fantastique, contenu fait de cosmologie, d'eschatologie, de visions et de spéculations sur les anges) n'est pas judaïque mais mythique (le mythe babylonien du Chaos). Le judaïsme, si sourcilleux d'habitude, a pu absorber des éléments si étrangers à sa pensée, en évitant les noms des dieux païens. La source n'est pas grecque, car déjà Zacharie et d'autres textes antérieurs à l'hellénisme sont apocalyptiques. Il ne reste que deux possibilités : Babylone et Perse, soit séparées, soit combinées... On se référera encore à N. SOEDERBLOM, *La Vie future d'après le mazdéisme,* Paris, 1901 ; H. GRESSMANN, *Der Ursprung der israelitisch-jüdischen Eschatologie,* Göttingen, 1905 ; W. BOUSSET, *Die Religion des Judentums,* 2e ed., Berlin, 1906, 540-594 ; etc.

[106] M. HENGEL *op. cit.,* vol. I, 190.

oraculaire : « Un prince se lèvera et règnera pendant ... années[107]. »

Le sens de l'emprunt ne paraît donc pas faire de doute ici. Par contre, le mouvement est renversé lorsqu'on considère — de nouveau avec Hengel — les parallèles hellénistiques au genre arétologique représenté dans Daniel 2-6 (cf. également 2 Macch. 3, la légende d'Héliodore, par exemple). Comme ce type littéraire est déjà préfiguré dans 2 Rois 5 : 20. 1-11 (= Es. 38), il s'agit d'une influence orientale sur la biographie spirituelle et religieuse chez les Grecs, plutôt que l'inverse.

Mais nous avons quitté les questions de fond pour celles de la forme. C'est que l'enquête donne assez facilement une solution positive aux secondes, mais n'est pas souvent concluante quant aux premières. Au terme de son examen de « la mesure de l'influence perse sur la pensée de l'Ancien Testament[108] », P. Ackroyd conclut : « ... on peut déceler une influence externe, mais les développements internes sont aussi d'une très grande importance. En l'occurrence, les deux sont probablement en relation subtile mutuelle[109]. »

Ackroyd a raison. Nous allons en donner un exemple qui nous introduira d'ailleurs à la section suivante de ce chapitre. Plus haut, nous avons vu que le genre « vaticinium ex eventu » est ancien ; il a été imité en Israël déjà à l'époque perse par l'historiographie du chroniste. On le retrouve pleinement développé dans *Daniel*. Or la caractéristique principale du genre est que les préoccupations qui s'y expriment sont tout entières orientées vers la séquence des événements. L'histoire donc remplit tout l'espace, elle bouche complètement l'horizon. Elle est la scène sur laquelle tout se joue, y compris le jugement et ses

---

[107] W.G. LAMBERT, *The Background of Jewish Apocalyptic,* The Athlone Pr. of the U. of London, 1978, 10.

[108] P.R. ACKROYD, *Israel under Babylon and Persia,* New Clarendon Bible, O.T., vol. IV, Oxford U. Pr., 1970, 340 ss. La citation est de la p. 344.

[109] « ... External influence may make itself felt, but internal developments are also of very great importance. In the event, there is likely to be a subtle inter-relationship between the two. »

séquelles, la condamnation et le salut. Bref, il n'y a pas ici de place pour des réalités dernières, *l'eschatologie est absente* !

Tel n'est certes pas le cas du livre de *Daniel* ou de la littérature apocalyptique en général. Le genre « vaticinium ex eventu » est donc ici violenté. Par l'usage qu'en fait l'apocalypticien, ses caractéristiques sont transformées. Il est encore reconnaissable dans sa forme ; il ne l'est plus dans son fond. Pourquoi ? Parce que le groupe humain et la tendance religieuse que représente l'auteur de *Daniel* sont aux antipodes de ceux du chroniste et de son parti. Ils ont l'un et l'autre des outils en commun, mais leur usage particulier est totalement différent. C'est ce que nous allons voir maintenant. Auparavant, il était important de se rendre compte à quel point des formes littéraires sont adaptées à des besoins propres et dès lors transformées par leurs emprunteurs.

BIFURCATION

Quel que soit le bout par lequel on examine cette question des emprunts de l'apocalypse de *Daniel* aux cultures étrangères, la conclusion que nous avons proposée s'impose. En ce qui concerne le « dualisme », le « déterminisme » ou, comme nous venons de le voir, la vision eschatologique de l'histoire dans le livre de *Daniel,* l'iranisme a simplement servi de ferment à la redécouverte du parallèle entre l'*Endzeit* et l'*Urzeit*[110]. Elle a pu conduire cependant, en certains cas, à une « vue dualiste du monde » impliquant « une vision transcendantale du royaume à venir »[111]. Afin de montrer que l'apocalyptique est coupable de ces chefs d'accusation, on insiste sur le fait que :

---

[110] Lui-même, il est vrai, d'origine babylonienne, mais adopté depuis longtemps dans le trésor spirituel d'Israël.

[111] Cf., pour ceci et les citations suivantes, D.S. RUSSELL, *op. cit.*, 269, qui lui-même renvoie à S. MOWINCKEL, *He that Cometh*, 2ᵉ éd., 1959, 125 ss, 270 ss. Nous ne pensons pas, nous l'avons dit, que ce jugement s'applique sans réserve au livre de Daniel.

1. la transfiguration qui y est impliquée n'est pas évolutive mais cataclysmique ;

2. l'intermédiaire du dénouement est surnaturel et non plus historique, céleste et non plus humain ;

3. L'issue intéresse désormais l'individu plutôt que la communauté. D'où l'idée de résurrection et de rétribution individuelle.

Tout cela est en partie vrai. Mais, d'une part, le cataclysme d'origine divine n'est pas une notion étrangère aux prophètes par exemple (cf. Am. 5. 18 ; Soph. 1. 2, 3, 18 ; 3. 8 ; És. 34 ; Jér. 25. 15 ss, Agg. 2. 32 ; Joël 1 ; 2) ; d'autre part, dans le livre de *Daniel,* le jugement final est opéré, non par Dieu, par un ange ou par un pur esprit, mais par « quelqu'un comme un fils d'homme », auquel est identifié le peuple historique des « saints du Très-Haut ». De plus, la scène se passe au moins autant sur la terre, dans l'histoire, que dans le ciel, dans la métahistoire. On ne trouve pas encore ici la distinction, que feront certains livres de la période intertestamentaire — apocalyptique ou non — entre le corps et l'esprit (ou l'âme)[112]. L'âge d'or à venir commence par être l'étape ultime de l'histoire humaine sur cette terre. Il manifeste le triomphe de Dieu *dans* celui d'Israël[113]. Alors tout ce qu'il y a de bon sera établi éternellement, et tout mal sera aboli pour toujours. En tant que représentant de cette compréhension « finaliste » de l'histoire, l'apocalypticien est le porte-parole d'une conception

---

[112] Cf. le Chant des trois jeunes gens (addition à Daniel) ; Paraboles d'Hénoch (Iᵉʳ siècle avant J.-C.) 62. 16 ; etc. ; Ascension d'Esaïe (id.) ; Apocalypse d'Esdras 7. 88 ; Secrets d'Hénoch 23. 5 ; Sagesse de Salomon 8. 19 s ; 9. 15 ; 15. 8, 11 ; 16. 14. Échos de cette conception dans le Talmud : *Hagigah* 12 b (les âmes sont au septième ciel avant d'entrer dans les corps humains ; cf. plus tard, le Zohar) ; dans le Midrash, *Sifré* 143 b (les âmes sont dans une chambre spéciale avant leur incarnation). On trouve cependant des affirmations en sens contaire ; cf. Vie d'Adam et Ève 48. 1 ss ; Apocalypse de Moïse 37. 4-40. 7 ; I QM 12. 1-5 ; 2 Baruch 49. 2-51. 6 : résurrection des corps (cf. Matt. 27. 52-53) ; Hénoch 61. 12 ; Ap. d'Abraham 21. Cf. N.H. SNAITH, *The Jews from Cyrus to Herod,* 115-131.

[113] Cf. aussi : Hén. 102. 4-11 ; 103-104 ; Sag. Sal. 2. 1-5 ; 3. 2-4.

révolutionnaire dans le monde de pensée du second Temple. Il a une position théologique proprement eschatologique qui s'oppose à la doctrine sacerdotale qualifiée avec raison de théocratique[114]. Pour le parti de l'eschatologie, l'événement le plus important de l'histoire de la Révélation reste encore à venir. Cette avenue artérielle, d'aucuns la qualifieront de brèche béante dans la muraille de l'institution. Car l'idée d'une histoire du salut « ouverte », impliquant une définition « ouverte » des Écritures saintes se heurte de front à l'institutionalisme pour lequel la *Heilsgeschichte* dans sa dimension paradigmatique est achevée. Dès lors, le temps est venu de fixer le Canon des Textes sacrés. Aucun phénomène de portée décisive sur la nature des relations entre Dieu et l'homme n'est plus concevable dans le cours actuel de l'histoire[115].

On aura reconnu, dans ce dernier point de vue, celui du pharisaïsme (c'est-à-dire le judaïsme qui deviendra « classique »). Certes, ici non plus l'histoire n'est considérée comme statique, mais son évolution ne demande qu'une adaptation des règles de la Torah aux nouvelles contingences. Un seul événement qualifiable de « nouveau » est encore attendu par certains : la venue du Messie. Mais, d'une part, il est difficile, sinon impossible, de savoir ce qu'est l'ère messianique ; d'autre part, son originalité par rapport au reste de la *Heilsgeschichte* est diversement interprétée par les autorités talmudiques[116].

---

[114] Cf. O. PLÖGER *Theokratie und Eschatologie,* Göttingen, 1959 (traduction anglaise de S. RUDMAN, *Theocracy and Eschatology*, Richmond Va, 1968). P. HANSON, *The Dawn of Apocalyptic, The Historical and Sociological Roots of Jewish Apocalyptic Eschatology*, Philadelphia, 1975, 1 ; 1980, 2.

[115] Cf. R.H. CHARLES, *The Apocrypha and Pseudepigrapha...*, vol. II, 9 : « Since the law was the ultimate and complete expression of absolute truth, there was no room for any further revelation. »

[116] — *Pas de changements essentiels :*
Mar Samuel disait : « Il n'y a aucune différence entre le présent et les jours du Messie, sauf que nous sommes soumis à la domination des empires » (*Sanhédrin* 99a.)
Rabbi Hillel disait : « Israël ne doit pas attendre la venue du Messie, car la prophétie d'Ésaïe à son sujet a été accomplie en Ézéchias le roi ! » (*Sanh*, 98b.)

Cette hésitation est symptomatique. Elle trahit le réel embarras dans lequel les Rabbins se trouvèrent, tiraillés par la finalité de l'histoire, d'une part, et par le caractère décisif de l'événement du Sinaï, de l'autre. La seule solution fut de maintenir l'attente traditionnelle de l'eschaton *et* d'en réduire la portée de sorte qu'il restât relatif. Au temps de *Daniel* cependant, et même dès la période du chroniste, l'eschatologie avait disparu de l'horizon théocratique. La restauration du Temple en 515 fut saluée comme le seul eschaton qu'on attendait encore. Le Royaume de Dieu était descendu sur la communauté sainte et adorante de Sion.

Telle ne fut pas la position doctrinale de tous à Jérusalem. Pendant des siècles, du cinquième à l'avènement du christianisme et du rabbinisme d'académie, la proclamation triomphaliste théocratique se voit opposer une fin de non-recevoir par des adversaires juifs farouches. Ces « utopistes » se déclarent incapables de distinguer les signes de la présence du Royaume de Dieu en Judée de leur temps. Ainsi le judaïsme est déchiré par une crise profonde qui se traduit, sur le plan des idées, par des attitudes radicalement différentes vis-à-vis de l'hellénisation de la Palestine.

Les uns accueillirent ce complexe philosophique, culturel et social avec enthousiasme. Ils y voyaient un véhicule providentiel pour faire triompher en définitive la véritable loi (nomos)

« Rabbi Akiba fut repris sévèrement par Rabbi José le Galiléen pour "avoir profané la divine présence" en enseignant que le Messie occupe le trône voisin de celui de Dieu. » (Si les miracles doivent arriver, Dieu lui-même les accomplira. La venue du Messie ne changera rien au cours de la nature.) (*Hagigah* 14a.)

— *Changements essentiels :*

Rab disait : « L'âge à venir n'est pas comme l'âge présent. Dans l'âge à venir il n'y a ni manger, ni boire, ni engendrement, ni commerce, ni jalousie, ni haine, ni compétition » (*Berakot* 17a.)

« Dans l'âge à venir, il n'y a pas de mort, pas de peine, pas de larmes » (*m. Moed Kat.* 3, 9.)

R. Gamaliel II disait : « Les femmes mettront des enfants au monde quotidiennement et les arbres donneront chaque jour des fruits mûrs » (*Shabbat* 30b.)

de l'univers humanisé (οἰκουμένη), à savoir la Torah de Moïse[117]. D'autres, au contraire, rejetèrent l'hellénisme comme l'ennemi le plus insidieux et le plus monstrueux du judaïsme. Ceux-là n'attendaient rien de bon d'un commerce idéologique avec le monde grec et hellénisé. Ils attendaient plutôt avec foi et courage la catastrophe finale qui mettrait fin à cette perversité et, du même coup, à l'histoire elle-même.

Ce judaïsme dit sectaire est « apocalyptique », c'est-à-dire prospectivement tendu vers la venue de l'événement décisif à la lumière duquel enfin l'histoire révèle son sens depuis le commencement. Ce judaïsme est représenté par un parti aux contours indécis appelé les hassidim dans certains documents du second Temple[118]. Plus tard, le flambeau sera repris par les ermites de Qumrân et les chrétiens de l'Église primitive. Pour eux, il ne faut pas confondre le cours actuel de l'histoire avec le cours normal de l'histoire. Rien ne peut être au contraire plus anormal. L'histoire est folle. Mieux, elle est monstrueuse. Des bêtes féroces y font la loi, et la Loi du Sinaï est tenue en échec. Non qu'elle soit relative et transitoire, mais l'insistance des théocrates sur son observance rituelle ne suffit pas à établir le Royaume de Dieu. Il faut encore qu'arrive un autre événement qui, en accord certes avec la Torah, mais aussi en la transcendant[119], mette fin à l'histoire en la portant à sa transfiguration. Le choc entre la Torah comme présence de l'éternité et l'histoire comme caricature de la gouvernance de Dieu produit l'apocalyptique[120]. La Torah est la charte du royaume,

---

[117] Nous n'envisageons ici que la position intellectuelle la plus honorable. Les faits montrent que beaucoup, même et surtout parmi les grands-prêtres et le haut clergé de Jérusalem, s'avilirent jusqu'à consentir à des compromissions inouïes avec le pouvoir étranger.

[118] Cf., supra, notre chapitre I, la section « Daniel en son temps ». Cf. infra, au chapitre IV, « Le milieu formateur des apocalypses ».

[119] La mystique juive hésite elle aussi sur le caractère provisoire ou définitif de la Torah telle qu'elle a été révélée au Sinaï. Cf. G. SCHOLEM, *The Messianic Idea in Judaïsm and Other Essays on Jewish Spirituality*, New York, Schocken Books, 1971.

[120] Notre temps est apocalytique, parce que le croyant doit nécessairement « réconcilier » création et chaos, Écritures et Auschwitz, révélation et Hiroshima, la Torah et le Goulag.

mais au lieu de sanctifier l'existence (comme le veut, par exemple, le Code de sainteté, Lév. 17-26), la Torah recule devant les progrès d'une profanation de plus en plus radicale. Le point de non-retour est atteint. Il est vain et trompeur d'espérer un retour du « bon temps » préexilique, une restauration des choses passées. Ce monde a choisi la mort, l'espérance apocalyptique est dans la venue d'un autre monde, d'un nouveau monde.

La Torah est adaptée à ce monde transitoire. Ce qu'elle sera dans le monde à venir, nous ne le savons pas et n'avons probablement aucun intérêt à le savoir. En tout cas, les textes apocalyptiques ne spéculent pas sur ce point et restent fort discrets sur le rôle actuel de la Torah en cette période de fin des temps dans laquelle leurs auteurs ont conscience de vivre. Seul le christianisme primitif, convaincu d'être le pont jeté entre l'histoire et le Royaume de Dieu[121], tire des conclusions d'une audace extrême de l'impuissance conjuguée de la Torah et de l'homme dans un monde qui s'effondre. Il faut cependant souligner que, loin de bafouer l'éthique de la Torah, les « sectaires » apocalyptiques juifs et chrétiens sont extrêmement exigeants, exigeants jusqu'au martyre de leurs communautés. Celles-ci se considèrent d'ailleurs comme ultimes, charismatiques et prophétiques[122], bref messianiques. Elles *sont* l'« eschaton », un eschaton, paradoxalement réalisé et à venir. Il était immanquable, dans ces conditions, que le cours de l'histoire

---

[121] Nous sommes, pensons-nous, au cœur du débat entre Jésus et les « pharisiens ». Le message du N.T. est que le Royaume de Dieu est présent ici et maintenant dans la personne du Christ et dans la communauté assemblée autour de lui. On trouve la même conception de l'*eschaton* dans les *Hodayot* de la mer Morte étudiées par H.K. KUHN *Enderwartung und gegenwaertiges Heil, Untersuchungen zu den Gemeindeliedern von Qumran*, Göttingen, 1966.

[122] Ce n'est pas un hasard si, comme nous l'avons vu, le judaïsme classique voit dans Aggée, Zacharie et Malachie les derniers prophètes, avec lesquels disparaît la prophétie. Le judaïsme sectaire, de son côté, donne une définition tendancieuse de la prophétie. Pour Sir. 48. 22b-25, par exemple, Ésaïe fut le prophète par excellence car « il a révélé ce qui doit arriver jusqu'à la fin des temps et les choses cachées avant leur accomplissement ». On attend la venue d'un nouveau prophète : 1 Macch. 4. 46 ; 14. 41 ; 1 QS 9. 11 ; Marc 9. 11 ; Jean 1. 21 ; etc.

passée soit relativisé au profit de « l'absolu » des événements contemporains. De même, le passage du collectif à l'individuel est le pendant normal du point précédent. Il n'est pas jusqu'aux représentants du paganisme qui ne soient individuellement pris à partie et amenés à confesser que le Dieu d'Israël est le seul Seigneur. Pour Jérémie, Nébuchadnetsar avait reçu son règne de Dieu, parce que tels étaient sa volonté et son dessein vis-à-vis des nations et tout spécialement vis-à-vis de son peuple (Jérémie 27). Daniel va plus loin : Nébuchadnetsar n'est plus un simple instrument quasi anonyme ; il faut qu'il reconnaisse le Dieu d'Israël et lui rende gloire (Dan. 3. 28 ss). Le mot d'ordre universel est : « Repentez-vous, car le Royaume des cieux est proche[123]. » Il s'adresse autant aux païens qu'aux Juifs ; mais, inversement il implique le rejet des Israélites infidèles au même titre que des non-Juifs[124].

Peut-on tirer des conclusions plus précises quant aux origines de l'apocalyptique en Israël ? L'un des résultats les plus remarquables de la critique moderne de l'apocalypse est d'en avoir mis en lumière le caractère israélite. Deux principes de base serviront de point de départ à notre recherche. Le premier, énoncé par D.S. Russell[125], affirme que l'apocalypse est « la littérature d'hommes opprimés qui ne voyaient plus pour leur peuple de raison d'espérer sur le plan politique ou sur celui de l'histoire humaine ». Ce thème fondamental a servi de point de cristallisation à l'ouvrage que Paul Hanson a consacré[126] aux origines lointaines (« l'aube ») du genre biblique apocalyptique. Il voit avec raison dans les événements de 587 le

---

[123] Matthieu 3. 2. C'est encore la conception de Daniel A, mais elle n'apparaît plus dans Daniel B.
[124] Encore un trait caractéristique du judaïsme sectaire. La virulence des attaques de Qumrân contre le clergé du Temple, et contre les adversaires en général, appartient à une conception d'« Israël » modifiée par rapport à celle qui prévaudra dans le judaïsme « classique ». Cela va si loin que, selon Jubilés 38. 2 ss., les apostats sont fils d'Esaü ; on peut les tuer sans commettre de crime ; ils se sont d'ailleurs paganisés (*id.* 6. 32-38). L'un des textes les plus clairs à ce sujet est 3 Macch. 7. 10 ss.
[125] *Method and Message*..., 17.
[126] *The Dawn...*, op. cit..

précipitant de la prophétie en apocalypse. Car, avec la chute de Jérusalem aux mains des Babyloniens, « l'identité politique d'Israël en tant que peuple arrive à sa fin » et les visionnaires sont progressivement contraints d'abandonner l'une des dimensions principales de l'office prophétique : « l'application de la prophétie aux événements historiques »[127].

Mais de la prophétie à l'apocalypse, le passage est sans rupture. Et, de même que la veine prophétique en Israël n'était pas réservée à un parti religieux particulier, « on peut citer des textes tant rabbiniques que pseudépigraphiques prouvant que, dans le judaïsme, aucune faction n'a été privée du don de vision que nous associons avec l'apocalyptique. Aucune secte, aucun parti n'a manqué d'avoir un sens de la responsabilité vis-à-vis des choses de ce monde[128] ». Cette conclusion importante de Paul Hanson constitue le deuxième principe fondamental. En résumé, la littérature apocalyptique émane de milieux profondément affectés par la catastrophe de 587 et que les circonstances forcent à repenser, à leur lumière, la conception de l'histoire et, en particulier, le contenu de l'espérance en un accomplissement final de la « *Heilsgeschichte* ». Cette révision théologique déchirante est jugée d'autant plus nécessaire que ceux qui s'y engagent se voient brimer par des conservateurs rêvant d'un retour à la situation prévalant avant 587. Le durcissement qui en résulte conduit à la formation graduelle d'un groupe sociologique particulier dont les membres se recrutaient dans toutes les couches de la société. Leur version eschatologique de l'histoire a créé, par l'isolement où ses adeptes se sont progressivement trouvés, le parti hassidique. Leur organisation en un parti *sui generis* est la conséquence d'une polarisation toujours plus poussée des opinions en Judée du second Temple.

Ainsi, le problème de la naissance du phénomène apocalyptique est totalement renouvelé. Il faut regarder pour en trouver la source, non pas vers des exaltés ayant perdu le sens prophétique de l'histoire, mais vers les disciples des grands prophètes,

---

[127] *Op. cit.*, 16.
[128] *Op. cit.*, 20.

par exemple vers les responsables de la troisième partie du livre d'Ésaïe et de la deuxième partie de Zacharie. L'apocalypse est née d'hommes ayant une vision d'inspiration authentiquement prophétique. Seules les circonstances dans lesquelles ils vécurent les amenèrent à dégager leur espérance de toute insertion politique et à la réorienter vers des événements d'origine transcendante et à portée cosmique.

Aux yeux des conservateurs de l'époque, une telle vision était proprement subversive. Elle mettait en question, sur le plan des idées, des positions dogmatiques établies et, sur le plan pratique, le modus vivendi entre la communauté juive et le pouvoir étranger. Sans compter que, sur un plan théologique, ce qui est contesté n'est rien moins que la validité du culte renouvelé et celle de la proclamation que les prophéties de restauration sont accomplies en temps prévu.

Certains, en effet, s'accommodent fort bien, en Israël, de l'occupation étrangère. Ils élaborent même des justifications théologiques du statu quo. Certes, la communauté juive de retour à Sion n'est qu'une goutte d'eau dans l'océan des peuples ; elle est proprement insignifiante aux yeux des nations ; plusieurs en son sein perdent courage et développent un complexe d'infériorité ; d'autres rêvent de la venue d'événements catastrophiques susceptibles de bouleverser l'histoire et de changer la face de la terre ; mais dans la pureté du Temple et de sa liturgie, Israël incarne la théocratie parfaite sur la terre. Le reste est indifférent. Les événements politiques et sociaux du « monde » ne peuvent rien contre le fait qu'Israël est actuellement et à jamais le Royaume de Dieu inauguré dans l'univers, car ici, et ici seulement, Dieu est adoré et servi purement.

On sait que chez le chroniste, par exemple, il y a « disparition quasi totale de l'attente eschatologique[129] », parce que, pour lui, Israël, en opposition aux frères renégats de Samarie, constitue la théocratie dans le monde[130]. Bref, « une communauté cultuelle provinciale tolérée par le grand empire perse...

---

[129] Cf. W. RUDOLPH, *Chronikbücher,* H.A.T. I, 1955, XXIII.
[130] *Ibid.*, XXIV.

mobilise en sa propre faveur toute l'histoire à partir d'Adam ![131] ».

On touche du doigt la différence essentielle d'interprétation entre les partisans d'un Israël comme théocratie réalisée, d'une part, et les utopistes de l'eschatologie apocalyptique, d'autre part, lorsqu'on compare leur lecture respective de la fameuse prophétie jérémienne des « soixante-dix années » (Jér. 25. 11-12 ; 29. 10). Pour le chroniqueur, la promesse a été accomplie par l'édit de Cyrus mettant fin à l'exil forcé des Juifs à Babylone. Cet acte politique central « a rendu sans portée toute espérance eschatologique[132] ». Aux antipodes de cette conception, Daniel (ch. 9) a la révélation — « qui ne peut être interprétée que comme une protestation[133] » — qu'il faut comprendre, non « soixante-dix ans » comme la lettre du texte le dit, mais « soixante-dix semaines d'années », ce qui a pour effet de reporter le moment de la restauration dans un futur proche (pour les Juifs du IIe siècle), et de rejeter dans l'ombre de l'insignifiance l'édit de Cyrus de 538.

On aurait tort cependant de voir dans l'idéal théocratique du chroniqueur une réaction antiprophétique. Ézéchiel est l'initiateur privilégié d'une telle conception dans les chapitres 40-48 de son livre, et Aggée et Zacharie en sont les fidèles disciples. Pour eux, la restauration s'est faite autour de Zorobabel, descendant attitré de la dynastie davidique, et de Joshua/Josué, grand-prêtre saddoqite. La continuité historique avec les temps préexiliques est ainsi soulignée. *L'exil a été alors un accident incapable de modifier en profondeur la Heilsgeschichte.* « En contraste avec le point de vue de nombreux visionnaires, écrit Paul Hanson[134], la catastrophe de 587 ne fut pas interprétée par Ézéchiel comme un jugement sur la théologie saddoqite du Temple. Ce n'était là que le résultat de la profanation du Temple par des rites idolâtres. C'est seulement pour cette raison que Yhwh a été forcé de se retirer de Sion. Par conséquent, ce

---

[131] G. VON RAD, *Theologie...* I, 301.
[132] O. PLÖGER, *op. cit.*, 43.
[133] *Ibidem*.
[134] *Op. cit.*, 238.

qu'Ézéchiel appelait de ses vœux était la restauration du culte véritable et la réorganisation de la prêtrise légitime afin de sauvegarder la sainteté de ce culte[135]. »

Paul Hanson a bien décrit l'opposition « de gauche » telle qu'elle s'exprime dans le Trito-Ésaïe ou le Deutéro-Zacharie. Pour des raisons théologiques, mais aussi sans doute économiques et politiques, les non-possédants et non-influents (par choix ou par accident) ne pouvaient souscrire à la proclamation de la restauration réalisée. Elle était pour d'autres qu'eux, ils n'y avaient aucune part, ils ne s'en reconnaissaient aucunement bénéficiaires. La vérité était que la restauration authentique annoncée par les prophètes n'était pas encore arrivée. Ceux qui prétendaient le contraire ne cherchaient qu'à justifier théologiquement leur propre injustice sociale et leurs compromissions politiques avec l'étranger. Ils appelaient restauration l'exaltation d'une classe sacerdotale exclusive et un office liturgique dont le peuple n'était, certes, pas exclu, mais auquel, il était à peine toléré (l'insistance du chroniqueur sur la prêtrise et sa hiérarchisation des familles sacerdotales vont clairement dans ce sens). C'est pourquoi l'avènement de la restauration était sens cesse différé. La caste sacerdotale du Temple était l'interdit empêchant la réalisation de la promesse. Celle-ci se réalisera cependant, mais précédée d'événements *apocalyptiques.* Le Jugement de Dieu distinguant les justes des injustes, viendra à son heure, « au temps de la fin », non seulement pour châtier les nations idolâtres, mais pour purifier Israël de ses éléments aliénés. « Ces événements d'ordre cosmique iront au-delà de l'humain et affecteront même l'ordre naturel, établissant ainsi un milieu naturel favorable à la restauration du peuple[136]. »

---

[135] A moins qu'il ne faille comprendre les chapitres finals d'Ézéchiel comme décrivant une restauration tellement idéalisée du Temple qu'elle n'appartient déjà plus à ce monde. Dans ce cas, la reconstruction du Sanctuaire à Jérusalem (520-515) indiquait une fausse interprétation du prophète et une banalisation de son programme spirituel.

Le problème est remarquablement semblable aujourd'hui, « après Auschwitz ». De même, après Golgotha, la communauté juive s'est retrouvée profondément divisée dans son interprétation de l'événement.

[136] P. HANSON, *op. cit.*, 152.

Pour conclure, il ne faut donc pas attribuer au phénomène apocalyptique en Israël un commencement absolu avec le IIe siècle avant J.-C. Pour avoir méconnu la longue période de gestation de l'apocalypse juive, on s'est trop souvent heurté à de faux problèmes, tel que celui d'origines totalement étrangères auxquelles elle aurait puisé. Sans nier l'apport iranien ou grec à l'esprit et à la pensée apocalyptique, il faut souligner que le phénomène en question commence par être une tendance spirituelle et littéraire dans certains milieux prophétiques israélites eux-mêmes, et ce dès le VIe siècle. Ce n'est qu'avec le temps que le courant sous-terrain et relativement timide — surtout à cause de la répression dont il a été l'objet — émerge à l'air libre en un torrent de force remarquable. Il atteint sa stature définitive avec le livre de *Daniel*. Après lui, le genre n'est déjà plus aussi pur. Il est contaminé par des éléments dont l'orthodoxie est de plus en plus suspecte, tel que le dualisme ontologique. *Daniel* est accueilli dans le Canon, à l'exclusion des autres œuvres apocalyptiques tardives, pour cette raison parmi d'autres.

Notons enfin que l'évolution de l'apocalypse continue, après sa manifestation publique, par une rentrée dans la clandestinité et par des réapparitions sporadiques jusqu'à nos jours[137].

---

[137] Il y a un élément nettement apocalyptique dans des mouvements juifs tels que le franckisme, le sabbatianisme, le hassidisme. Les résurgences apocalyptiques dans les sectes chrétiennes sont trop nombreuses et trop bien connues pour être citées ici. On pourra se référer à l'œuvre de Bernard Mc Ginn, *Visions of the End, Apocalyptic Traditions in the Middle Ages*, New York, Columbia U. Pr., 1979 ; *Apocalyptic Spirituality*, New York, Paulist Pr., 1979.

Chapitre IV

LE MILIEU FORMATEUR DES APOCALYPSES

Les hassidim

Nous venons de voir que le parti théocratique à Jérusalem à l'époque du second Temple ne resta pas sans opposition. C'est du côté de ces mécontents qu'il faut chercher le milieu responsable de l'apocalypse juive, littérature de protestation et de résistance, ou, comme dit Solomon Schechter : « C'est parmi les sectes séparées du grand corps du judaïsme que nous devons chercher l'origine d'ouvrages [comme celui de *Daniel*]... et non dans le judaïsme des pharisiens[1]. » La question est dès lors de savoir quelle secte juive a entretenu une philosophie religieuse de l'histoire où les événements universels ont leur place assignée dans le dessein cosmique de Dieu[2], et où le temps présent, toujours dramatique, est le sommet de cette histoire, car il provoque l'enfantement d'un « fils d'homme » dont l'empire ne passera pas[3].

---

[1] S. Schechter, *Documents of Jewish Sectaries*, Cambridge, 1910, vol. 1, XXVI-XXIX.
[2] Cf. la déclaration lyrique de M.J. Lagrange, *Le judaïsme avant Jésus-Christ*, Paris 1931, 72 : « (Daniel) fut le premier à envisager l'histoire mondiale... comme une préparation au règne de Dieu, à sonder discrètement cette splendide aurore aux espérances d'Israël, à conduire le dessein de Dieu sur les hommes jusqu'au seuil de l'éternité. »
[3] Cf. surtout Dan. 7, mais aussi Dan. 8. 19 ; 11. 36 ; 8. 17 ; 11. 40 ; 8. 25 ; 11. 45.

Surtout depuis qu'on les connaît mieux, à la suite de la découverte de ce qui semble bien avoir été leur bibliothèque dans le désert de Juda, on pense aux esséniens. On connaît leurs spéculations sur les anges et l'au-delà, leur mysticisme, leur interprétation quasi-magique du rituel, leur ascétisme, leurs enseignements ésotériques[4]. De fait, la parenté est indéniable entre la littérature apocalyptique et les écrits qumrâniens ; les sectaires du désert de Juda ont une vision apocalyptique du monde et de l'histoire. Cependant, avec *Daniel* et les premiers écrits de même nature[5], nous sommes à une époque qui précède l'essénisme, car celui-ci est héritier du genre, mais non son initiateur. Le milieu responsable des apocalypses du IIe siècle avant J.-C. est celui des ancêtres des esséniens.

Dans le livre même de *Daniel*, on trouve un terme pour les désigner : les *maskilîm* ou « gens réfléchis » (11. 33, 35 ; 12. 3, 10), chargés d'instruire les *rabbim*, ou la multitude. Ces deux termes sont à retenir. Selon I Hénoch 93. 10, « les justes élus[6] » sont ceux qui seront élus « pour qu'il leur soit donné au septuple la science de toute sa création (de Dieu)[7]. » Pas plus que « la multitude », le terme « maskil » ne désigne un parti constitué comme tel. Mais il ne faudrait pas en réduire la portée sociologique, car, à Qumrâm, les « rabbim » désignent la communauté élue, à l'exclusion des novices (cf. 1QS 6. 20-23)[8], et les « maskilîm » sont les instructeurs de la com-

---

[4] Cf. notre développement, *infra*, sur Daniel et Qumrân. Cf. A. HILGENFELD, *Die judische Apocalyptik in ihrer geschichtlichen Entwicklung*, Iéna, 1857, 253 ss ; J.E.H. THOMSON, art. « Apocalyptic Literature », *International Standard Bible Encyclopaedia*, Chicago, 1915, vol. 1, 161-178 ; F.M. CROSS Jr., *The Ancient Library of Qumran*, Garden City, N.Y., Anchor Bks, 1961, 195 ss.

[5] C'est-à-dire 1 Hénoch surtout. Auparavant, il est préférable de parler d'écrits préapocalyptiques (II Zacharie ou Joël, par exemple).

[6] Ou les « élus de la justice » selon les mss C, D, Y, L, O. Cf. Daniel 12. 3 : « ceux qui ont justifié la multitude », en parallèle avec « les gens réfléchis ».

[7] Trad. de Fr. MARTIN, *Le livre d'Hénoch traduit sur le texte éthiopien*, Paris, Letouzey et Ané, 1906, 245.

[8] Le terme apparaît sans article en Daniel 8. 25, (26) ; 11. (10), 14, 18, (26), 34, 44 ; 12. 2, 4, 10 ; avec article : 9. (18), 27 ; 11. 33, 39 ; 12. 3 (entre

munauté[9]. On est donc sur la voie qui mène à l'usage technique de ces termes, Qumrân étant certainement un point d'aboutissement de cette évolution. Les parallèles linguistiques qu'on y trouve permettent une identification plus spécifique de ces « gens réfléchis ». Prenons notre point de départ dans I Macchabées 2. 42 ; nous y lisons la désignation « hekousiazomenoi », les « consacrés » (à la Torah). Le mot est employé dans les LXX, comme équivalent de l'hébreu *NDB*, un terme caractéristique à Qumrân désignant les membres de la communauté (1QS 1. 7, 11 ; 5. 1, 6, 8, 10, 21, 22 ; 6. 13). Ils forment une « synagōgē » selon 1 Macchabées 2, une « 'edah », selon le correspondant Qumrânien qui, entre autres termes, renvoie à la communauté elle-même (cf. 4QpPs 37. 2, 16 ; 1QS 5. 20).

Cette catégorie sociologique autour de laquelle l'enquête se resserre est aussi appelée en grec les « asidaioi » (assidéens), en hébreu « hassidim »[10]. Le terme signifie les pieux, les fidèles, par contraste avec les assimilés par hellénisation, qui ont abandonné la foi des pères et se sont compromis dans un modernisme idolâtre.

L'origine du mouvement hassidique est imprécise mais généralement retraçable. Dès le commencement de la révolte des Macchabées en 167-166, le parti assidéen est mentionné parmi les « freedom fighters » « combattants de la liberté, guérilleros, révolutionnaires » (1 Macch. 2. 42 ; 7. 13 ; 2 Macch. 14. 6-7 ; cf. Ps. Sal. 16). Il faut donc remonter plus haut dans le temps. Or l'origine macchabéenne du mouvement est confirmée par le Document de Damas (cf. 1. 5-12) qui parle d'un « reste » en Israël pendant le IIe siècle avant J.-C, quelque vingt ans avant la venue du Maître de Justice, c'est-à-dire vers 175-170, au moment même où Antiochus IV (175-164) tente d'helléniser la

---

parenthèses les versets où le mot ne désigne pas le groupe sociologique en question).

[9] Cf. 1QS 3. 13 ; 9. 12, 21 ; 1QSb 1. 1 ; 5. 20. Cf. K.G. KUHN, *Konkordanz zu den Qumrantexten*, Göttingen, Vandenhoeck, 1960, 134.

[10] Cf. M. HENGEL, *op. cit.* vol. I, en traduction anglaise, p. 175 : le pluriel araméen équivalant à « hassidim » avec l'article est « hasayya » transcrit en grec par Ἐτταιοι. Les esséniens sont les successeurs des hassidim anciens.

Palestine[11]. Par fidélité à la Torah, les assidéens entrent dans la résistance, sans pour cela être totalement fermés à des influences étrangères, ainsi qu'il apparaît dans l'apocalypse où l'on trouve bon nombre d'éléments non juifs[12]. Daniel, comme eux, montre sa fidélité aux rites lévitiques (cf. Dan. 1 ; 6) et son attachement à la fonction sacerdotale (cf. Dan. 9. 25 ; 11. 22 ; cf. le commentaire des ch. 7-12 ; cf. d'autre part, 1 Macch. 7. 12).

Une telle origine est logique. Le hassidisme serait né en réaction contre la persécution antiochienne. Son programme était une fidélité totale à la loi de Moïse (cf. *infra*). Mais les mouvements politiques ou religieux n'ont en général pas de commencement datable avec précision. « Il y a, dit V. Tcherikover, des raisons de penser que la secte s'organisa sous Simon le Juste — au commencement du IIe siècle avant l'ère-commune... Simon le Juste lui-même appartenait, semble-t-il, aux hassidim. Or, comme il était à la tête du royaume théocratique, l'herméneutique des scribes s'imposa parmi les prêtres et la loi orale mise en avant par les scribes fut déclarée interprétation officielle de la Loi mosaïque par la communauté de Jérusalem[13]. »

Quoi qu'il en soit, 1 Macchabées 2. 42 nous donne deux indications précieuses quant aux caractéristiques du mouvement : il était populaire et ralliait les résistants à l'hellénisa-

---

[11] Il est même possible qu'il faille remonter plus haut dans le temps. Comme l'écrit Chr. ROWLAND, *The Open Heaven*, New York, 1982, « il est probable qu'il soit fait allusion à la montée des *hassidim* dans l'apocalypse "des animaux" en 1 Hén. 90. 6 ss. Les agneaux qui ouvrent les yeux et appellent les brebis, sont les premiers *hassidim* dont l'apparition serait alors datée du commencement de la période grecque (IIIe siècle avant J.-C.). Il est évident de ce qui suit dans l'apocalypse en question (90. 13 ss) que l'apocalypticien considère l'avènement de ce groupe comme marquant l'un des derniers stages de l'ère présente ».

[12] Cf. M. HENGEL, vol. I, 179.

[13] V. TCHERIKOVER, *op. cit.*, 125. Simon le Juste (vers 200) réussit par son énergie à faire ratifier par Antiochus III, conquérant de Jérusalem en 198, la loi de Moïse comme loi civile de l'État juif. Sa fidélité à la loi est soulignée par la tradition juive. *Pirke Aboth* 1. 3 rapporte un de ses adages : « Le monde repose sur trois choses : la Torah, le culte, et la pratique de la charité. » L. FINKELSTEIN *(The Pharisees and the Men of the Great Assembly*, 1941, 40 ss, cité par V. TCHERIKOVER, p. 457) fait remonter l'origine du hassidisme plus haut encore.

tion : « (Mattathias) rassembla autour de lui une assemblée de hassidim, une grande force en Israël, tous ceux qui obéissaient à la loi. » On retiendra ces deux points fondamentaux. La défense de la Torah devient de plus en plus l'affaire de laïcs encadrés par des membres du bas-clergé. 1 Macchabées 7. 12 parle de la « congrégation des scribes ». Qu'il s'agisse en fait des hassidim est prouvé, pour V. Tcherikover, par le rapprochement du texte avec 2. 29 sur la base de leur dénominateur commun, la soif de justice : là, c'est la congrégation des scribes qui cherche la justice, ici, ce sont tous ceux qui ont fui au désert la persécution d'Antiochus.

On aurait tort de considérer le groupe comme pacifiste au départ. Comme nous venons de le voir, les hassidim se groupèrent autour du « freedom-fighter » Mattathias, et 2 Macchabées 14. 6 fait de Judas, fils de Mattathias, leur chef. Il est évident qu'ils contribuèrent puissamment à rallier le peuple autour des Macchabées, même si leur propre engagement ne fut pas inconditionnel. L'indépendance nationale était pour eux, non un but, mais un moyen. Il s'agissait avant tout de réunir les conditions nécessaires au rétablissement, puis au maintien, de la pureté de la religion et du rituel à Sion. Lorsque les Asmonéens se consacrèrent à d'autres tâches, plus ambitieuses politiquement, les hassidim se dissocièrent de l'entreprise. Leur souci était spécifiquement spirituel.

Or, la situation présentée par le livre de *Daniel* est quelque peu en contradiction avec celle du livre des *Macchabées* sur ce point. Ainsi que nous l'avons vu plus haut, Daniel 11. 33 décrit les pieux comme des « maśkilîm ». Le verset continue : « *Les gens réfléchis du peuple* instruiront une multitude mais ils chancelleront sous l'épée, la flamme, la captivité et le pillage, pendant des jours. »

Ce texte, auquel il convient d'ajouter le verset suivant dont on ne saurait exagérer la portée[14], montre soit une évolution dans la doctrine hassidique, soit des tendances divergentes à l'intérieur même du mouvement, les uns ayant recours à la

---

[14] 11. 34 : « ils recevront un peu d'aide » ou « une petite aide », allusion, semble-t-il, aux débuts du mouvement macchabéen.

force des armes et contribuant à l'éjection de Jérusalem du grand prêtre indigne Jason (172), les autres, dont l'apocalypticien qui s'exprime dans le livre de *Daniel*, considérant le martyre plutôt que la résistance active. Cette alternative est peut-être nouvelle en Israël, mais elle sera loin de rester isolée, ainsi que l'histoire subséquente le montre jusqu'à nos jours. Dans cette perspective, il ne manque pas d'intérêt de constater qu'il ne semble pas y avoir eu d'ostracisme de la part de *Daniel* contre l'autre branche des hassidim. Nous lisons en effet dans Daniel 11. 34 que les pieux qui attendaient une intervention directe et miraculeuse de Dieu se retirèrent dans le désert et les montagnes de Juda. C'est là un verset difficile. Il se peut que sa lecture par V. Tcherikover soit la bonne. Il voit dans les « détours » dont il est question à la fin du verset, non des « intrigues » (cf. Charles, Montgomery, etc.) mais les voies détournées à travers les montagnes que devaient emprunter les résistants (cf. Ps. 35. 6 et Jér. 23. 12). Les partisans des Asmonéens ne seraient donc pas ici taxés d'hypocrisie.

S'il faut, au contraire, penser à une évolution chronologique depuis le commencement dans l'attitude des hassidim vis-à-vis des Asmonéens, nous aurions d'abord affaire, au temps de *Daniel*, à un certain attentisme, ou même à une réaction franchement négative. Elle est suivie, sans doute sur la base d'une interprétation des premiers succès macchabéens comme émanant de Dieu même, par un ralliement général à Judas (cf. 1 Macch. 2. 28-38, 42-43). A leur qualité fondamentale de « peuple de ceux qui connaissent leur Dieu » (cf. Dan. 8. 24, 25, 27 ; 1 Macch. 1. 65 ; 2 Macch. 6. 9 ; CD 6. 2 ; 20. 27 ; 1Qp Hab 5. 7 ; 12. 3-5), les hassidim ajoutent alors celle d'être les « vaillants d'Israël » (1 Macch. 2. 42).

L'évolution nous semble continuer de la manière suivante. Ils prennent leurs distances par rapport aux Asmonéens et leur laissent la responsabilité de leurs appétits politiques. Quant à eux, ils n'ont rien de plus cher que de servir de modèle spirituel au reste de leurs compatriotes[15]. D'où, aux yeux du peu-

---

[15] Cf. 1 Macch. 2. 34-38 : à ce point de leur engagement dans la résistance, les hassidim se laissent massacrer, préférant le martyre à la violation

ple, leur assimilation aux justes et aux parfaits (cf. Ps. 34. 3, 16 ; 37. 11, 17, 18, 29, 37)[16]. Enfin ils se groupent, tels plus tard leurs descendants spirituels esséniens, en confréries (cf. encore 1 Macch. 2. 42 :« Synagōgē asidaiōn »). Or ces monastères — on peut s'en rendre compte à la lecture du Psaume hassidique 149 — étaient de type militaire (cf. v. 6 : « les éloges de Dieu dans leur gosier et l'épée à double tranchant dans leur main »[17], ce qui doit probablement se comprendre d'un état de préparation militaire purement défensif. Ceci se confirme, non seulement à Qumrân, mais plus tard aussi à Massada (73 après J.-C.)[18]. Comme nous l'avons dit plus haut, il y avait beaucoup de gens érudits parmi eux, des scribes et des prêtres (cf. 1 Macch. 7. 12) et *Daniel* significativement, insiste sur la nécessité de pratiquer les rites lévitiques (cf. 10. 3 ; 6. 11 ; cf. chapitre 1). Ce qui ne veut pas dire qu'ils partageaient l'optimisme théocratique du haut clergé. C'est d'ailleurs là un des éléments permettant d'expliquer la différence d'attitude signalée plus haut entre un activisme militant des uns et un quiétisme jusqu'au martyre des autres au sein du hassidisme. On peut parfaitement imaginer en effet que des milieux plus populaires se soient sentis plus attirés par l'action et des milieux cultivés par la réflexion et la résistance passive. Il ne faut pas oublier que les œuvres littéraires de ces derniers « furent des tentatives de la part de clercs éduqués de trouver un sens aux grands changements dans la société. Pour cela, ils se servirent du schème universel de l'histoire tel qu'il prévalait dans l'apocalyptique[19] ».

du sabbat. Dans la suite, une décision *halakhique* établit que la loi de survie dépasse en importance celle du repos sabbatique (*ibid.* v. 39-42).

[16] C'est par exemple l'opinion de J.A. MONTGOMERY, *op. cit.*, 87 ; et de A. LODS, *Histoire de la littérature hébraïque et juive,* Paris, 1950, 846.

[17] Traduction « Bible de la Pléiade ». On notera que le Psaume 149 est le seul texte biblique où le terme hébreu « hassidim » apparaît à l'absolu pluriel. C'est le nom porté par un groupe.

[18] Le « Testament (ou Assomption) de Moïse » en appelle à la non-résistance armée, au martyre (premier tiers du Ier siècle après J.-C., sur la base d'un écrit hébreu du temps des Macchabées).

[19] Bernard MCGINN, *Visions of the End, Apocalyptic Traditions in the Middle Ages*, 25. Le même auteur écrit : « Il faut peut-être attendre

Les hassidim étaient mus par une vision radicalement pessimiste de l'histoire. Les circonstances qui ont provoqué l'exil à Babylone n'ont pas vraiment changé avec la reconstruction du Temple en 515. Les sacrifices qui y sont actuellement offerts sont « souillés et impurs » (Hén. 89. 73). Rien ne vient rédimer ce « temps d'angoisse telle qu'il n'en est pas advenu depuis qu'il existe une nation » (Dan. 12. 1). Mais l'histoire est double ; aux uns odeur de mort, aux autres odeur de vie. Pour ces derniers, c'est-à-dire pour les pieux, l'histoire a son « secret ». Elle est ponctuée, non de rois et d'empereurs puissants tels que Nébuchadnetsar ou Alexandre le Grand, mais de pieux souverains pontifes. C'est ce que montre par exemple Dan. 9. Il faut en effet voir dans « le chef oint » de Daniel 9. 25 le grand prêtre de la restauration, Josué. C'est là probablement la meilleure interprétation de ce texte allusif, car le verset précédent et le verset suivant désignent aussi des « messies » (oints), à savoir le grand prêtre Onias III (de même en 11. 22), et « la consécration sacerdotale d'Aaron et de ses fils[20] ».

Une telle théologie de l'histoire explique la participation strictement limitée des Assidéens à la résistance contre les Séleucides (cf. 1 Macch. 6. 59). *Daniel* déjà, nous l'avons vu, qualifiait de « léger » tout secours humain (11. 34). Selon les termes d'Adolphe Lods[21], « l'attitude recommandée par Daniel

jusqu'au temps de Bar-Kochba et sa révolte au IIe siècle en Palestine avant de trouver un apocalypticisme révolutionnaire. Même en ce qui concerne l'apocalypse intertestamentaire et juive, ce fut une exception plutôt qu'une règle — l'apocalyptique ancienne, comme sa séquelle médiévale, tendit plutôt à jouer un rôle passif qu'actif dans sa prise de position négative à l'égard de "l'établissement" » (p. 148). Un jugement confirmé par Jonathan Z. SMITH. « L'apocalyptique est une sagesse sans cour royale et sans commanditaire. C'est pourquoi elle apparaît à la fin de l'antiquité, non pas en réponse à la persécution religieuse, mais comme exprimant le trauma de la disparition de la royauté nationale. L'apocalyptique est un mouvement religieux savant ; ce n'est pas un phénomène populaire » (« Wisdom and Apocalyptic », in B.A. PEARSON, ed., *Religious Syncretism in Antiquity*, Missoula, 1975, 154-155).

[20] Cf. J. DE MENASCE, « Daniel », Bible « de Jérusalem », Paris, 1954, 71, n.e. (à propos du texte parallèle, 1 Ch. 23. 13).

[21] *Op. cit.*, 846.

n'est nullement la lutte à main armée, mais l'attente (12. 12), la patience poussée jusqu'à la mort s'il le faut ; aux martyrs, Dieu réserve la résurrection... L'auteur attend la destruction de l'oppresseur uniquement d'un miracle ; le tyran périra et le royaume des saints s'établira, sans l'intervention d'aucune main » (2. 44-45 ; 8. 25). Après la paix de Lysias (163), les hassidim laissèrent les Asmonéens conquérir sans eux l'indépendance de la nation (cf. 1 Macch. 7. 4-18)[22].

Qumrân

Les rapprochements avec Qumrân sont nombreux et éclairants. *Daniel* a été beaucoup lu parmi les sectaires. Sept manuscrits qumrâniens différents du livre ont été retrouvés. L'un d'eux semble n'avoir été écrit que plus ou moins un siècle après l'achèvement de l'original[23]. Pourtant, il n'est pas certain qu'il ait été considéré comme un texte canonique. Le format des colonnes d'écriture et, parfois, les matériaux employés (grottes I et VI) sont différents de ceux que la bibliothèque essénienne emploie habituellement pour les livres bibliques[24].

Quoi qu'il en soit, les points de contact spirituels et littéraires entre les sectaires et *Daniel* sont intéressants. Les reclus judéens se nommaient eux-mêmes « les hommes de la vision » (1QH 14. 7) ou « ceux qui voient les anges de sainteté, ceux dont l'oreille est ouverte et qui entendent les choses profon-

---

[22] Cf. G. Von Rad, *op. cit.*, vol. II, 283. « L'auteur apocalyptique se tient sans doute du côté de ceux qui affrontent la détresse en la subissant, plus qu'en la combattant, en quoi il est fidèle à la conviction fondamentale que ce qui doit arriver arrive. Il prend ses distances à l'égard des Macchabées et de leur activisme... »

[23] Fragments de la grotte I, et, écrit environ un demi-siècle plus tard, 4Q Dan. a. cf. *B.A.* XII/2 (mai 1949), p. 33.

[24] Cf. D. Barthélemy et J.T. Milik, *Discoveries in the Judean Desert*, vol. I, Oxford 1955, « Qumran Cave I », appendice III numéro 71, « Daniel (premier exemplaire) », 1. 10-17 ; 2. 2-6. Cf. M. Baillet, J.T. Milik et R. De Vaux, *ibid. III*, « Les petites grottes de Qumran », Oxford, 1962. Fragments de Daniel 8. 20-21 (?) ; 11. 33-36, 38.

des » (1QM 10. 10-11). 1QM 1. 3-7 s'inspire visiblement de Daniel 11. 40-45. De plus, dans un ouvrage de la grotte IV, 3 fragments sont « censés livrer des révélations de Daniel[25] ». Dans la grotte IV encore, 5 fragments forment « La prière de Nabonide » en parallèle avec Daniel 3. 31-4. 34. Daniel y est présenté comme un exorciste juif[26]. Ce texte est apocalyptique. La bibliothèque qumrânienne contenait d'ailleurs un nombre assez considérable d'écrits apocalyptiques, tel que Hénoch, Jubilés, Testaments des XII Patriarches, et d'autres qui nous étaient inconnus[27]. On a donc de la sorte confirmation indirecte de certaines affirmations de Josèphe selon lesquelles les sectaires de la mer Morte interprétaient les rêves et étaient eux-mêmes devins (cf. à Qumrân, 1QH 14. 7 ; 1QM 10. 10 s).

Il n'y a par conséquent aucune surprise à trouver dans l'écrit « Hymne à Sion » (11Q Ps a) un appel aux habitants de Jérusalem à accorder foi en Daniel 9 quand ce texte annonce la restauration de Jérusalem et de son Temple[28].

Les points de rapprochement du livre de *Daniel* avec les Documents saddoqites[29] sont révélateurs :

CD, p. 4, ligne 4 : « ceux qui se dressent à la fin des jours »
// Dan. 12. 13.
p. 6, ligne 21 : « par son oint saint »
// Dan. 9. 24 ss.

---

[25] J. DUPONT-SOMMER, *Les Écrits esséniens découverts près de la mer Morte*, Paris, 1959, 336. Cf. *supra*, note 23.

[26] Cf. mon commentaire sur ce texte, *Daniel*, 65 s.

[27] Cf. Q Myst (le livre des mystères) ; 1, 2, 5 QJN (Description de la Nouvelle Jérusalem) ; 4Q Or Nab (Prière de Nabonide) ; 4Q Ps Dan (Pseudo-Daniel) ; 1Q Melch (rouleau de Melchitsédek)...

[28] Cf. J.A. SANDERS, *Discoveries in the Judean Desert of Jordan IV. The Psalms Scroll of Qumran 11 (11 QPs a)*, Oxford, Clarendon, 1965, 85-89. cf. M. DELCOR, « Le milieu d'origine et le développement de l'apocalyptique juive », *La littérature juive entre Tenach et Mishna* (Recherches bibliques IX), Leiden, 1974, 104-5.

[29] Tels qu'ils ont été distingués (sur l'édition de S. SCHECHTER, *Fragments of a Zadokite Work*) par J.A. MONTGOMERY, *The Book of Daniel*, 4.

  p. 20, ligne 8 : « les saints du Très-Haut »
          // Dan. 7. 18 ; etc.
     ligne 25 : « tous ceux qui ont fait des brèches dans l'enceinte de la Torah »
          // Dan. 11. 14 (les faiseurs de brèches).
     ligne 26 : « tous les corrupteurs de Judah au temps de la purification par le feu »
          // Dan, 11. 32 (sur « corrupteurs de l'alliance » et « purification », cf. Dan. 11. 34 ; 12. 10).
     ligne 28 : cf. Dan. 9. 5.

Mais les parallèles ne sont pas seulement techniques. De part et d'autre, on constate une évolution dans la conscience de l'élection. Les sectaires ont une conception dramatique de l'histoire en général et de l'état moral et spirituel de leur peuple en particulier. C'est pourquoi, à leurs yeux, ils sont eux-mêmes le dernier, l'ultime bastion de la foi et de la sainteté. Ils sont tout Israël, son esprit et ses institutions : ils sont devenus spirituellement le Temple de la Présence[30]. Les expressions par lesquelles ils se désignent eux-mêmes sont audacieuses ; elles se retrouvent presque *verbatim* à Qumrân comme dans *Daniel* : « peuple saint » (Dan. 12. 7) ; (le peuple des) « saints du Très-Haut » (7. 18, 25, 27) ; « peuple des saints » (8. 24 ; cf. 1 Macchabées 1. 15) ; « l'alliance sainte » (11. 28, 30, 22, cf. Daniel 3. 34 [grec]) : « ne détruis pas ton Alliance », cf. Judith 9. 13 : « ils ont comploté contre ton Alliance », cf. Psaume 74. 20 ; « Regarde vers l'Alliance » [strophe peut-être macchabéenne][31].

  Les scribes, avons-nous vu, se trouvaient en grand nombre parmi les Assidéens et les sectaires du désert de Judas. Il va dès lors de soi qu'on trouve, de part et d'autre, un même attachement aux fils d'Aaron et un même dévouement à la Torah. Un vocabulaire caractéristique est commun aux uns et aux

---

[30] Cf. *supra*, n. 20.
[31] Cf. A. JAUBERT, *La notion d'Alliance dans le judaïsme*, Paris, 1963.

autres. Outre les termes devenus techniques de « maśkîl »[32] en conjonction avec son pendant « (ha)rabbim »[33], le mot « pèshèr » a pris dans les deux littératures un sens qui dépasse de loin son emploi habituel. « Toute l'Écriture était considérée comme un mystère dont il fallait trouver l'interprétation (pešer) », écrit Annie Jaubert à propos des Qumrâniens[34]. Dans ce genre d'exégèse, chaque détail de l'Écriture est également important. Il s'agit, selon l'heureuse expression de L.H. Silberman[35], de « unriddle the riddle » (déchiffrer l'énigme). Ce même auteur montre que le passage de « l'interprétation des songes » — ce que le terme « pèshèr » signifie primitivement[36] — à « l'interprétation d'une révélation antérieure » s'est fait par le truchement d'une affirmation comme celle de *Sifré* sur Nombres 12. 6 : « Dieu a parlé aux prophètes, sauf Moïse, "be-ḥalôm u-be-ḥaziôn", en songes et en visions ». Il cite l'exemple de 1Qp Hab 7. 1-5 sur Habacuc 2. 1-2 : « Dieu a fait connaître au Maître de Justice le pèshèr des "razim" des paroles de ses serviteurs les prophètes. » On se référera dans le

---

[32] Cf. par ailleurs : Am. 5. 13 ; Prov. 15. 24 ; cf. És. 52. 13. Dans 1QS, le terme est appliqué au Docteur de Justice (1. 1 ; 3. 13 ; 5. 1 des mss. 2, 4, 7 de la grotte IV ; 9. 12, 21 ; cf. 1QSb 1. 1 ; 3. 22 ; 5. 20).

[33] Cf. par ailleurs : És. 53. 11, 12a, 12b.

[34] *La notion d'Alliance...*, 125.

[35] *R.Q.* 3, 1961, 323-364, « Unriddle the Riddle. A Study in the Structure and Language of the Habakkuk Pesher ».

[36] Sous sa forme hébraïque « P T R » (« pitarôn », etc.), le terme apparaît 14 fois dans Genèse 40-41 (et non 9 fois comme indiqué par l'article de Finkel cité ci-dessous). Il signifie découvrir l'interprétation d'un songe ou d'une vision (Gen. 41. 25, 28, 39 ; cf. Dan. 2. 28, 45 ; 7. 16 ; 1Qp Hab 7. 5). Dans la littérature traditionnelle juive, l'interprétation biblique des songes est considérée comme fournissant une clef universelle. Cf. *Ber.* 56b et *J. Maas. Sh.* 55b : en Gen. 37. 9, le soleil représente un Juif ; la lune sa femme ; une étoile est un Juif..., cf. Nb. 24, 17 ; *Ber.* 56b ; 57a. Vin et olives symbolisent femmes et enfants, cf. Ps. 128. 3. L'âne est le salut, cf. Zach. 9. 9. Bref, le songe est un genre de prophétie (*Ber.* 57b). On rapprochera ceci du jugement de Maïmonide : *Guide*, II ch. 45 sur les onze degrés dans la prophétie, le plus bas étant le songe. Cf. Asher FINKEL, « The Pesher of Dreams and Scriptures », *R.Q.* XV, t. 4, fasc. 3, 357-370. Citons encore A. GUILLAUME qui rappelle qu'en accadien « pashir shunati » signifie : interprétateur *(Prophecy and Divination*, New York-London, 1938, 48).

livre de *Daniel* à 2. 18 s, 27, 28 s, 47 ; 4. 6. D'ailleurs, le terme « pèshèr » apparaît non moins de 30 fois dans *Daniel*.

Beaucoup d'autres éléments secondaires figurent au bilan commun à *Daniel* et à Qumrân. Ainsi de l'explication des mystères par des anges interprétateurs. Annie Jaubert[37] résume très bien la conception de l'époque : « Les êtres puissants d'en haut étaient par définition les maîtres de la connaissance. Ils possédaient les secrets du cosmos dont ils régissaient les éléments ; il participaient aux secrets divins qu'ils pouvaient révéler aux hommes avec la permission de Dieu. Partager la connaissance des anges, c'était pour l'homme — chair et sang — un extraordinaire destin ; c'était le but suprême (1QS 4. 22). Le recueil des Hymnes appelle les anges ''Connaissants'' (11. 14) et ne cesse de s'étonner que les hommes aient été appelés à partager l'intelligence des mêmes mystères : 3. 22-23 ; 13. 13-14... »

Enfin, incidemment, on notera, à propos des témoins du texte de *Daniel*, qu'il y a généralement accord entre les mss de Qumrâm et le Texte massorétique (T.M.). Le même passage de l'hébreu à l'araméen se produit au même endroit (2. 4 ; cf. 1Q Dan. 2. 2-6). Dans 1Q Dan. 3. 22-28[38], le cantique des trois jeunes gens est absent comme dans le T.M. On peut donc légitimement souscrire au jugement de M. Mc Namara : « Le texte de Daniel était déjà fixé au Ier siècle avant J.-C.[39]. »

En conclusion, nous dirons avec Annie Jaubert qu'il n'y a pas solution de continuité entre le point de départ daniélique et le point d'arrivée essénien. Un même courant traverse l'un et l'autre et va même en s'amplifiant de *Daniel* à Qumrân[40].

---

[37] *Op. cit.*, 196.
[38] *Discoveries*..., vol. I, app. III, num. 72, « Second exemplaire ».
[39] *Op. cit.* dans note précédente, 651.
[40] On peut aussi rapprocher sans les confondre les convictions religieuses de l'auteur de Daniel et celles des zélotes. Il est clair que ceux-ci se sont nourris des apocalypses. D'autre part, comme nous le verrons par exemple à propos de Dan. 7, les apocalypticiens sont attachés au Temple de Jérusalem. Les zélotes se soulèvent contre la puissance romaine, avant tout pour empêcher la profanation du Temple (cf. Josèphe : *Ant.* XV, 8, 1-4).

Caractère juif du livre de Daniel

Avec l'apocalypse, on oscille curieusement entre la rigueur en matière de fond et le vague en matière de forme d'expression. Les hassidim, et leurs successeurs esséniens, furent les ennemis les plus résolus du processus d'hellénisation, mais ils adoptèrent consciemment, ou plus probablement inconsciemment, des formes hellénisées pour communiquer leurs idées sémitiques. Le cas est loin d'être unique, la littérature néotestamentaire en est, quelque deux siècles plus tard, un autre exemple. Les LXX et Philon sont des représentants littéraires de la Diaspora juive, mais un Saul/Paul, bien que de Tarse, est bien plus traditionnellement « palestinien ». D'ailleurs, Martin Hengel[41] s'élève avec force contre l'illusion très répandue que seule la Diaspora juive fut contaminée par les idées modernistes de l'époque. Ainsi qu'il le fait remarquer, il y eut dans tout le judaïsme une nette « intellectualisation de la piété » qui affecta la compréhension de concepts tels que : connaissance, compréhension, révélation, mystère. Nous sommes au début d'un mouvement intellectuel qui finalement donnera naissance au gnosticisme. Le stoïcisme en particulier fut une grande attraction et il s'imposa dans une certaine mesure jusque dans la pensée rabbinique. Et pourtant, le judaïsme fut loin d'être emporté par l'avalanche hellénistique. Hengel écrit : « D'un autre côté, il ne faudrait pas mésestimer les différences fondamentales. Malgré une base "prédestinarienne", ce qui se passe dans le monde n'est pas régi par un destin impersonnel ; celui-ci étant une autre manière d'exprimer une stricte causalité dans un univers conçu en termes monistes. Le monde répond au dessein de Dieu, c'est-à-dire à la libre volonté de sa puissance personnelle et transcendante[42]. »

Certes, on peut voir une influence hellénistique dans la conception de « sympatheia » entre ce qui se passe sur la terre et dans le ciel ; dans la conception des anges ou des astres,

---

[41] *Op. cit.*, 104, 231 ss, etc. Même opinion déjà chez G.H. Box, cf. *APOT*, vol. II (*ad* « IV Esdras »), 557.

[42] *Op. cit.*, 231.

ceux-ci démontrant, selon les intégristes qumrâniens eux-mêmes, l'existence « d'un ordre immuable qui procède de la bouche de Dieu et est un témoignage de l'être » (1 QH 12. 9). On peut aussi, avec Josèphe par exemple[43], être frappé par les ressemblances de forme entre les communautés esséniennes et pythagoriciennes. Mais « en fin de compte... ces influences étrangères affectent le détail plutôt que l'aspect général de l'image apocalyptique du monde et de l'histoire. Cette image a encore comme arrière-fond la conception paléo-testamentaire de l'histoire du salut[44] ». Car, contrairement à la philosophie hellénistique ambiante, toute orientée vers le succès et la « grande vie », l'affirmation des pieux en Judée fut que Dieu était à l'origine de tous les phénomènes historiques, même les plus pénibles ou les plus mystérieux.

Si l'on prend un autre exemple, celui de l'individualisme imposé par l'humanisme païen, il est clair qu'ici à nouveau le judaïsme apocalyptique ne lui resta pas imperméable. Certes, dans le livre de *Daniel*, on ne peut trouver des textes qui témoigneraient formellement de l'abandon de la catégorie Peuple d'Israël au profit de la catégorie individu. Mais il reste que la notion d'Israël fait maintenant problème. *Daniel B* parle des saints, et *Daniel A* fait évoluer sous nos yeux Daniel et ses trois compagnons. Leurs actions sont très remarquables, mais elles éclipsent dangereusement celles de tout le peuple en concentrant l'attention exclusivement sur elles. Daniel est loin d'être un nouveau Moïse ! (cf. Ex. 32. 10 s, 32).

Pourtant, l'individualisme juif a d'autres bases que « l'aliénation grecque ». Il s'agit ici, non de scepticisme, mais de relation personnelle et intime avec Dieu. Il est remarquable que, lors de la chute dans le néant des royaumes hellénistiques, le polythéisme fut incapable de fournir une nouvelle raison d'être aux individus qui venaient de découvrir leur caractère unique et irremplaçable[45].

---

[43] *Ant.* XV, 10. 4.
[44] M. HENGEL, *op. cit.*, 251.
[45] C'est là une des raisons de l'attirance qu'exercèrent sur les masses hellénisées le pharisaïsme puis le christianisme.

Chapitre V

LANGAGE SYMBOLIQUE. LE RÊVE ET LA VISION

Le conflit des sagesses

Tout n'est pas dit avec la Torah écrite. A côté d'elle, il y a un enseignement ésotérique réservé aux pieux (Moïse n'a écrit que deux tables, mais au Sinaï, 70 autres livres secrets lui ont été révélés ; cf. 4 Esd. 14. 1-50). Maintenant que le temps de la fin est venu, il est indispensable que cette sagesse tout inclusive, universelle et totalisante soit connue et que les événements contemporains soient considérés à la lumière d'une Révélation complète englobant, bien que la dépassant, toute la sagesse du monde. On a pu parfois, en Israël, penser que le message des nations était faux ou en tout cas préoccupé de choses sans réelle importance. Mais l'hellénisme est une force trop contraignante pour être ignorée ou traitée légèrement. « Daniel », l'ancien et vénérable sage, est transplanté dans la terre impure des païens et exposé à une pensée d'autant plus pernicieuse qu'elle contient des éléments d'une valeur intrinsèque indéniable, mais mettant en question les fondements traditionnels de la pensée d'Israël. Or, on le sait, une demi-vérité est plus dangereuse qu'un pur mensonge. On ne peut y répondre que par tout un travail d'interprétation du réel afin de redresser ce que l'adversaire a tordu.

Pour l'apocalypticien, le point de départ de tout argument est que la révélation du Dieu Vivant à son peuple ne laisse aucun secret dans l'ombre. Il n'est nul besoin d'un enseignement supplémentaire, produit d'une philosophie étrangère, pour connaître toute la vérité et comprendre tous les secrets (« raz »/« sod »). La conclusion s'impose : il n'y a rien de vrai et de bon dans l'apport culturel des païens qui ne soit déjà, et en plénitude, dans la Révélation sacrée.

On notera ce gauchissement apocalyptique de la prophétie vers la sagesse : la révélation tout entière est devenue sapientiale dans la lutte contre la propagande hellénistique, car celle-ci se caractérise au niveau de la réflexion comme une philosophie. Il s'agit d'en montrer la contingence sévèrement limitée au regard de l'absolu de la Torah. Mais, du même coup, la contribution païenne dans ce qu'elle a de meilleur se trouve reconnue et même avalisée par *Daniel*. On n'en est plus aux sarcasmes prophétiques, souverainement, consciemment injustes, contre le bois et le fer soi-disant adorés par des nations stupides (cf. És. 40. 19-20 ; Jér. 2. 27 ; 10. 3 ss). Il reste cependant que toute cette sagesse du monde reste écriture mystérieuse sur le mur tant qu'il n'y pas quelqu'un, inspiré par l'Esprit, pour en interpréter le sens. C'est le rôle d'Israël justement de révéler l'orientation de l'histoire aux nations. Israël est un *révélateur*[1]. Les peuples vivent comme en rêve, sans comprendre. De là leur désespoir qui va jusqu'à la folie destructive. Si seulement un « Daniel » se trouvait au moment opportun à côté de Nébuchadnetsar, le « songe » ne le tourmenterait plus.[2] La fausseté des constructions inventées par des esprits méchants pour assigner un sens « déboussolé » à l'existence serait démontrée[3]. Car les dieux des religions païennes, des idéologies, des philosophies à prétention universelle n'opèrent aucun contrôle sur les événements. Le Dieu d'Israël, au contraire, « c'est lui qui change les temps et les moments ; c'est lui

---

[1] Au sens qu'a ce terme en photographie ; cf. Dan. 2. 29. On trouve un point de vue semblable chez le Siracide, presque contemporain de l'auteur de Daniel. La sagesse de Dieu est à l'œuvre dans tous les peuples (Sir. 24. 6), mais elle est condensée et totalisée en Israël. La sagesse, en effet, est identifiée à la Torah (24. 23) et elle est sacerdotale (50).

[2] Dan. 2. 1, 3.

[3] Dan. 2. 2, 8, 9, 27.

qui renverse les rois et qui élève les rois ; il donne la sagesse aux sages et la science à ceux qui ont une intelligence experte ; c'est lui qui révèle les choses profondes et cachées, qui connaît ce qui est dans les ténèbres, et avec qui la lumière demeure[4] ».

Placé devant sa propre vérité, Nébuchadnetsar ne peut résister à son caractère incontestable. Il « tombe sur la face » ; il reconnaît, malgré qu'il en ait : « C'est la vérité[5]. » La révélation peut être très dure à entendre, mais c'est une libération. Daniel/Israël est, pour les nations, révélateur d'histoire et donc libérateur. C'est aussi le rôle, redoutable mais nécessaire, de l'apocalypticien au milieu de son peuple[6]. Car les obstacles qui font broncher l'histoire et la font basculer à nouveau dans « l'informe et le vide » de l'*Urzeit* ne se trouvent pas seulement à l'extérieur, ils sont aussi à l'intérieur du peuple. Daniel est un modèle de fidélité, de persévérance et de piété, mais tous ne sont pas des Daniel. Beaucoup parmi ses compatriotes doutent que Dieu soit le seul, l'unique salut. Leur attitude est d'ailleurs loin d'être incompréhensible. Ils ont pour eux l'évidence objective, la logique politique, la force évolutive. Il ne faut rien moins à Daniel, pour aller au-delà des apparences, que l'aide d'anges interprétateurs[7]. Dans le combat inégal entre le déterminisme historique et la « mystique », c'est pourtant celle-ci qui a le dernier mot. L'auteur du livre de *Daniel* avait raison contre les théoriciens de la « Realpolitik » : la tombe du judaïsme était en réalité son berceau. Deux mille ans d'existence après la disparition de l'empire d'Alexandre en sont la preuve.

Au temps de Daniel et, semble-t-il, tout au long de l'histoire d'Israël, rien n'était moins sûr cependant. De fait, les « signes des temps » ont toujours été si obscurs, si ambigus, si contestables que leur interprétation a profondément divisé le

---

[4] Dan. 2. 21-22 ; cf. v. 28.

[5] Dan. 2. 46, 47.

[6] Ainsi du prêtre en Israël, selon D et P en particulier, réalisant « à l'intérieur » la fonction sacerdotale du peuple « vers l'extérieur » (cf. Ex. 19. 6).

[7] Daniel 7-12 (et déjà en Éz. 40-42 et I Zach.).

peuple. Les historiens modernes sont de plus en plus frappés par cette évidence que le consensus d'Israël selon les textes cache en réalité une lutte pérenne entre deux partis irréductibles. *Daniel* s'inscrit dans un mouvement polémique dirigé non seulement contre l'ennemi hellénistique extérieur, mais, ainsi que nous l'avons vu, contre un parti interne du compromis. Ver dans le fruit, sans doute, mais le phénomène était loin d'être nouveau. Pour notre propos, il importe d'examiner, au niveau du langage, une confrontation qui semble bien être présente dans toute l'histoire d'Israël.

En 1857 déjà, le savant juif allemand Abraham Geiger publiait son livre *Urschrift und Übersetzungen der Bibel*[8]... Il y défendait la thèse que, sous sa forme actuelle, la Bible reflète le conflit entre pharisiens et sadducéens au temps du second Temple. Morton Smith *(Palestinian Parties and Politics that Shaped the O.T.,* New York, 1971*)* va plus loin. Toute l'histoire religieuse d'Israël est sous le signe de la rivalité entre le parti « yahwiste syncrétiste » et celui du « Yhwh seul Dieu » (« Yahweh alone »). Commencée sous le premier Temple, la lutte atteignit son paroxysme pendant l'exil et la minorité intransigeante triompha sous les Macchabées (vers 168).

Il n'est pas nécessaire d'adopter la position hypercritique de Smith pour apprécier à sa juste valeur la thèse générale. L'école anglo-scandinave avait déjà montré les traces persistantes de la lutte intestine entre un « yahwisme pur » et une « religion populaire » en Israël. Quoi qu'il en soit, il est clair qu'avec l'apocalypse, les dernières digues de la tendance syncrétiste et, pourrait-on dire, humaniste sont emportées. *Daniel* s'inscrit, avec une force de persuasion décisive, dans la phase ultime de la lutte en Israël pour le triomphe du yahwisme « pur ».

Il n'en est que plus étrange que le *mythe* soit, chez les apocalypticiens, mis au service de cette victoire puriste. Nous en reparlerons dans la suite. Qu'il nous suffise ici de noter un point important. Avec la période du second Temple, la lutte

---

[8] *Ur. und Übers. der B. in ihrer Abhängigkeit von der innern Entwicklung des Judentums,* Frankfort, 1928/2.

séculaire en Israël pour « historiciser » les mythes du Moyen-Orient se termine enfin. Le phénomène décisif à cet égard est la disparition de la royauté nationale ; le tout dernier représentant davidique est Zorobabel dont la fin est voilée comme un événement honteux. Or la royauté à Jérusalem (ou à Samarie avant 722) a constitué le catalyseur mythique par excellence en Israël. L'idéologie royale du Moyen-Orient fut adoptée par le complexe davidique, moyennant sans doute des ajustements plus ou moins profonds. Il s'agissait à Jérusalem de transcender un régime par nature autocratique, en lui donnant les dimensions d'un règne cosmique et éternel par la participation du roi à la seigneurie de Yhwh. En proclamant Dieu Roi *(Yhwh malakh)*, on réalisait liturgiquement, c'est-à-dire proleptiquement, la domination davidique sur l'univers. Le complexe davidique est une mystique de guerre sainte. Y participent, non seulement les orants à tous les échelons, depuis le roi jusqu'au plus humble du peuple, mais la nature, le cosmos, les étoiles, les anges, Dieu même.

Bref, le rite royal dans le Temple de Jérusalem est la mise en scène du mythe cosmique. L'enjeu est la soumission du cosmos à la loi divine, de telle sorte que la vie humaine puisse y être harmonieuse et paisible. Il en était déjà ainsi sur un autre plan, dans les idéologies mésopotamiennes ; à en croire celles-ci, le cosmos suit le rythme répétitif de l'éternel retour. Le sceau israélite est apposé sur ce complexe en ce qu'à Jérusalem les cycles temporels sont soumis à un processus historique marqué par l'espérance eschatologique[9].

La redécouverte du mythe

Mais la « forme » ne se plie pas sans résistance aux impératifs d'un contenu nouveau. Comme l'on sait, rien n'est plus résistant à mourir que le mythe. Mircea Éliade en retrouve la

---

[9] Sur l'idéologie royale à Jérusalem et sa réinterprétation apocalyptique, cf. aussi *supra*, chapitre III, « Urzeit-Endzeit » et, *infra*, chapitre VI, « Du Davidide à l'Adamide ».

trace dans le folklore ou les us et coutumes des nations dites évoluées, modernes, christianisées[10]. Dans la mesure justement où le mythe prend le pas sur l'eschatologie, il soulève la protestation véhémente des prophètes. Avec la disparition de la royauté nationale à Sion cependant l'aiguillon du mythe se trouve si émoussé que le langage mythopoétique, même sous sa forme cosmologique, devient utilisable par un milieu yahwiste aussi sourcilleux que le hassidisme apocalyptique.

Le chemin avait été tracé par le prophète Ézéchiel, lequel est à beaucoup d'égards le père de l'apocalyptique juive. E.W. Heaton fait remarquer à ce sujet que le fait décisif fut peut-être qu'Ézéchiel combinait en sa personne sacerdoce et prophétie, ce qui l'amena à « subordonner les complexités de l'histoire aux affirmations naïvement simplifiées ("oversimplified") par lesquelles la liturgie se caractérise[11] ». Quoi qu'il en soit, Ézéchiel se distancie de ses collègues préexiliques. Il ne dit plus « je vis » ou « Yhwh me montra » ; par contre, il crée des expressions de translocation de sa personne « en vision » et il est au bénéfice de révélations du monde céleste, y compris du Trône où Dieu siège en personne. Peut-être est-ce là un phénomène dû à des expériences visionnaires extraordinaires. Mais, en tout cas, le langage ézéchiélien resta et fut considéré par ses successeurs comme particulièrement propre à communiquer des visions apocalyptiques. Désormais, il est possible, sans encourir de condamnation orthodoxe pour avoir remythologisé la pensée d'Israël, de meubler les espaces sidéraux d'anges, d'avoir recours au mythe de l'Homme primordial, d'évoquer la mythologie de l'*Urzeit* pour décrire le caractère bestial des empires humains et le triomphe créateur de Dieu sur ces mêmes empires, etc.

Dans une perspective universelle, il devenait logique — encore que paradoxal dans une littérature polémique antihellénistique — d'exprimer (dans *Daniel A*) l'espérance que les nations viennent à résipiscence et se convertissent au Dieu Vivant. Ainsi, l'un après l'autre, les monarques babyloniens,

---

[10] Cf., en particulier, *Aspects du mythe*, Idées, Paris, 1963.
[11] E.W. HEATON, *The Old Testament Prophets*, Atlanta, 1977, 119.

mèdes et perses, confessent qu'il n'y a de Seigneur que le Dieu de Daniel (2. 46-47 ; 3. 31-33 ; 4. 34 ; 6. 27-28). Ce trait est une indication parmi d'autres que le passage au mythe ne fut complet « dans aucune composition apocalyptique juive... Quelque chose de l'expérience prophétique continua d'adhérer à la tradition visionnaire. Même les événements eschatologiques suivirent une évolution historique. Il faut attendre le gnosticisme pour que le retour à la conception mythique du monde soit accompli. Avec ce phénomène tardif seulement, l'expérience de l'histoire fut rejetée[12] ».

Bref, l'apocalyptique juive du IIe siècle retrouve l'usage du mythe sur deux plans.

D'une part, les événements qu'elle attend dans un avenir proche sont à la fois *dans* l'histoire quant à leur « incarnation » et *au-delà* de l'histoire quant à leur portée illimitée. Les monstres de l'ancienne cosmogonie sont dès lors historicisés et représentent les empires du monde ; mais leur destin est de dimension cosmique et leur jugement est arrêté au tribunal du ciel. Leur condamnation à mort inaugure un ciel nouveau et une autre terre.

D'autre part, étant en polémique contre l'hellénisation forcée, l'apocalyptique se doit d'employer le langage même de l'adversaire. Par ce biais également, elle retrouve l'usage du mythe. Car le danger immédiat pour les Juifs de Jérusalem au IIe siècle ne provient pas de la démythisation rationaliste des philosophes grecs, mais de la religion populaire orientale avec seulement un vernis hellénistique. Chaque peuple en effet restait organisé selon ses coutumes et ses lois propres. La religion locale fut maintenue, adoptant cependant des formes influencées par les Grecs et une ouverture sur le monde que les conquêtes d'Alexandre avaient rendu si présent.

Or, le langage religieux est, de par le monde, un langage mythique. Le mythe est congénital à la religion. C'est pourquoi la rentrée en force du cosmologique dans la réflexion apocalyptique entraîne évidemment avec elle la redécouverte du mythe — si tant est qu'il fût jamais perdu. C'est grâce à ce

---

[12] Paul HANSON, *op. cit.*, 28.

langage « mythopoétique » que le dialogue eut lieu avec l'hellénisme à l'extérieur et avec les Juifs hellénisés à l'intérieur.

Le langage avait revêtu une importance inouïe. On était à l'époque des échanges culturels, des traductions de textes, des pensées comparées. C'est dans ce contexte d'effervescence humaniste qu'il faut ici apprécier, en passant, l'adoption par le judaïsme palestinien et la Diaspora de désignations de Dieu plus générales que Yhwh : le « Très Haut » par exemple (cf. Dan. 4. 21 ; 7. 25 ; etc.) ou « le Dieu du ciel » (2. 18 s, 28, 37, 44, etc.), « Celui-qui-dure » (7. 13, 22)... Ce phénomène de mimétisme avec la philosophie prévalant alors — en particulier avec le stoïcisme dès le IIIe siècle — entraîna d'ailleurs de graves malentendus. Ainsi, les Samaritains, en 166, accusent les Juifs auprès d'Antiochus IV d'avoir un dieu sans nom[13]. « Lorsque ce trait apparut dans des œuvres d'auteurs gréco-romains antisémites, les Juifs firent de nécessité vertu et affirmèrent que le vrai Dieu devait être anonyme[14]. »

Paul Ricœur nous enseigne que le mythe est symbole intégré dans une narration. C'est-à-dire que la narration donne au symbole des significations multiples à des niveaux divers. Les caractéristiques du mythe, selon P. Ricœur, sont au nombre de trois : l'expression de l'expérience humaine en terme d'universalité ; la tension d'une histoire idéale entre un Commencement et une Fin ; le passage de l'histoire aliénée des hommes à la vie idéale des dieux[15].

Au vu de cette triple définition, il est difficile d'exagérer le rôle du mythe dans l'apocalypse juive. Certes, le but d'un Daniel est d'abord parénétique. Il n'épuise pas son art à décrire une *Endzeit* idéale ; il veut consoler les victimes de la persécution païenne et susciter la résistance du Peuple aux « empires », catalystes des puissances du mal. Mais c'est justement cette qualité représentative des royaumes historiques — babylonien, mède, perse, grec — qui réintroduit le mythe. Les empires sont des entitées politiques, mais aussi des instruments

---

[13] Cf. Josèphe, *Ant.* XII, 261 (XII, V, 5).
[14] M. Hengel, *op. cit.*, vol. 1, 267.
[15] Paul Ricœur, *La symbolique du mal*, Paris, 1960, cf. p. 17 ss.

d'un règne satanique panhistorique et universel — encore qu'il n'y ait aucun terme relevant de la satanologie dans *Daniel* — représentable par des bêtes effrayantes, sur le modèle des monstres mythiques du chaos. La question est donc de comprendre comment l'insertion du mythe dans l'apocalypse a changé la nature de l'un afin de servir les buts de l'autre.

Nous nous aiderons ici de la discussion, d'une densité remarquable, de John J. Collins[16] avec Norman Perrin. Selon ce dernier[17], l'apocalypse a une compréhension du mythe comme allégorie (ce que l'auteur appelle un « sténo-symbol[18] »). C'est-à-dire que la relation du signifiant au signifié est une relation exclusive, aussi directe que « pi » = 3,1416 en mathématique. Au « sténo-symbole » s'oppose le « symbole en tension » (« tension symbol ») qui ne s'épuise pas dans une seule signification[19], mais nous sommes alors dans un domaine différent de celui de l'apocalypse.

Or, John Collins n'a aucune peine pour nous persuader de l'inexactitude de la thèse de N. Perrin en ce qui concerne l'apocalypse. L'allégorie, en effet, a pour but de décrypter, c'est-à-dire de faire passer du mystérieux et difficile au révélé et simple. Reconnaît-on ici l'apocalypse avec son langage volontairement obscur ? Avec J. Collins, nous prendrons l'exemple des quatre monstres de Daniel 7, identifiés « allégoriquement » par le texte même comme désignant les réalités simples des empires successifs de l'histoire (Babylonie, Médie, Perse, Grèce). Pourtant, « même si l'on ignore, ou décide d'ignorer, les échos de la mythologie cananéenne et du Léviathan biblique dans les animaux surgissant de la mer, on doit

---

[16] « The Symbolism of Transcendence in Jewish Apocalyptic », *Biblical Research*, vol. 19, 1974, 5 ss.

[17] « Wisdom and Apocalyptic in the Message of Jesus », *Proceedings of the Society of Biblical Literature*, 1972, vol. 2, 543-572.

[18] Le terme en fait est de Ph. WHEELWRIGHT, *The Burning Fountain*, Bloomington, Indiana U. Pr., 1954.

[19] Jésus, d'après N. Perrin, aurait rejeté le « sténo-symbole » de l'apocalyptique et adopté le « symbole-en-tension ». Ainsi du « Royaume de Dieu », par exemple.

cependant admettre que la vision a un pouvoir d'évocation absent dans son interprétation[20] ».

L'allégorie est grecque. Elle procède d'une conception dualiste où s'opposent l'idéal et le contingent. Les termes de l'allégorie appartiennent au contingent et servent de tremplin pour atteindre le monde des idées. D'un niveau, on passe à un tout autre. L'apocalypse, elle, reste juive. Autant l'allégorie est, par définition même, anhistorique, autant le symbolisme apocalyptique est enraciné dans l'histoire. Par exemple, les monstres chaotiques « réinventés » par les apocalypticiens ne sont, à aucun niveau de leur interprétation, des symboles de fautes esthétiques ou morales. Le « fils d'homme » ne représente pas une vertu, et « Celui-qui-dure » (« l'Ancien des Jours ») n'est pas le critère impersonnel des bonnes et mauvaises actions des hommes. Les bêtes terribles sont des empires historiques bien connus, le « fils d'homme » est le représentant du Peuple des saints, et « Celui-qui-dure » est le Dieu Vivant engagé dans une relation d'Alliance avec Israël. Bref, en employant le mythe, l'apocalypticien, comme son prédécesseur le prophète, a pris soin d'en assurer l'insertion dans l'histoire. En fait, l'apocalypticien fait un usage démythologisé du mythe !

D'ailleurs, peut-on parler d'allégorie quand le visionnaire prend tant de soin d'approcher la réalité qu'il veut décrire par des approximations linguistiques du genre de « quelqu'un comme un fils d'homme », relativisant ainsi considérablement la portée de son image ? De même, Ézéchiel disait avoir vu « la forme de quatre êtres dont l'aspect était le suivant : ils avaient une forme humaine » (1. 5). Apocalypse 19. 1, à son tour, montre que la voix entendue par le visionnaire ne présente qu'une vague ressemblance avec les sons perçus dans l'expérience humaine[21].

---

[20] COLLINS, *op. cit.*, 15.
[21] Comme l'écrit M.-J. LAGRANGE : « ... l'auteur ne peut pas toujours démêler tous les ressorts ni tous les agents de cette mécanique divine ; il ne peut que constater son fonctionnement : "les livres furent ouverts", "son nom fut nommé"... "des cordes furent données" (1 En. 47. 3 ; 48. 3 ; 61. 1). » *Le judaïsme avant Jésus-Christ*, 76.

De plus, on peut réellement se demander s'il existe en littérature une allégorie qu'on puisse appeler « sténo-symbole ». Car, même dans le cas des symboles apocalyptiques les plus « uniréférants », Collins a certainement raison de dire qu'il est plus juste de les décrire comme des symboles exhibant une vitalité ancestrale.

Comme l'écrit P. Ricœur : « L'établissement d'un rapport analogique de situation à situation est ainsi sous-jacent au procédé même du discours apocalyptique. A quoi contribue la symbolisation elle-même des événements visés ; la statue que les trois jeunes gens du chapitre 3 refusent d'adorer est aussi bien le veau d'or que toute idole[22]... » « Il est vrai, continue P. Ricœur, qu'avec Daniel B (chap. 7 ss), cette *expansion* symbolique paraît contrecarrée par la nature même du message à décrypter. L'interprétation, ici, semble se fixer sur l'identification de personnages singuliers et de situations historiques uniques. De fait, toute l'énergie des exégètes paraît se dépenser dans un travail de traduction terme pour terme, détail pour détail : pour telle bête, tel empire, pour telle corne, tel roitelet !... Et pourtant, même dans le cas de figures qui appellent un décryptage univoque, le seul fait que le discours reste *allusif* laisse une marge de jeu. L'auteur semble dire : "Comprenez bien : les bêtes sont des empires et leurs cornes des rois, mais devinez leurs noms !" L'expansion symbolique trouve ici une étroite marge de manœuvre. »

MYTHE ET SONGE

Nous avons parlé d'un usage démythisé du mythe ! On peut constater la portée d'un tel paradoxe en analysant de quelle

---

[22] *In* A. LACOCQUE, *Le Livre de Daniel*, C.A.T. XVb, préface, 8-9.

M. ÉLIADE écrit : « Certes, le "succès" de telles visions dépendait des schémas déjà existants : une vision qui contrastait trop radicalement avec les images et les scénarios traditionnels risquait de ne pas être facilement acceptée » (*Aspects du mythe*, 180).

On est par définition dans un symbolisme polyvalent, au gré de la mouvance du signifié.

manière l'apocalypse a recours au monde onirique pour exprimer son message. Entre le rêve et le mythe, la relation est directe. Tandis que le songe est l'expression individuelle de la psyché, le mythe en est l'expression collective[23]. En employant les matériaux fournis par le rêve, l'apocalypticien tente, en fait, de porter son émotion personnelle de visionnaire au niveau du mythe collectif. Dans ce but, il a tout naturellement recours au langage symbolique, c'est-à-dire à un langage mythopoétique. Comme l'a bien montré D.S. Russell[24], l'inspiration divine par le moyen du songe nocturne établit un lien entre l'inspiration originale des prophètes et l'inspiration poétique ou littéraire dont parlent les modernes. Quelle que soit l'origine qu'un moderne assignerait à cette transe poétique, il est clair que pour l'apocalypticien, le rêve ne surgit pas de l'imagination mais est une réalité objective venant de Dieu même. Celui qui en est le bénéficiaire connaît une vraie expérience psychique et il est très peu probable que la relation de tels états seconds par les visionnaires relève simplement d'un artifice littéraire.

Les non-Juifs sont aussi au bénéfice de songes prémonitoires, car le songe dans le Bible fait partie du genre de divination par lequel Dieu révèle sa volonté à l'homme[25]. Il est donc logique pour l'Orient ancien que le roi demande à ses « voyants » de rêver pour lui, c'est-à-dire de se mettre en état de réceptivité (dans la Bible, cf. Gen. 41. 8 ; Jér. 27. 9). « Parfois, écrit Marguerite Rutten[26], le roi (ou un sujet) pouvait être favorisé

---

[23] Cf. C. JUNG, *Memories, Dreams, Reflections*, New York, 1961, 348 : « De même que le corps a une préhistoire de plusieurs millions d'années, ainsi en est-il du système psychique. Et, de même que le corps humain aujourd'hui présente dans chacune de ses parties le résultat de cette évolution, montrant encore partout des traces de ses phases antérieures — ainsi en est-il de la psyché. » Cf. M. ELIADE, *Le sacré et le profane*, Paris, 177 : « ... les contenus et les structures de l'inconscient présentent des similitudes étonnantes avec les images et les figures mythologiques. »

[24] *The Method...*, 161 ss.

[25] Cf. 4 Esd. 10. 59 ; 1 Hén. 14. 2 ; 83. 7 ; 85. 1 ; Pasteur d'Hermas vis. II, 4, 1 (cités par A. CAQUOT, « Les songes et leur interprétation », *Sources orientales*, num. 2, Paris, 1959).

[26] *La science des Chaldéens*, Paris, P.U.F., 1960, coll. « Que sais-je ? », 56.

d'une vision, comme ce fut le cas pour le roi de Babylone Nabonide, qui vit en rêve les dieux Mardouk et Sin, lui annonçant la défaite d'Astyage et l'avènement de Cyrus. »

Étant donné que la pensée dans le Moyen-Orient reliait les événements intéressant l'homme à des causes d'ordre « universel », il était admis que les vicissitudes de la vie étaient en relation avec les changements opérés dans les cieux[27].

Une certaine attitude compréhensive à l'égard de la magie correspond à l'esprit du temps. Le nom de Nabonide vient d'être mentionné ; on se souvient que dans la « Prière de Nabonide » à Qumrân, l'on voit un « faiseur de miracles » juif guérir le roi de Babylone. Également à Qumrâm, « l'apocryphe de la Genèse » met en scène Abraham guérissant le pharaon par imposition des mains (20. 25-30). D'ailleurs, dans le livre qui porte son nom, Daniel devient le chef des magiciens (2. 48 ; cf. aussi Josèphe *G.J.* II, 159. Par contre, cf. l'attitude sceptique de Sir. 34 (31). 1-8).

La mantique était donc fort à l'honneur auprès des esséniens ; sur ce plan à nouveau, *Daniel* offre des signes certains de sa parenté avec ce milieu hassidique[28]. Le parallèle avec le seul autre oniromancien biblique, Joseph, a souvent été tracé. L'un comme l'autre sont à la cour d'un roi païen, et l'un et l'autre transforment leur « science » en prophétie (cf. Gen. 40. 8 ; 41. 16, 38 s, cf. Dan. 2. 17 ss ; 5. 11-14 ; 7. 16 ; 8. 16). Les « ḥartumim » de Genèse 41. 8 et les « ḥakimim » de Daniel 2. 27 ou les « kaśdayya » de Daniel 4. 3 s ont la tâche d'interpréter des « secrets » (raz). Or, ce rapprochement avec l'âge des patriarches (auxquels Dieu a communiqué si souvent sa présence en des songes, surtout selon E, cf. Gen. 15. 12-21 ; 21. 3-6 ; 28. 11-22 ; 37. 5-11 ; 46. 2-4), est une indication

---

[27] Cf. Henry FRANKFORT, *Before Philosophy*, Baltimore, 1963, 20 : « Meaningless... is our contrast between reality and appearance. Whatever is capable of affecting mind, feeling, or will has thereby established its undouted reality » (= *The Intellectual Adventure of Ancient Man*, U. Chicago Pr., 1946. Cf. déjà, à Ougarit : Baal III, col. 3 ; Keret I, col. I. 26-39, 46-51, etc.

[28] Les pharisiens héritèrent de cette affection, cf. Matt. 12. 27 (= Luc 11. 19).

qu'on se trouve avec « Daniel » dans la dernière génération avant la Fin. La révélation totale est accordée au but de l'histoire comme elle le fut autrefois aux initiateurs de la prophétie. Selon *Sifré* sur Nombres 12. 6, « Dieu a parlé à tous les prophètes, sauf Moïse, "be-ḥalōm u-be-ḥezyōn"[29]. » (cf. Hab. 2. 1-2 ; 1Q Hab 7. 1-5).

Le songe est une énigme sous forme narrative. Son langage chiffré est parfaitement adapté à la pensée ancienne qui est d'abord et avant tout analogique[30]. On la retrouve en particulier dans le « mashal » dont c'est l'une des fonctions élémentaires d'établir des comparaisons (cf. Prov. 26. 11), des analogies (cf. Prov. 6. 27-29 ; Amos 3. 3-6), des similitudes paraboliques (cf. Es. 5. 1-7). Sous toutes ses formes, l'énigme est basée sur des correspondances plus ou moins étroites entre le signifiant et le signifié. C'est la tâche du sage de dégager ces correspondances.

Avec tout le Moyen-Orient, Israël partageait ce mode analogique de pensée. Mais, en contraste avec les autres nations, Israël se devait de montrer la transcendance infinie du signifié par rapport au signifiant et, par conséquent, le manque de correspondance ou d'analogie fondamentale entre les deux. Dès lors, s'il pouvait utiliser un langage commun avec les peuples, ce langage devenait, dans son emploi, autre, au moins par une de ses dimensions.

D'une part, certes, le songe, en Israël, comme ailleurs, révèle une vérité particulière dont l'expression privilégiée est un langage onirique particulier. « Variante de ce principe, écrit Hans-Peter Müller[31], Daniel 2 et 4 offrent une dimension mythique des profondeurs révélant l'aspect numineux d'une vérité universellement vérifiable : la statue est la dimension

---

[29] « En rêve et en vision. » Ainsi est-il confirmé que l'apocalypticien a conscience d'être le représentant de la prophétie ultime. Celle-ci, avons-nous vu, était attendue comme un signe eschatologique, après qu'on eût conclu que Aggée, Zacharie et Malachie clôturaient la prophétie ancienne.

[30] Cf. La citation de P. Ricœur à laquelle réfère la note 22 *supra*.

[31] H.-P. MÜLLER, « Der Begriff "Rätsel" im A.T. », *V.T.* 20, 1970, 475 ss., la citation est de la p. 476.

divine-démoniaque de l'humanité présente ; l'arbre cosmique celle de la royauté de ce temps. »

D'autre part, cependant, le songe est jeté à bas de son piédestal magique ; il perd ses adhérences mythiques, il est « historicisé » ou « psychologisé ». Nébuchadnetsar est le spectateur d'un scénario nocturne qui ne fait que projeter sur l'écran de « son esprit » (cf. Dan. 2. 1, 3, etc.) ce qu'il a dans « le cœur » (cf. *ibid*. v. 30). Déjà ici, la psychanalyse, cette « science juive », commence ! *Daniel A* est ponctué de ces rêves « freudiens ». Expliqués par Daniel, ils deviennent, pour le rêveur, libérateurs[32].

Pourtant, ce ne sont là encore pour l'apocalypticien qu'« escarmouches » préparatoires. Il reste lui-même, devant le rêve, quasi imperturbable, même si l'interprétation doit lui en être communiquée par Dieu ou son ange (cf. 2. 17). C'est justement que le « mystère » n'est pas ici ultime, c'est-à-dire, dans la perspective apocalyptique, eschatologique. C'est un secret dont le rêveur lui-même est *responsable* en ce qu'il réside au tréfonds de son âme et est vraiment la clef de son être. Bref, ce secret ne réside pas au fond des cieux, mais au fond du cœur. Comme le dit correctement H.S. Gehman, « en les suscitant [les songes], Dieu agit en conformité avec les lois de l'esprit[33] ». La tradition juive va plus loin. Rav Shmuel Éliézer ben Yehuda Halévi (1555-1631), par abréviation Maharsha, écrit dans ses « Ḥidushei Aggadoth », *ad Berakhoth* 55b[34] ; « ... il n'est montré à quelqu'un que ce qu'il a déjà pensé. » Rashi commente, à propos de Daniel 2. 29 : « Pendant la journée, tu t'es demandé ce qu'il arriverait à ton empire après toi. Lorsque tu t'es retiré pour la nuit, ce souci ne t'avait pas quitté. » Littéralement, tes pensées « montèrent [avec toi] au lit ».

---

[32] Cf. mon commentaire *ad* 5. 26-28.
[33] *New Westminster Dictionary of the Bible*, art. « Dream », p. 233, répété dans art. « visions », p. 984.
[34] Le texte talmudique en *Ber*. 55b dit : « R. Shmuel bar Naḥmani dit au nom de R. Yonathan : Il n'est montré à quelqu'un que les pensées mêmes de son cœur. » M. BUBER disait : « Tout sur notre route est décision voulue, pressentie ou secrète » (*Je et Tu*, Paris, 127).

C'est pourquoi, lorsque, par exemple en Daniel 2, le roi Nébuchadnetsar dit ne pas se souvenir de son rêve, il faut voir là un barrage psychologique contre une vérité révélée dont il pressent la portée funeste. Daniel, d'ailleurs, aux versets 29 s, dit au roi : « Le Révélateur des mystères t'a fait connaître ce qui arrivera [et que Daniel est sur le point d'énoncer]... afin... que tu connaisses les pensées de ton cœur. » Que ce soit là cependant une communication divine se vérifie dans le fait que le songe est l'expression directe de la réalité. Une réalité, non pas magique ou allégorique, mais historique. Car, si la conception du songe en *Daniel* est proche de celle que redécouvrira quelque vingt siècles plus tard la psychanalyse, il est remarquable que ce qui occupe dans l'apocalypse le centre de la scène ne soit pas le sentiment de Nébuchadnetsar, mais son histoire, sa destinée historique. Ce que ressent Nébuchadnetsar est marginal et souligne seulement la gravité des événements. Daniel n'est pas chargé d'aider le roi à intégrer, comme le disent les psychologues, des facteurs externes en vue d'une personnalité plus équilibrée. Il doit préparer le roi à assumer l'histoire, voire à la modifier par sa repentance.

L'interprétation du voyant est toute prospective, celle de la psychanalyse est rétrospective, « archéologique », comme dit Paul Ricœur. Les deux procès ne sont d'ailleurs pas mutuellement exclusifs, au contraire, mais encore faut-il que l'un des deux prenne la direction de l'autre. Si nos profondeurs archaïques relèvent de l'inconscient, il faut que le conscient en prenne totalement charge et *l'oriente*. C'est le passage du songe à la vision dans *Daniel*. Dans cette perspective, la remarque suivante de P. Ricœur est éclairante[35] : « ... le rêve, dira-t-on, regarde en arrière, vers l'enfance, vers le passé ; l'œuvre d'art est en avance sur l'artisan lui-même ; c'est un symbole prospectif de la synthèse personnelle et de l'avenir de l'homme... » Mais « la replongée dans *notre* archaïsme est sans doute le moyen détourné par lequel nous nous immergeons dans l'archaïque de l'humanité et cette double "régression" est à

---

[35] *Le conflit des interprétations. Essais d'herméneutique*, Paris, 1969, 141.

son tour la voie possible d'une découverte, d'une prospection, d'une prophétie de nous-mêmes »[36]. Car « ... l'homme est responsable de sortir de son enfance, de briser la répétition, de constituer une histoire polarisée par des figures avant, par une eschatologie. L'inconscient est origine, genèse, la conscience est fin des temps, apocalypse... Il faudrait encore comprendre que, dans leur opposition, le système des figures tirées en avant et celui des figures qui toujours renvoient à une symbolique déjà là sont *le même*[37] ».

Songe et vision

Or, nous devons prêter une attention nouvelle au changement de vocabulaire occasionné par le passage de *Daniel A* à *Daniel B*. Ce ne sont plus, en effet, des songes qui servent de véhicules à la révélation des mystères, mais des visions. De fait, le rêve est manifestement un moyen trop inadéquat pour transmettre vraiment une révélation transcendante. Le songe (ḥalôm) en *Daniel A* devient vision (mare'èh) en *Daniel B*. Daniel 7. 1 qui emploie encore le terme « ḥalôm » n'a recours à ce mot que comme lien supplémentaire avec ce qui précède. Une telle constatation est confirmée par l'emploi de l'expression « vision de son esprit », comme en 2. 28 et 4. 2. Dès le verset suivant cependant, Daniel parle de ses visions (7. 2, 9, etc.). Certes, songes et visions doivent recevoir une interprétation. C'est le commun dénominateur qui les unit. Il y a un « pèshèr » pour le songe (ch. 2), pour l'inscription sur le mur (ch. 5), pour la vision (ch. 7). Mais là s'arrête leur parenté.

On pourrait se demander, en un premier temps, si *Daniel* n'a pas voulu échapper à la critique sévère deutéronomiste et prophétique contre le songe (cf. Deut. 13. 1 ss ; 18. 10 s ; 2 Rois 21. 6 ; Es. 8. 20 ; Jér. 23. 25-28, 32 ; 27. 9 s ; Zach. 10. 2). Mais il faut aller plus loin. Comme à l'époque des patriarches, la vision revient ici en force et se substitue à l'ins-

---

[36] P. Ricœur, *La symbolique du mal*, 20.
[37] P. Ricœur, *Le conflit...*, 119.

piration prophétique. En général, les critiques ont vu dans ce phénomène un signe de dégénérescence littéraire. Les apocalypticiens ne seraient que les épigones des prophètes. Ne pouvant plus se prévaloir d'une inspiration si haute, ils durent se contenter d'imiter leurs maîtres par des artifices littéraires. Ils ne sont plus prophètes, ils sont « visionnaires ».

Tel n'est certainement pas le sentiment profond des apocalypticiens eux-mêmes qui, au contraire, considèrent leur mode d'inspiration comme plus élevé que celui de leurs prédécesseurs. En outre, ainsi que nous l'avons vu plus haut, il est difficile de réduire l'expérience mystique relatée par le visionnaire à une simple licence poétique. Il faut donc chercher la raison de la substitution de la vision à la prophétie dans une autre direction.

D'abord, il faut tenir compte du fait que nous sommes avec le second Temple au lendemain de la réforme deutéronomique. Or, celle-ci émoussait d'autant plus l'autorité prophétique en Israël qu'elle insistait sur le caractère exclusif de Moïse comme seul véritable prophète (cf. Deut. 34. 10-12, corrigeant, en quelque sorte, Deut. 18. 15 ss)[38].

Certes, *Daniel* n'est pas l'héritier direct de « D » (et « P »). Cette lignée se prolonge avec « Ch », pas avec l'apocalypse qui, au contraire, s'attache à la tradition prophétique. Il n'empêche que, dans la polémique engagée entre les deux courants postexiliques, il y avait certainement avantage pour les « utopistes » à ne pas insister sur une inspiration prophétique devenue suspecte. Un texte comme Zacharie 13. 3 ss (du Ve siècle avant J.-C.)[39] constitue un jalon important dans cette évolution. On se souviendra d'autre part du discrédit où était tombée la prophétie dans les milieux sceptiques de Jérusalem — dans lesquels il faut voir probablement un complexe plus large que simplement le parti des « idéologues » — à cause de son

---

[38] Cf. Joseph BLENKINSOPP, *Prophecy and Canon*, U. of N.-D., Notre-Dame, 1977. L'auteur voit dans Deut. 34. 10-12 « the last touch, later than either D or P but using language borrowed from the former » (p. 83).

[39] Cf. mon commentaire sur ce texte dans : S. AMSLER, A. LACOCQUE, R. VUILLEUMIER, *Aggée, Zacharie, Malachie*, C.A.T. XIc, Neuchâtel-Paris, 1981, 194 ss.

non-accomplissement littéral au lendemain de l'exil. Sur ce plan aussi, l'apocalypticien avait avantage à prendre quelque distance par rapport à ses prédécesseurs les prophètes, et à prétendre être au bénéfice d'une inspiration plus sûre et plus définitive que la leur, à savoir *la vision* avec tout l'appareil d'images et symboles qu'elle implique.

Or, ce choix se révéla plutôt heureux si on en juge par l'attrait qu'exerça ce genre nouveau sur le peuple. Il faut bien avouer que le langage symbolique contribue pour une bonne part à la puissance qui émane de l'apocalyptique. Celle-ci emploie les représentations mêmes de notre inconscient, éveillant en nous une profonde sympathie naturelle et ce que nous pourrions appeler un accord profond. Le « mystère » n'est tel que pour le conscient, non pour l'inconscient habitué à de telles images oniriques. Leur ésotérisme est en même temps troublant et familier. La « clef » de leur interprétation est la même que celle qui ouvre l'inconscient au conscient.

Ainsi le passage apocalyptique du songe à la vision n'est pas simplement sémantique. Entre le rêveur et le visionnaire, il y a un monde. Le rêveur est, au départ et à l'arrivée si l'on peut dire, passif, simple terrain de la révélation numineuse. Le visionnaire peut au contraire être au départ hyperactif : il entre en transe, il est frénétique, tous ses sens sont à l'affût (cf. Dan. 8. 15-17 : « Je regardais, je cherchais le discernement, j'entendis, je fus terrifié, je tombai sur ma face »). Mais il est « à l'arrivée » paralysé, il tombe en catalepsie (cf. 10. 8 s), il est prostré (8. 17), de sorte que l'on semble retourner à l'état de sommeil du rêveur. Mais maintenant, le sommeil est un « état second », condition indispensable pour être au bénéfice d'expériences visionnaires. Ce n'est qu'ainsi que l'on peut recevoir le secret de mystères insondables.

Comme en fait foi une intuition religieuse proprement universelle, il s'agit d'une mort initiatique[40]. Le visionnaire a l'apparence d'un cadavre, εἰκών τοῦ θάνατου (T. Ruben 3, 1 ;

---

[40] Cf. M. ÉLIADE : *Aspects du mythe*, 100 ss, « Techniques traditionnelles du ''retour en arrière'' », ou *regressus ad uterum, ad originem*. cf. pp. 154, 156 ss, « Le sommeil et la mort », etc.

cf. Apoc. Jn. 1. 17), et ceci éclaire la deuxième partie de Daniel 8. 18 : l'ange touche Daniel et le remet sur pieds ; il lui rend la vie. Le toucher miraculeux se retrouve en Daniel 9. 21 ; 10. 10, 16, 18. Le modèle est par exemple Ésaïe 6. 7, Jérémie 1. 9 ou Esdras 1. 1, 5, mais le thème sera exploité bien plus à fond dans la littérature de basse époque (cf. 1 Hén. 60. 3 ; 4 Esd. 5. 14, 15 ; Apoc. Jn. 1. 17...).

Le rêve, c'est l'inscription sur le mur plâtré de l'inconscient (cf. Dan. 5). La vision, c'est l'inscription sur la face cachée de l'histoire. Le secret de l'histoire, objet de la quête apocalyptique, but de la véritable sagesse et de la vraie prophétie, est l'« inconscient » de l'histoire. Il n'est en rien en dichotomie avec la réalité humaine ; il ne nous entraîne pas vers les niveaux de l'idéal ou de l'abstraction. Il ne s'agit pas d'idées platoniciennes, qui sont abstraites, car les objets pléromatiques de la révélation apocalyptique sont concrets ; c'est seulement leur compréhension par l'être adamique qui reste embrumée. Le secret de l'histoire est le sens même de l'histoire. Tous les hommes sont, en un certain sens, des Nébuchadnetsar et des Belchatsar marchant dans la vie comme dans un rêve dont la signification leur échappe[41]. Pourtant, elle est là, ne demandant qu'à être saisie. L'histoire apparaît comme un château-labyrinthe aux personnages kafkaïens que nous sommes, et pourtant le terrible donjon sans issue est toujours sur le point de révéler sa réalité authentique de Jardin d'Éden.

Ainsi s'explique, me semble-t-il, l'alternance de sympathie et d'antipathie, selon les époques, pour l'apocalyptique. L'ambiguïté même du songe et le symbolisme de la vision — correspondant, selon l'apocalypticien, à l'ambiguïté de l'histoire et de l'existence — provoque chez le lecteur un sentiment

---

[41] Il est remarquable que les hommes aient toujours vu une similitude entre le sommeil et la mort. Le rêve est au dormeur ce que la vision est à l'initié par le retour à la mort. « Dans la mythologie grecque, dit M. ÉLIADE, sommeil et mort, Hypnos et Thanatos, sont deux frères jumeaux. Rappelons que pour les Juifs aussi, au moins à partir des temps postexiliques, la mort était comparable au sommeil. Sommeil dans le tombeau (Job 3. 13-15 ; 3. 17), au Shéol (Eccl. 9. 3 ; 9. 10) ou dans les deux endroits à la fois » (Ps. 88)... (*Aspects...*, p. 156).

à la fois de confort et de gêne, à l'image des messages de son inconscient. Il arrive souvent qu'il rejette dans l'oubli la vision nocturne. Le « secret » est trop difficile à découvrir, et sa révélation en serait peut-être trop lourde à porter. Pourtant, lorsque l'interprétation en est donnée et acceptée, le rêveur est libéré, même si sa vision était peu flatteuse pour lui-même, car l'explication fait passer ce qui était absurde, au niveau du signe et de la signification. Le mythe est démythologisé sans être stérilisé ni anéanti. Au contraire, il devient maintenant pour la première fois message capté et informateur, « kérygme » reçu et créateur d'histoire.

Ce kérygme reste remarquablement juif. Au terme de cette étude du langage symbolique apocalyptique, il se confirme à nouveau que le caractère juif a été jalousement conservé dans cette littérature d'un genre nouveau. C'est à bon droit que le livre de *Daniel* a trouvé place dans le Canon des Écritures. Sous des dehors inhabituels, il participe effectivement et légitimement au message biblique authentique.

Il faudra nous souvenir de ceci lorsque nous étudierons le « fils d'homme » de Daniel 7. Il n'est pas question d'un homme abstrait, mythique, ou de l'homme idéal[42], encore moins de l'idée d'« homme ». Comme l'écrit John Collins[43], « le littéral peut aussi être symbolique ». De même, en ce qui concerne l'attente eschatologique, il serait faux de voir dans sa formulation daniélique le symbole d'une fuite hors du temps. Ainsi que l'écrit justement Karl Rahner : « ... si le présent de l'être de l'homme est dans sa référence au futur, le futur, bien que restant le futur comme tel, n'est pas seulement quelque chose dont il est parlé par avance. Il est un moment intérieur à l'homme, intérieur à son être concret, qui lui est présent maintenant. Ainsi la connaissance du futur, en tant que quelque chose encore à venir, est un moment intérieur à la compréhension de soi de l'homme à cette heure présente de son existence. Le futur naît du présent[44]. »

---

[42] *Pace* S. MOWINCKEL (*He That Cometh*, 346 ss).
[43] « Transcendence... », *op. cit.*, 19.
[44] « The Hermeneutics of Eschatological Assertions », *Theological Investigations* IV, Baltimore, 1966, 331.

CHAPITRE VI

LES GRANDES LEÇONS THÉOLOGIQUES DU LIVRE DE DANIEL

LE MYTHOS APOCALYPTIQUE

Daniel B présente une structure que Northrop Frye appelle « archétype unifiée[1] ». Elle est unifiée car elle est *in toto* coulée dans un moule apocalyptique. Elle est archétype en ce qu'elle présente une unité typologique. Son langage est approprié à son caractère générique ; il est significatif, métaphorique, mythopoétique, c'est-à-dire qu'il est non descriptif et non littéral. Sur ce plan formel déjà, il faudra se méfier des pièges de la littéralité lorsque nous allons envisager des grands textes de *Daniel*, tels que ceux sur le « fils d'homme » (chapitres 7 ss) ou sur la « résurrection des morts » (chapitre 12).

Le plan idéologique est plus remarquable encore. Ainsi que nous l'avons vu précédemment à diverses reprises, le message apocalyptique — surtout celui de la période du second Temple — se base sur celui des prophètes préexiliques et exiliques. Or ceux-ci ont été surtout des prophètes de malheur. Jérémie peut aisément généraliser cette tendance qu'il a fait sienne : « Les prophètes qui nous ont précédés, toi et moi[2], ont depuis les temps anciens prophétisé guerres, famines et pestes contre des

---

[1] N. FRYE, *Anatomy of Criticism : Four Essays*, Princeton, 1957, 315 : « a single archetypal structure ».
[2] Il s'agit de Hananiah. Jér. 28. 8.

pays nombreux et des royaumes puissants. » Prophétie est devenue quasi synonyme de catastrophe. Une catastrophe de caractère résolument historique d'ailleurs, car, selon la conception généralement partagée par les prophètes avant la restauration, il s'agit de la destruction de Jérusalem par un ennemi suscité par la colère divine. Cet événement bouche l'horizon comme lorsque la tempête se prépare, mais il est loin d'être exclu qu'après l'ouragan, le ciel redevienne bleu. C'est ce qu'annonce par exemple II Ésaïe (chapitres 40-55). L'exil à Babylone n'est pas — du moins nécessairement — le dernier événement historique (cf. Jér. 24. 65 ; 25. 12 ; 29. 10 ; etc.).

Ce *mythos* du désastre suivi de la restauration avait évidemment d'excellentes lettres de créance en Israël. Les prophètes rappellent l'esclavage en Égypte et la libération de l'exode. II Ésaïe combine ce thème avec celui du Dieu-créateur à partir du non-vivant (cf. aussi Éz. 37, par exemple). Il faudra nous en souvenir bientôt. C'est aussi ce *mythos* qui sert de matériau à l'apocalypse. De répétitif et typologique cependant, il devient ici absolutisé (unique) et hiératique. D'historique, il devient cosmique et eschatologique. D'autres caractéristiques secondaires doivent être soulignées dans la suite. Mais arrêtons-nous d'abord à ce thème du cataclysme final, car il constitue l'arrière-fond sur lequel tous les autres problèmes doivent être envisagés.

Si la prophétie « classique » est synonyme de malheur[3], la catastrophe est devenue associée à l'apocalypse. Ce n'est pourtant pas la seule ou même la première fois que nous rencontrons un bouleversement cosmique dans la tradition d'Israël. Le déluge du temps de Noé (Gen. 6-9) présente toutes les caractéristiques d'une calamité apocalyptique. Le parallèle n'est

---

[3] On sait que l'école deutéronomistique a édité les livres prophétiques préexiliques. A la lumière du châtiment subi pendant l'exil à Babylone, Dtn a émoussé la pointe catastrophique originale et dévié le message vers une promesse de restauration. On en trouve le meilleur exemple dans le livre d'Ésaïe qui fut retouché pendant cinq cents ans ; Dtn a ajouté entre autres les chapitres 36-39. Voir aussi Amos 9. 11-15 ; Osée 3. 5 (?) ; Michée 4-5 ; 7. 8-20 ; Sophonie 3. 8 ; Nahum 2. 1 ; etc.

pas nouveau[4]. H. Gunkel parle, dans *Schöpfung und Chaos*..., de l'apocalyptique comme projection dans l'avenir d'un passé lointain. Plus récemment, C. Westermann, dans son *magnum opus* sur la Genèse, écrit : « ... l'apocalyptique n'est pas, dans son fond et selon son intention originale, "Heilsgeschichte". Elle s'agence sur la "Urgeschichte" et, particulièrement, sur l'histoire de la création et du déluge[5]. » Dans une tradition parente, le châtiment divin absolu et universel par l'eau est corrigé en un anéantissement par le feu. Le microcosme Sodome et Gomorrhe disparaît dans un incendie cosmique (Gen. 19). Cette variation sur un thème unique vaut la peine d'être signalée, car l'apocalypse a plutôt opté pour ce dernier mode de destruction du monde (ou de l'ennemi ultime, cf. Dan. 7. 11), probablement sous l'influence de l'Iran. « Dans l'eschatologie perse, dit Carl Kraeling[6], les montagnes, qui sont faites de métal, doivent fondre à la fin du monde et le métal en fusion inonde alors la terre comme le ferait un fleuve. Tous les hommes doivent passer dans le fleuve de métal coulé et ils sont, à ce moment, soit purifiés, soit détruits. » C. Kraeling pense que nous avons là l'origine de « tant d'idées réalistes concernant le rôle du feu dans le jugement dernier ». Il faut plutôt voir, ici comme ailleurs, je pense, que l'influence iranienne a revigoré des éléments de la tradition israélite[7].

Quelle relation idéologique y a-t-il entre le déluge, le feu des origines et le cataclysme de la fin des temps ? Le déluge a marqué sur le plan cosmique la fin du cycle naturel ; la catastrophe apocalyptique marque, aussi sur le plan cosmique, la fin du temporel. Dans les deux cas cependant, la fin du cycle est transcendée, par une nature rédimée dans la première occurrence, par un temps rédimé dans la seconde. De ce point de vue, les apocalypses qui introduisent l'élément du millénium

---

[4] La correspondance entre l'apocalypse et le déluge a déjà été perçue par MILTON dans *Paradise Lost* (cf. la prophétie de l'ange Michel, l'un des pôles est l'apocalypse, l'autre est le déluge). Cf. N. FRYE, *Anatomy*, 324.

[5] *Genesis* (B.K.A.T. I) Neukirchen Vlg., 1968, 70.

[6] C. KRAELING, *John the Baptist*, New York, 1951, 117.

[7] Même thème du déluge en I Hénoch 14. 22 où il sert de jugement cosmique sur les mauvais anges et de paradigme pour le jugement final.

messianique entre la Fin et l'avènement du Royaume de Dieu[8] établissent un parallélisme plus net puisque le règne du Messie est le triomphe du temps rédimé[9]. Là où cet élément est absent, en particulier dans *Daniel*, ce stage sur la voie vers le Royaume est contourné à cause de sa nature transitoire. Après la fin des temps vient immédiatement « l'éternité », quel que soit le sens à donner à ce mot que l'apocalypse emploie peut-être — c'est une question de traduction — mais qu'elle ne définit pas.

Avant de poursuivre, faisons le point. Avec le déluge, Israël considère la question de la nature comme réglée. Elle suit son rythme générique, et qu'il en soit ainsi est signe de grâce divine. Dieu y appose son sceau par l'arc-en-ciel. Mais c'est une sorte de grâce suffisante ou minimale. Le caractère rédimé de la nature n'en altère pas son régime transitoire. Les règles qui lui sont imposées une fois pour toutes par le Créateur — telles que les lois de causalité — ne trouvent leur justification que dans leur rapport avec un but plus élevé sur un niveau différent : elles permettent à l'histoire de la relation entre Dieu et l'humain de se dérouler dans un cadre établi et qui ne fait pas problème, un plus un font deux : « Tant que la terre durera, semailles et moissons, froid et chaleur, été et hiver, jour et nuit jamais ne cesseront[10]. » Nous y reviendrons bientôt.

Reste la question du temps. Le temps après le déluge, comme avant dans un certain sens[11], est en procès de rédemption. C'est le temps de l'histoire, ou, si l'on veut, de la *Heilsgeschichte*. Tant qu'il dure, les jeux ne sont pas faits. Il y a, à tout moment, possibilité qu'il débouche sur sa propre transfiguration. Ce *kairos*, cet aboutissement pléromatique du temps

---

[8] Cf. Apoc. de Jn. 20. 4-7 ; 2 Bar. 39-40 ; 4 Esd. 5.2 - 7.4...

[9] On trouve exactement ce télescopage du « temps de la grâce » après le déluge, avec le « temps paradisiaque » après le cataclysme, dans 1 Hén. 10. 17 ss, un point malheureusement manqué par C. ROWLAND, *op. cit.*, 161.

[10] Genèse 8. 22, traduction de la *T.O.B.* qui ajoute en note : « La perversité humaine ne troublera pas la permanence des lois de la nature, qui sont un don de Dieu. Cf. Mt. 5. 45 et déjà Jér. 33. 25. »

[11] Bien qu'appartenant à l'*Urzeit*, cf. *supra*.

qui rédime l'histoire, est salué par l'idéologie royale de Sion comme étant l'avènement messianique.

Nous pouvons maintenant revenir au paradigme cataclysmique. L'*Endzeit* correspond à l'*Urzeit* (la catastrophe finale au déluge) mais elle n'en est pas la simple reprise. La « chute », et dès lors la Heilsgeschichte, a été possible seulement dans un univers, dès son origine postcatastrophique, suspendu entre la vie et la mort, le bien et le mal, le chaud et le froid, la lumière et les ténèbres, le cosmos et le chaos, selon des lois stipulées dans l'alliance noachique[12]. Ces lois sont adaptées à l'existence « postlapsaire » de l'homme. La vie humaine s'y inscrit dans une tension — elle-même négative et positive, c'est-à-dire pénible et créatrice comme le travail décrit par Genèse 3. 16-19 — entre chaos et cosmos. Mais, à la fin des temps, ces lois sont suspendues comme le montre Zacharie 14 : 7 ss :

> Ce sera un jour unique
> tel qu'il est connu de YHWH (seul) ;
> il ne sera ni jour ni nuit ;
> au temps du soir il fera clair.
> En ce jour-là,
> des eaux vives sortiront de Jérusalem,
> moitié vers la mer orientale,
> moitié vers la mer occidentale.
> Il en sera ainsi été comme hiver.
> YHWH deviendra roi de toute la terre.
> En ce jour-là, YHWH sera
> unique et son nom sera unique.

Cette vision apocalyptique chez un prophète du Ve siècle[13] montre à nouveau combien le modèle apocalyptique ne se comprend vraiment que sur l'arrière-fond du prophétisme. Mais on

---

[12] Les conditions naturelles ou climatiques ne faisant que refléter une situation morale ou historique telle qu'elle est définie maintenant par la révolte de l'homme et la patience de Dieu.

[13] Cf. mon commentaire sur II Zacharie (C.A.T., vol. XIc).

mesure d'autant mieux la distance qui les sépare. Car, tant que prévalut la notion prophétique de l'« aḥarit ha-yamīm » (fin des jours, cf. És. 2. 2 ; Jér. 23. 20 ; 30. 24... ; Os. 3. 5 ; etc. ; employé encore par Dan. 10. 14), avec la signification d'un événement conclusif donnant valeur et sens à ce qui le précède, mais ne constituant pas lui-même (nécessairement) la fin de l'histoire comme telle, la typologie appropriée fut l'esclavage en Égypte et l'exode, ou la marche au désert et la théophanie du Sinaï, ou encore, sur un mode mineur, la bataille de Madian et la gloire du syndrome David-Jérusalem... Mais cette typologie ne convient plus lorsqu'est évoquée la *Endzeit*, l'eschaton absolu. Celle qui maintenant s'impose est celle de l'*Urzeit*, une typologie d'ordre mythique et cosmologique.

C'est dire que l'apocalypse ne substitue pas une typologie étrangère (iranienne ?) à une typologie traditionnelle biblique. Car dans le patrimoine spirituel d'Israël, il y a déjà une typologie cosmologique prête à l'usage. Pour l'avoir méconnue, des savants modernes se sont montrés injustes envers l'apocalyptique. Eux-mêmes coupables d'historicisme, ils ont conclu de l'absence de la Heilsgeschichte à un sous-genre littéraire qu'on n'eût jamais dû canoniser[14]. Mais, faire de la Heilsgeschichte le critère fondamental pour la canonisation de documents autoritatifs en Israël (puis dans l'Église) est un principe dont la portée est sévèrement limitée, comme on l'a d'ailleurs souvent dit, par la présence de genres littéraires bibliques anhistoriques tels que le sapiental ou l'hymnique. Plus important cependant que ces deux catégories est le phénomène apocalyptique, car, au contraire de l'aphorisme et de l'hymne, il est dans son principe concerné par le problème du *temps* et de l'histoire, comme la saga, l'historiographie ou la prophétie israélites, mais d'une tous autre façon ! Or, d'un point de vue structural, sa présence à la fin de la révélation biblique et, d'un point de vue sémantique, sa préoccupation eschatologique sont toutes deux hautement significatives. Car l'apocalypse rejoint, *par-dessus la Heilsgeschichte classique*, l'universel et le cosmique de « l'histoire des origines » en Genèse 1-11. Du coup, la Heilsges-

---

[14] Même un Martin Buber ou un Gerhard von Rad.

chichte se retrouve flanquée, en son commencement et à son aboutissement, par une transcendance temporelle et spatiale qui la relativise. Le particulier est transcendé par l'universel[15].

Ce dernier point n'est pas sans importance pour ce qui suit sur « celui comme un fils d'homme » (Daniel 7. 13). En tout cas, nous sommes à présent équipés pour travailler avec des matériaux propres à l'apocalypse. Nous avons une typologie de destruction-restauration ; une problématique générale de Urzeit-Endzeit, et sa résolution spécifique selon un modèle cosmologique. A l'intérieur de ce cadre mythique, le particulier n'a de sens que par rapport au général, l'événement est absorbé par le grand dessein, l'historique par l'« éternel »[16].

Or, cette conception paradigmatique, je l'ai souligné plus haut, est elle-même le développement d'un autre modèle, prophétique, qui le précède. Là, une figure centrale joue un rôle déterminant, à savoir le Messie. Il va de soi que ce modèle universel, dans la typologie empruntée par l'apocalypse, devait lui aussi, avec tous les autres matériaux, être réinterprété. Le Messie était traditionnellement la figure-clef ouvrant le passage du chaos historique au cosmos « éternel »), or il n'était question que de cela dans l'apocalypse. Comme l'écrit N. Frye[17] « ... les symboles d'humiliation, de trahison, de martyre, le complexe de ce qu'on appelle le serviteur souffrant... sont à leur tour suivis par les symboles du Messie en tant que fiancé, vainqueur du monstre, conduisant son peuple au havre auquel il a droit ». Mais l'apocalypse radicalise la polarisation des deux termes : les symboles négatifs d'avilissement et de trahison sont utilisés pour caractériser le mal incarné, le monstre chaotique, Antiochus IV. Les symboles positifs du martyre — changé en peu de temps en triomphe — caractérisent les juifs pieux. Par

---

[15] L'épître aux Hébreux semble avoir interprété, dans la même ligne typologique, la rencontre d'Abraham et Melchitsédek en Genèse 14. Cf. mon *But As For Me*, Atlanta, 1979.

[16] Ou, du moins, « le durable », cf. le titre divin en Dan. 7. 13, « Celui-qui-dure » (généralement traduit « l'Ancien des Jours »). Cf. Mal. 3. 6 ; Nb. 23. 19 ; Rom. 11. 29.

[17] *Op. cit.*, 316.

contraste avec les épaisses ténèbres dont est issu leur ennemi, ils sont, dans la terminologie de Qumrân et du Nouveau Testament, des enfants de lumière.

Ainsi s'affrontent les forces du mal et les forces du bien. Mais le mythos exige la personnification individuelle de ces puissances. Antiochus IV est le dragon, l'obstacle omniprésent de la légende et du mythe, celui grâce auquel d'ailleurs il y a histoire (au sens de « story » et de « history »), ou plutôt celui aux dépens duquel il y a rédemption et salut. Quelqu'un donc doit être le « saint Georges », c'est-à-dire, dans la terminologie israélite, le Messie. Mais, avec ce terme, quelque chose de l'équilibre structurel cher à l'apocalypse est faussé. Le Messie vient comme « réparateur des brèches[18] », il vient second, il vient *après*. Ainsi en est-il dans la Heilsgeschichte qui ne recule pas devant ce déséquilibre embarrassant. Pour l'éviter, l'apocalypse, avons-nous vu, adopte l'Urgeschichte comme modèle typologique. Et, dès lors, l'équilibre est rétabli. Au commencement il y a l'Homme, Adam ; à la fin il y aura l'Homme, celui que Paul plus tard désignera par la formule heureuse de second Adam[19]. Premier résultat de notre enquête, donc : de même que la Heilsgeschichte est sertie dans l'universel et le cosmique, le Messie est débordé par ce qui le précède et le suit, l'Homme. Du davidique, on est passé à l'adamique.

Du Davidide a l'Adamide

Il y a un résidu messianique dans la désignation « fils d'homme[20] ». Il est oint, choisi, juste, sage, lumière des peuples[21], juge, chef... Il a des traits royaux et un pouvoir royal (cf. Dan. 7. 14 à rapprocher de 2. 37 ; 5. 18). Mais ce « roi »

---

[18] Cf. Ésaïe 58. 12.

[19] Car le N.T. aussi est préoccupé par la même question. Ainsi Jésus est rapporté avoir dit : « Je suis l'alpha et l'oméga » ; « avant Abraham je suis ». Le Christ est identifié avec le Verbe primordial ; il est la vie de tous vivants, leur nourriture, leur substance...

[20] Il est identifié au Messie davidique en 1 Hén. 46 ; 4 Esd. 13...

[21] Cf. D.S. Russell, *op. cit.*, 231.

est céleste (sinon par nature, du moins par situation) et il est bien clair que la dimension politique du roi-Messie est transcendée.

Or, justement, cette relégation du politique (dimension convenant parfaitement à la Heilsgeschichte) permet à l'apocalypse de retrouver le véritable fondement idéologique de la royauté dans le Proche-Orient ancien et la Méditérranée orientale. Certes, la dimension militaire n'y est pas absente. Mais elle est seconde par rapport au caractère sacral de la royauté. De l'Égypte et du Soudan à la mer Égée, de l'Inde et de l'Iran à Canaan, le roi (ou le pharaon d'Égypte) est sur terre celui qui est doué, par naissance ou par délégation divine, des forces génératrices. Il est source de vie, il est réservoir de fertilité et fécondité. Il est la présence divine sur terre ; cette présence seule maintient le monde en vie[22]. Il est l'antichaos.

Aucune communauté ne peut survivre à l'absence du roi. Les digues contre les forces du chaos sont alors emportées. On se souvient combien traumatique, pour la Babylone du VIᵉ siècle, fut le règne « hétérodoxe » d'un Nabonide, indifférent aux rites de fécondité du festival Akitu (Nouvel An). La Chronique babylonienne dit simplement : « Le roi est fou[23]. » La folie d'un roi eut des conséquences incalculables pour le destin de la cité de l'Euphrate (cf. Hérodote, *Histoire* I, 191). Qu'en fut-il de la disparition de la royauté en Juda après l'exil ?

Il est remarquable qu'une perte si énorme ait été si largement compensée par la naissance du judaïsme postexilique et, ainsi, par la survivance du yahwisme lui-même[24]. Non que la royauté historique ait constitué nécessairement un handicap pour le yahwisme classique[25], mais Israël a eu cette capacité

---

[22] Cf. les dimensions mythiques de la royauté davidique, Ps. 110 ; 72 ; 2 Sam. 21. 1, 17 ; 23. 35 ; Lam. 4. 20 ; Ps. 89. 19 ; 84. 10... (cf. *supra*, chapitre III).

[23] Cf. *A.N.E.T.*, 314 (IV) = Pamphlet IV. 5 ; cf. Pamphlet II, 17 ss.

[24] Dans la mesure même où le yahwisme trouve son expression autorisée dans les textes canoniques des Écritures hébraïques, elles-mêmes réunies et éditées par la communauté juive du second Temple.

[25] Bien que certains en Israël n'aient pas reculé devant ce jugement négatif de la royauté, cf. la couche littéraire « E », Osée, etc.

inouïe de conserver spirituellement ce qu'elle perdait matériellement. « Un jour, dit *Aboth de Rabbi Nathan* (A 4. 5), Rabban Yoḥanan ben Zaccaï sortit de Jérusalem, et R. Josué le suivit. Celui-ci vit le Temple en ruines et s'écria : "Malheur à nous, il est en ruines le lieu où l'on expiait les péchés d'Israël". R. Yoḥanan lui dit : "Mon fils, ne te trouble pas, nous avons une expiation qui vaut la première, c'est la pratique de l'amour ; ainsi qu'il est écrit, j'aime l'amour plus que le sacrifice". (Os. 6. 6) En effet, nous trouvons en Daniel un homme méritant qui s'occupait de la pratique de la charité (...). Il comblait la fiancée et contribuait à sa joie. Il accompagnait les morts (au cimetière). Il faisait l'aumône aux pauvres. Il priait trois fois par jour (6. 11), etc. »

La substitution d'une pratique à une autre — rendue impossible par les circonstances — ne se fait évidemment pas au hasard. Elle est le fruit d'une réflexion qui va dans le sens d'une redécouverte du sens profond du rite, de sorte que le geste du rite peut se perdre, sans que se perde sa signification[26].

Non seulement le rite est ainsi réinterprété, mais avec lui tous les éléments appartenant à la Heilsgeschichte. Or, le messianisme est l'un de ces principes à revoir. La chose est d'autant plus urgente que, pour l'apocalypticien, « l'histoire du salut » se termine en catastrophe, et non en apothéose, malgré l'illusion entretenue par les théocrates de Jérusalem. S'il est donc vain désormais d'attendre un « Heilsgeschichtlich » Messie, aussi absent à l'horizon qu'une restauration monarchique, il reste au moins leur référence spirituelle et existentielle profonde. Leur perte phénoménale n'est d'ailleurs pas vraiment à regretter, car, d'une part, elle n'affecte pas leur « présence » nouménale — pour employer un vocabulaire kantien — et, d'autre part, elle consacre un échec historique mérité. Car, de fait, « la royauté », commencée dans l'ambiguïté en Israël (I Sam. 8), est devenue, partout et toujours, expression d'une arrogance insupportable *(Daniel A)*. Il est clair qu'elle n'a

---

[26] Héritière du judaïsme, la chrétienté n'a pas réellement besoin d'eau pour baptiser, ou de pain et de vin pour communier...

jamais été que « l'ombre des choses à venir[27] », ou, ce qui revient au même, qu'un faible écho de l'authentique royauté des commencements, telle qu'on la trouve représentée dans l'*Urgeschichte*. Là, l'homme est roi de la création. Selon « P », en effet, Adam est l'image et la ressemblance de Dieu. Comme en Psaume 8. 7, cette ressemblance divine est signifiée par la royauté souveraine d'Adam sur l'ensemble de la création. Ezéchiel, d'autre part, on s'en souvient, n'hésite pas à décrire sur le trône céleste « une ressemblance comme une apparence d'homme (adam) » (1. 26). Du point de vue de l'*Urzeit* donc, la fonction monarchique dans l'histoire est en quelque sorte sacramentelle, elle est en tout cas paradigmatique. Elle signifie la royauté adamique sur l'univers créé. C'est pourtant ce qu'a obscurci de plus en plus un pouvoir monarchique devenu partout dans le monde sa propre raison d'être et justification. Le retour au véritable roi adamique restitue à la couronne sa dimension authentique de reflet de la royauté divine. Le signifiant a retrouvé le signifié.

Ce faisant, par l'intermédiaire d'un symbole polysémique tel que le « fils d'homme » de Daniel 7, l'apocalypse nous introduit dans un monde signifiant d'une très grande richesse. Le trait de génie consiste, on l'a souligné, dans la combinaison de la vision eschatologique avec le « in illo tempore » des commencements, quand *tout* était possible, quand tout ne demandait qu'à être. Ainsi, tout ce qui effectivement a été pendant la Heilsgeschichte est récupéré, *plus* ce qui n'a pas été et aurait pu être. C'est pourquoi, d'une part, l'expression « celui comme un fils d'homme » est devenue immédiatement un des ferments les plus puissants de réflexion théologique ; et, d'autre part, cette formule constitue pour l'exégète un défi redoutable d'en sonder toute la portée[28].

---

[27] Cf. Colossiens 2. 17.
[28] L'incidence herméneutique de cette constatation est importante. Les choses dites par l'apocalypticien au sujet du « fils d'homme », ou de la « résurrection des morts », ou de l'eschaton en général, ont toujours une signification immédiate, *plus* une signification par rapport à un référent. C'est justement le « surplus de sens » qui fait la richesse de cette littérature,

Dans cette tâche, il est important, au niveau de Daniel 7, de s'en tenir strictement à la situation telle qu'elle se présente au IIe siècle, sans se permettre d'extrapoler sur la base du développement ultérieur sur la notion de « Fils de l'homme ». Et pourtant, il est nécessaire de garder en mémoire que nous ne sommes qu'au début d'une réflexion herméneutique sur le Messie dans un judaïsme sectaire de l'époque macchabéenne. La brèche est ouverte par laquelle un flot d'idées innovatrices va se précipiter. La révision déchirante des « choses anciennes », inaugurée par *Daniel*, ira dans un sens de radicalisation toujours plus poussée. Non seulement la figure individuelle du Messie sera redéfinie à partir des besoins théologiques nouveaux de la communauté, au fur et à mesure de son dépouillement de toute liberté politique et même religieuse[29], mais le processus de réinterprétation ira jusqu'à « démocratiser » ce qui, initialement, avait été conçu comme le privilège d'individus sélectionnés, voire uniques. Ainsi la communauté judéenne s'appropriera les fonctions et les titres royaux, prophétiques et sacerdotaux ; elle finira par se regarder elle-même comme le Saint des Saints du Temple profané ou détruit[30], à cause de la conscience, acquise dans l'épreuve, de pouvoir proclamer : « avant les institutions, je suis » ; « le sabbat a été fait pour l'humain, non l'humain pour le sabbat ». Jamais auparavant, en effet, les événements n'avaient si implacablement relativisé les cadres institutionnels, jusqu'à les détruire complètement. Le jour venait où Israël allait se retrouver sans roi, sans prophète, sans prêtre (actif), sans Temple, sans État, et bientôt sans terre.

Cette « désincarnation » forcée n'a pas été de peu de poids dans le recours apocalyptique au modèle mythopoétique, c'est-

---

comme de toute la littérature biblique. P. RICŒUR a le grand mérite d'insister sur ce point (cf. *Interpretation Theory : Discourse and the Surplus of Meaning*, Fortworth, TX, 1976).

[29] C'est bien là le moteur qui a déclenché le mouvement apocalyptique du IIe siècle, avec son herméneutique particulière.

[30] Cf. Dan. 8. 11 et 9. 24, et mon commentaire *ad loc*. Cf. I Chron. 23. 13.

à-dire au langage cultuel[31]. Comme l'écrit Benedikt Otzen : « C'est une caractéristique du mythe d'être d'une façon ou d'une autre lié au culte[32]. » Nous devrons y revenir. Il faut cependant se demander dès maintenant ce qui est advenu du processus de « démythologisation » si évident dans presque toute la littérature biblique classique, en particulier dans les récits de la Genèse sur la protohistoire. Or, dans Daniel 7, le processus continue. Ici, comme auparavant, le mythe sert de matériau uniquement à cause du symbolisme qui lui est attaché. Lui seul est conservé, grâce à un tamisage rigoureux (mais évidemment imparfait, sinon il y aurait peu de chance de découvrir aujourd'hui l'origine mythique des matériaux).

Le passage au tamis du mythe se fit selon deux critères principaux. D'une part, Dieu est unique, et il est transcendant à sa création. D'autre part, les phénomènes cosmologiques et anthropologiques[33] ne sont pas accidentels ni ne découlent d'un caprice divin. Ils sont le résultat d'un choix existentiel de l'humain qu'Israël appelle *le péché*.

Sans doute, personne ne peut manquer d'évoquer, à la lecture des premiers versets de Daniel 7, l'arrière-fond mythique d'une telle vision, surtout quand il s'agit de la quatrième bête. Celle-ci est décrite sur le modèle du dragon primordial, « symbole des eaux cosmiques, des ténèbres, de la nuit et de la mort, en un mot de l'amorphe et du virtuel, de tout ce qui n'a pas encore une "forme" »[34]. Daniel 7 poursuit pourtant le processus d'« historicisation » au point où il a été laissé par Jéré-

---

[31] Toute une école herméneutique de l'A.T. a reçu le nom évocateur de « myth and ritual », qui est aussi le titre d'un livre resté classique de S.H. HOOKE en 1933.

[32] *Myths in the Old Testament*, by B. OTZEN, H. GOTTLIEB, K. JEPPESEN, Londres, 1980, 11. B. OTZEN cite à l'appui G. WIDENGREN, S. MOWINCKEL, S.H. HOOKE, B. CHILDS. Sur le modèle cultuel de la pensée et du langage apocalyptique, cf., *infra*, le développement sur la fonction sacerdotale du « fils d'homme ».

[33] Tels l'alternance du jour et de la nuit, ou la connaissance des choses, la division des sexes, le travail humain, la mort, etc.

[34] M. ÉLIADE, *Le sacré et le profane*, Paris, 1965, 44 ; *Traité d'Histoire des Religions*, Paris, 1959, 168 ss.

mie 51. 34, par exemple, qui décrivait Nébuchadnetsar comme un monstre (ṭannīn) avalant Jérusalem. Si, dans Daniel 7, la bête n'est pas appelée spécifiquement un « monstre », sa dévastation est clairement parallèle à celle de Nébuchadnetsar telle que la décrit Jérémie (cf. Daniel 7. 7). On peut aussi évoquer Ésaïe 27. 1 : la destruction par YHWH de Léviathan, le dragon des mers.

Or, cette neutralisation du « serpent ancien » équivaut au renouvellement de l'acte de création (c'est le sens profond du jugement par le « fils d'homme »[35]). Non seulement ce thème est central dans le « festival de Jérusalem »[36] que cette scène reprend, mais la première partie de Daniel 7 montrant les monstres chaotiques sortant des eaux primordiales indique dans quel sens il faut lire tout le chapitre (même s'il fallait considérer les versets 13 ss comme secondaires, avec encore récemment Ulrich Müller[37]).

Comme dans le festival de Jérusalem également, il est à noter que le « mythe » dans sa forme apocalyptique évite, à l'instar des récits israélites de l'Urgeschichte, les deux thèmes introductifs à l'intronisation du Baal cananéen, à savoir le thème de la mort et résurrection du dieu de la fertilité, et le thème de son « hieros gamos ». Il ne faut donc pas exagérer la dimension mythologique de ce qui semble être une passation de pouvoirs de Dieu au « fils d'homme », sur le modèle de Baal succédant à El. Rester dans le cadre de l'histoire des religions pour l'exégèse du texte daniélique est une erreur. Car, provenant d'un fonds religieux commun, le kérygme israélite en sort aussitôt, pour adopter une voie qui lui est propre et la note dominante est que « le monde et l'homme se trouvent dans *un champ de tension entre chaos et cosmos*[38] ».

Le substrat davidique évident de Daniel 7. 13 ss, sur lequel

---

[35] Cf. Ps. 33. 4 ss. Ainsi, à Babylone, le monstre marin Tiamat ressuscitait annuellement et annulait le cosmos, de sorte que Marduk devait la vaincre à nouveau et recréer le monde.

[36] Cf. Ps. 95. 3-5 ; 96. 5 ; 93. 8 s ; 74. 12-14 and 89. 9-12.

[37] U.B. MÜLLER, *Messias und Menschensohn in jüdischen Apokalypsen und in der Offenbarung des Johannes*, Gütersloh, 1972, 23 ss.

[38] Cf. B. OTZEN, *op. cit.*, 52.

nous allons revenir, nous rappelle fort à propos que c'est YHWH lui-même qui couronne le Davidide (Ps. 21. 1, 3, 7) ; il lui accorde le don d'être puissant, source de bénédiction (v. 3, 6) et de vie éternelle (v. 2, 4 ; cf. Ps. 72. 5 ; 89. 29, 36). Bref, le roi agit comme un être divin[39], c'est pourquoi il est appelé « fils de Dieu » (Ps. 2. 7 ; 89. 27 s) ou même simplement « Dieu » (Ps. 45. 6). Il exerce le jugement, odeur de mort pour les ennemis : Ps. 2 ; 72. 4c, et odeur de vie pour les opprimés de son peuple : Ps. 72. 2, 4, 12 s.

En tout ceci, Adam n'est pas loin ! Il est présent comme roi-délégué sur la création, celui à la ressemblance duquel tous les rois historiques sont ou devraient être, car toute royauté est fondée en Dieu dont Adam est l'*imago* sur la terre (cf. Gen. 1. 26)[40]. De fait, l'apocalypse établit un constat de faillite de cet idéal. Les rois ne sont pas « adamiques » mais bestiaux ; ils ne sont pas des facteurs d'ordre (cosmos) mais d'anarchie (chaos). Il faut, en quelque sorte, retourner au commencement (« Endzeit wird Urzeit ») et introniser l'Adam-juge-roi, afin qu'il fasse émerger un monde nouveau.

Le chroniqueur combinait les personnes de Moïse et de David et obtenait un fondateur-organisateur du culte de Sion, véritable rédemption du Peuple et du monde. *Daniel* combine à son tour deux figures : Adam et David, et l'accent est sur le règne pacificateur[41]. La scène des trônes en Daniel 7, en effet, ne peut manquer d'évoquer le trône de David promis « pour toujours » à sa postérité (cf. Ps. 89. 4 s, 29 s, 37 s ; 132. 11 s ; 110. 1 s ; etc.). Même chose en ce qui concerne le caractère universel et éternel de cette royauté pléromatique (Daniel 7. 14). C'est clairement l'accomplissement des promesses à David (cf. Ps. 89. 25, 28-30, 37 s ; 72. 8 ; 2. 8 ; etc.).

---

[39] Cf. S. MOWINCKEL, *H.T.C.*, 21-95 ; H. RINGGREN, *The Messiah in the Old Testament*, 41-46 ; cf. *Myths in the Old Testament*, 78 ss et la contribution dans ce livre de H. GOTTLIEB, « Myth in the Psalms ; the Enthronement of Yhwh », 78 ss.

[40] Cf. Werner SCHMIDT, *Die Schöpfungsgeschichte der Priesterschrift*, Neukirchen, 1967, 127-149. Cf. Ps. 47. 8 s, etc.

[41] On notera à nouveau cet enjambement du Sinaï vers l'Urzeit.

Mais David est une figure complexe[42]. « Ch » voyait en lui l'organisateur du culte ; dans une veine quasi similaire, *Daniel* souligne la fonction sacerdotale de « celui comme un fils d'homme ». Le livre de *Daniel* présente de nombreuses évidences de cet aspect du « fils d'homme » dans les chapitres 7 à 12 en particulier[43]. Sans parler pour le moment de Daniel 7, l'expression « prince de cette armée » en 8. 11 est à comprendre dans le sens combiné de grand prêtre et d'ange, il s'agit du même personnage que dans le chapitre 7[44]. En Daniel 9. 24, l'expression « Saint des Saints », qui se réfère normalement à un endroit du Temple, signifie ici le sacerdoce fidèle (cf. 1 Ch. 23. 13). Nous en voyons la confirmation dans la structure même du texte du chapitre 9 et dans l'identification constamment établie par Daniel entre le Temple et le Peuple. Il est clair en effet, surtout dans les versets 24-26, que l'attente « messianique » (cf. la fréquence de la notion d'onction) est ici

---

[42] Cf. U. Müller, *op. cit.*, 217 : « Die Vorstellung vom Menschensohn hat wohl nie eine so klar begrenzte Bedeutung gehabt, dass eine Vermischung mit anderen Ideen ausgeschlossen blieb. » De même, Horst R. BALZ écrit *(Methodische Probleme der N.T.en Christologie*, Neukirchener Vlg, 1967, W.M.A.N.T. Bd. 25, 61) : « Die Apokalyptik ist als Konglomerat A.T.er Heilstraditionen zu verstehen. Es werden oft stark divergierende Motive aufgenommen und ohne Rücksicht auf ihren systematischen Zusammenhang kompiliert. » Plus loin dans son livre, l'auteur rappelle judicieusement qu'il s'agit d'une vision où tout « wird rein bildhaft geredet. Durchgängige Eindeutigkeit kann deshalb gerade nicht erwartet werden ».

[43] Dans *Daniel A*, la situation est également claire. Cf. 1. 4 et Lév. 21. 17-23 ; 22. 17-25 ; cf. 1. 8 et la sphère cultuelle que ce verset évoque (cf. Es. 59. 3 ; 63. 3 ; Zach. 3. 1 ; Lam. 4. 14 ; Mal. 1. 7, 12 ; Esd. 2. 62 ; Néh. 7. 64). Cf. 2. 46 présentant un vocabulaire sacerdotal parallèle à celui de Lév. 1-7 ; Dan. 3 dont la structure est celle d'un texte liturgique ; etc.

[44] Cf. mon commentaire, p. 121. On trouve la même combinaison de sens au sujet de « Nuntius » (l'Envoyé) eschatologique dans Ass. Mos. 10. 2 ss. Il est sacerdotal (v. 2, cf. Ex. 28. 41 ; 29. 9 ; Lév. 8. 33 ; 21. 10 ; T. Lévi 8. 10), il a les fonctions du « fils d'homme » (toute la scène est d'ailleurs sur le modèle de Dan. 7) et du Messie (vengeur de son peuple). L'Envoyé est angélique, comme son titre ainsi que sa fonction protectrice l'indiquent (cf. Dan. 10. 13, 21 ; 12. 1 ; 1 Hén. 20. 5 ; 1 QM 9. 15 s ; 17. 6 s).

centrée sur la personne du grand prêtre[45]. Le mystérieux personnage de Daniel 10. 5 ss est souvent pris à tort pour l'ange Gabriel. En réalité, il s'agit de nouveau du même « fils d'homme » qu'en Dan. 7. Il est de nouveau aussi caractérisé par son vêtement et ses attributs sacerdotaux[46]. En Daniel 12. 1, l'archange Michel (l'un des aspects du « fils d'homme », cf. *infra*) cumule les fonctions de prêtre, de juge et de roi. Ici, au chapitre 12, comme au chapitre 7, la scène décrit l'intronisation de YHWH dans le cadre liturgique de Succoth[47]. Enfin, avec Daniel 12. 5 commence l'épilogue du livre. Il y est question de l'ange Gabriel et du « fils d'homme » vêtu de lin comme le grand prêtre (12. 6) comme en 10. 5 (cf. 8. 15 s ; 10. 16). Au v. 7, l'homme-prêtre lève les deux mains vers le ciel pour en appeler à Dieu même, qui devient témoin, avec l'autre ange et Daniel, de son serment concernant la Fin[48].

Nous pouvons maintenant retourner au chapitre 7 de *Daniel* et remarquer, en guise de préalable, qu'il y a une raison évidente pour que « celui comme un fils d'homme » cumule les fonctions royales et sacerdotales. Depuis le VIe siècle déjà, avait commencé un processus historique de passation des pouvoirs royaux au grand prêtre. Dans le texte actuel de Zacharie, il y a clairement remplacement secondaire de Zorobabel par Josué[49], et bientôt les Asmonéens, quasi contemporains de l'auteur de *Daniel*, cumuleront les deux pouvoirs[50].

Mais s'il y a ici évolution normale d'un processus commencé pendant l'exil du VIe siècle, il n'en reste pas moins que

---

[45] Cf. le développement de cette idée dans mon commentaire, pp. 143-144.

[46] Cf. commentaire, pp. 153 ss.

[47] Cf. *Infra*. Cf. commentaire, p. 178.

[48] Cf. mon commentaire, p. 182.

[49] Cf. Zach. 4. 14 ; 6. 13 ; Ps. 110. 1, 4 ; Qumrân ; T. des XII Pat. ; Jub. 31. 13-23.

[50] De fait, le passage de l'idéologie royale à l'idéologie sacerdotale remonte plus haut, à « P ». D'après H. RINGGREN *(Messiah...)*, « ... it is probable that the garment of the High Priest, as describeb in Ex. 18, is a post-exilic copy of the royal robe » (p. 13). Il ajoute que le Ps. 8 est à lire comme « originally said to the king » (p. 20), etc.

Daniel infléchit cette évolution dans un sens original. Il se passe, sur le plan de l'interprétation sacerdotale du « fils d'homme » de la vision, la même « réduction au fondamental » que nous avons signalée plus haut au sujet d'autres aspects de la figure. Nous nous proposons ci-après de montrer que le souverain pontificat du « fils d'homme » est le résultat d'une quadruple *épochè* par réinterprétations successives de la *fonction* (prêtrise), du *milieu* (sanctuaire), de la *temporalité* (maintenant et chaque fois), et enfin du *personnage central* (grand prêtre).

1. *La fonction* : Certes, le sacerdoce n'a pas pour seule fonction le sacrifice, mais, comme dit G. von Rad[51], « la plus haute maîtrise des prêtres dans cet office particulier, c'était la consommation rituelle de la viande du sacrifice pour le péché (Lév. 10. 17 ss). Cette viande était "très sainte"... Par la consommation de cette viande — et cela précisément dans le sanctuaire[52] — les prêtres procédaient eux-mêmes à la destruction du mal. Ils ont pour fonction médiatrice de "porter l'iniquité de l'assemblée, afin de faire pour elle l'expiation devant YHWH" (Lév. 10. 17) ».

Ce repas sacerdotal est à la base du banquet messianique (selon une tradition juive, le Léviathan y est servi aux justes (cf. 2 Bar. 29. 3 ss ; cf. Ps. 74. 14). Rien de plus naturel donc que de chercher ce trait dans Daniel 7, lorsque la quatrième bête monstrueuse est mise à mort. Or, il ne s'y trouve pas. La bête n'est pas consommée mais « brûlée au feu » (v. 11). Dès lors, nous sommes renvoyés à une autre tradition, au sujet du « bouc du sacrifice pour le péché » dans Lévitique 10. 16 ss. Là, contre l'attente de Moïse que les prêtres « mangent » le péché du peuple, ils ont, selon l'interprétation donnée par Aaron, qui d'ailleurs convainc Moïse, brûlé leur propre péché. C'est à Lévitique 10. 16 ss que fait écho Daniel 7. 11 en ce sens que le « peuple des saints » ne se substitue pas aux

---

[51] *Théologie*, vol. I, 218.

[52] Or, ajouterons-nous, Daniel 7 nous entraîne dans le sanctuaire, cf. *infra*.

pécheurs et que le monstre historique Antiochus IV est impropre comme victime sacrificielle pour le péché d'Israël. Cela correspond bien à l'idée générale de *Daniel* pour qui la division entre les saints et les apostats est maintenant établie sans changement possible (cf. Dan. 12. 1-3).

2. *Le milieu* : Il y a, comme nous l'avons vu, *épochè* de la notion de roi jusqu'à retrouver son fondement adamique, ou du Messie jusqu'à atteindre son noyau central d'opposition de l'homme à la bête[53]. Il en va de même en ce qui concerne le Temple, tête de pont à partir de laquelle le cosmos peut naître à l'éternité. L'apocalypse nous fait retourner au Modèle, à la *tabnī* éternelle et céleste dont le Temple n'est qu'une copie conforme (cf. Ex. 25. 9, 40 ; Es. 40. 1 ; 1 Ch. 28. 19 ; Sag. Sal. 9. 8 ; cf., en particulier, 2 Bar. 4. 3-7 où Dieu dit que le Temple « a été préparé ici, au commencement ; depuis que j'ai conçu l'idée de faire le paradis, je le fis voir à Adam...[54] ».

Ces textes indiquent clairement que le Temple est au cœur du cosmos. La littérature pseudépigraphique et rabbinique reprendra ce thème. Le Temple est l'*omphalos* du monde (cf. I Hén. 26. 1 s ; Jub. 8. 12, 14 ; *b. Yoma* 54b ; *b. Sanh.* 37a ; etc.). A la base de cette conception se trouve le très ancien principe d'*analogie*. Selon l'inscription de la « statue B » de Gudéa de Lagash (vers 2 400) par exemple, le plan du Temple de Gudéa consacré à Ningirsu est cosmique et à l'image du ciel (cf. *A.N.E.T.,* 268 s). Vers la fin de l'ère préchrétienne, le « Rouleau du Temple » à Qumrân conçoit de même Jérusalem comme un « Sinaï continuum ». La divine Présence est descen-

---

[53] En une synthèse de sens saisissante, les *Aboth de R. Nathan* (A I, 14), commentent Gen. 3. 17-18 de la manière suivante : « Quand Adam entendit que le Saint, béni soit-il, lui disait : "Tu mangeras de l'herbe des champs", ses membres se mirent à trembler et il dit : "Maître du monde, est-ce que moi et le bétail nous mangerons dans la même crèche ?" Le Saint, béni soit-il, répondit : "Puisque tes membres ont tremblé, je te bénirai, c'est à la sueur de ton front que tu mangeras ton pain". »

[54] Trad. P. BOGAERT, *Apocalypse de Baruch*, « Sources chrétiennes » 144, Paris, 1966, vol. 1, 464-465.

due du Sinaï et s'est posée sur le Tabernacle, lequel a été apporté à Jérusalem par David.

On ne peut exagérer l'importance du principe d'analogie. Il est à la base même de la pensée apocalyptique et s'y manifeste de mille et une façons. Même le langage propre à cette pensée le reflète. L'immense faveur dont jouit ici le symbole, la métaphore et la métonymie, illustre ce point à chaque page. Comme dans le livre d'Ézéchiel en particulier, le référent est directement céleste. Les choses de ce monde sont sur leurs modèles célestes. Même les luttes et les guerres trouvent leurs parallèles dans les combats angéliques (cf. Dan. 10.20 - 11.1). Mais, surtout, les choses saintes sont « sacramentellement » présence de l'éternité dans le temps. Ainsi, le « fils d'homme » est à la fois céleste et terrestre. Il peut être dit, en un langage quelque peu anachronique, « préexistant », comme d'ailleurs tout ce qui concerne l'eschaton. Les rabbins, plus tard, établiront des listes de « choses qui précèdent la création », tels « la Torah, la repentance, le paradis, l'enfer, le Trône de gloire, le Temple (céleste) et le nom du Messie » (cf. *Pes.* 54a et *Ned.* 39b ; *Gen. R.* 1. 4 ; *Tanh.* éd. Buber, *Naso* par. 19 ; etc.). On retiendra aussi cette déclaration de R. Simai (vers 200) selon *Sifré Deut.*, par. 306, p. 132a : « Les créatures qui ont été créées du ciel ont toutes leur âme et leur corps du ciel ; toutes celles qui ont été créées de la terre ont leur corps et leur âme de la terre, sauf l'homme dont l'âme est du ciel et le corps de la terre. C'est pourquoi, si l'homme accomplit la Torah et la volonté de son Père des cieux, il est comme les créatures d'en haut (Ps. 82. 6) ; s'il ne le fait pas il est comme les créatures d'en bas (Ps. 82. 7)[55]. »

---

[55] Trad. J. BONSIRVEN, *Textes rabbiniques des deux premiers siècles chrétiens*, Rome, 1955, 79. Notons qu'une des conséquences très importantes de ceci est qu'il ne faut pas exagérer la différence entre les visions apocalyptiques à portée eschatologique, d'une part, et les visions béatifiques des régions célestes, d'autre part. Celles-ci, même lorsque l'eschatologie semble en être absente (cf. 1 Hén. en partie ; Ap. d'Abraham ; 2 Hén. ; 3 Baruch...), ne sont pas étrangères aux « choses dernières ». Avoir la vision du Modèle divin de toutes choses terrestres appartient aussi, dans un sens

Il est donc clair que la profanation du Temple par les représentants d'Antiochus, non seulement l'a rendu impropre au service divin, mais a corrompu le cœur du cosmos. Il est non moins clair que, selon l'apocalypticien, Dieu ne va pas permettre à cette « chose monstrueuse », à cette « abomination de la désolation », de triompher. Le visionnaire, en une envolée géniale dont la pointe polémique est évidente range le Temple de Jérusalem au rang du contingent, et rappelle que ce n'est là que « l'ombre » du véritable Temple auprès de Dieu. Là, les trônes sont installés, et la nuée est l'accompagnement de sa gloire[56].

Représentant une eschatologie de restauration, le pharisaïsme, plus tard, transcendera l'usage du Temple dans un sens terrestre de spiritualisation du rite[57]. L'apocalypse, quant à elle, transcende le Temple dans un sens céleste ; c'est une eschatologie de rupture qui n'attend plus rien d'une amélioration historique. En conséquence, même lorsque la profanation matérielle du Temple prend fin (en 164), la critique du « Temple fait de mains d'homme » reste toujours valable. Un processus de relativisation radicale des phénomènes est en cours qui ne se relâchera Plus. Car, si les mêmes problèmes se posent aux apocalypticiens et aux pharisiens (avant la lettre), les solutions cependant sont très éloignées les unes des autres. Les pharisiens veilleront avec patience à la durabilité des institutions ; les apocalypticiens font vertu de leur impatience de voir la fin des institutions terrestres et leur remplacement par leur

---

large, à « l'eschatologie apocalyptique » en ce que la vision invite à détourner les regards du contingent pour les fixer sur l'absolu (cf. 2 Bar. 4. 2-6). Ceci peut se faire, soit selon un axe temporel, soit selon un axe spatial (cf. 2 Bar. 59. 4, 5-11). Une grave faiblesse du livre de Chr. ROWLAND, *The Open Heaven, (op. cit.),* est qu'il pousse beaucoup trop loin l'opposition entre les deux sortes de vision. Les récits d'ascension mystique dans les lieux célestes sont aussi proleptiques que purement béatifiques (cf. 1 Hén. 91. 10 ; 43. 1-4…).

[56] Sur le Temple terrestre destiné à être remplacé par son modèle céleste, cf. 1 Hén. 90. 28 ; 83. 8 (ms. E) ; 91. 13.

[57] Cf. *supra,* p. 178, la réflexion de R. Yoḥanan ben Zaccaï sur les ruines du Temple après la catastrophe de 70.

Modèle divin. Parler à ce sujet d'optimisme pharisien et de pessimisme apocalyptique entraîne sur une voie fausse. Ce n'est pas la mort dans l'âme que l'apocalypse n'attend plus aucun « avatar » historique des institutions israélites. Toute restauration des choses anciennes ne ferait que retarder la venue des « nouvelles choses », à savoir « de nouveaux cieux et une nouvelle terre » dont parlait le Trito-Ésaïe (cf. 65. 16b-17 ; 66. 22). Alors le provisoire fait place au définitif et ce qui était sujet à « la dureté du cœur » humain dans la Loi de Moïse fait place à ce qui était « au commencement » et qui sera à la fin des temps (Urzeit-Endzeit)[58]. Alors le Temple est transfiguré, « ... tel qu'en lui-même enfin l'éternité le change » (Mallarmé).

3. *La temporalité :* J'ai mentionné plus haut le lien entre la scène décrite dans Daniel 7 et le Festival de Jérusalem, avec son langage mythopoétique. La cérémonie d'intronisation y a son *Sitz im Leben* et le festival coïncide avec Succoth et, probablement aussi, avec le Nouvel An (cf. les Psaumes dits « de couronnement » : 47 ; 93 ; 96-99 ; d'autres encore), le modèle étant fourni en particulier par Babylone et Ougarit. On se souviendra que la cérémonie en question commençait par un combat rituel, au cours duquel le roi était sauvé *in extremis* par Dieu même (cf. Ps. 18. 43). Nous trouvons un parallèle à ce motif en Daniel 7 avec la victoire sur le Monstre. Mais ici la victoire est déléguée par Celui-qui-dure à « celui comme un fils d'homme », et ce trait transforme profondément la trame du rituel. Ce n'est plus le personnage du « roi » qui est sauvé ; il devient au contraire sauveur de son « peuple des saints »[59]. Il y

---

[58] Cf. Matt. 19. 8.

[59] On sait le rôle important que joue le motif du « serviteur souffrant » dans *Daniel* (cf. ch. 10-12 qui réemploient ce symbole. H. L. GINSBERG a d'ailleurs appelé ces chapitres « The Oldest Interpretation of the Suffering Servant », *V.T.* 3. 4 (1953), p. 400-404. Cf., en particulier, 11. 35, midrash d'Ésaïe 53 ; 12. 2-3 et son vocabulaire tiré d'És. 53. 10 s...). Mais, entre Ésaïe 53 et Daniel, il y a un stade intermédiaire qui transforme le motif de la souffrance substitutive du serviteur, en des traits royaux et messianiques. C'est Zacharie 9. 9-10 (cf. mon commentaire sur II Zacharie dans C.A.T. XIc, 153 ss). Là, sur le modèle d'Ésaïe 45. 21-25, Zacharie décrit un monar-

a là un infléchissement du festival dans un sens qu'il importe d'estimer comme il convient. Car la distance parcourue par rapport à l'original israélite est significative. Que s'est-il passé et pourquoi ?

L'apocalypse reprend, avons-nous vu, les catégories du langage mythopoétique. Le résultat est qu'elle remythologise formellement ce que le rituel de Jérusalem avait eu tant de peine et d'hésitation à démythologiser — imparfaitement d'ailleurs — en séparant nettement Dieu d'avec le roi. Ainsi, par un retour en arrière en quelque sorte, l'apocalypse retrouve-t-elle le paradigme des religions moyen-orientales, avant sa transformation « prophétique », et le roi joue à nouveau le rôle de la divinité dans le rituel. Le mythe pur, donc ? Voire, car ce qui est vrai sur le plan formel ne l'est pas nécessairement sur le plan du sens, comme nous le verrons encore par la suite. De fait, le message dans l'apocalypse est différent de celui du mythe original, pour la raison que l'intérêt du mythe est dirigé vers le « *illud tempus* » qui précède le temps des hommes, tandis que l'apocalypse envisage, non les commencements mythiques, mais la résolution eschatologique de l'histoire. Bref, on passe, pourrait-on dire, d'une archéologie « freudienne » à une téléologie « hégélienne »[60].

Comme pour la question de la fonction sacerdotale dont nous avons parlé plus haut, il ne faut pas limiter au seul chapitre 7 de Daniel notre présente recherche. Le fait est que *Daniel B* tout entier progresse au rythme d'une sorte d'année

que « justifié et sauvé, pauvre et montant un âne » [et non un cheval], à l'image du parti opprimé à Jérusalem au Vᵉ siècle, dont le prophète est le porte-parole. En conséquence de quoi, ce « Messie » est habilité à porter à tous une justice et un salut dont il a fait d'abord lui-même l'expérience... C'est dans cette perspective qu'il faut maintenant comprendre qu'au milieu de la persécution la plus grave, « celui comme un fils d'homme » est le représentant qualifié du peuple des saints martyrs et est le premier (la tête, dit le N.T.) à être glorifié et victorieux, avant (mais aussi pour et avec) le peuple fidèle (le corps). Daniel 7 pourrait ainsi être lu comme un midrash d'Ésaïe 53. 11 s « il verra une descendance », etc. De même, Daniel 12. 2 s, cf. *infra* sur la résurrection.

[60] Cf. P.Ricœur, *Le conflit des interprétations*, Paris, 1969, 160 ss, « Une interprétation philosophique de Freud ».

liturgique. De Succoth aux chapitre 7-8, on passe à Yom Kippour au chapitre 9 (et à l'année jubilaire)[61], à une Pâque « kippourisée » au chapitre 10[62], puis de nouveau à Succoth au chapitre 12 (cf. les versets 1-3 où il est question, comme au chapitre 7, de l'intronisation de YHWH)... On notera en passant que le calendrier religieux lui-même est revu en fonction des réalités présentes et de leur sens spirituel (ainsi en Daniel 9, cf. *supra*). Le processus de relativisation de ce qui est considéré comme contingent est donc en cours également, au nom de sa dimension transcendante ou pléromatique.

Dans un contexte si décidément liturgique, on s'attendrait évidemment à trouver une temporalité appropriée. Or, la temporalité propre au langage rituel est « maintenant et chaque fois » (que le rite est accompli). A la base, il y a le souci de durabilité — et les pharisiens y resteront fidèles dans leur herméneutique. Mais dans l'apocalypse, il n'en n'est rien. Au contraire, on passe ici d'une temporalité du répétitif à une temporalité du définitif, avec promotion de la notion de *kairos* ou de « temps concentré », c'est-à-dire d'éternité. Qu'il nous suffise de citer un beau passage signé par J. Pedersen[63] : « Le "temps concentré"... est appelé éternité, olam. L'éternité n'est pas la somme de moments séparés, ni même cette somme à laquelle on ajouterait encore quelque chose. Elle est le "temps" sans division, la dimension cachée du temps et qui se révèle pourtant en tout temps. Le trône de David doit durer éternellement signifie qu'il doit être élevé au-dessus des changements historiques, ou plutôt qu'il doit pénétrer tous ces changements. Il a sa base dans le temps primordial dont découle le temps tout entier. Le temps primordial absorbe en lui-même la substance du temps et est dès lors le commencement du temps... »

C'est — faut-il le préciser — ce temps primordial qui, en Daniel 7, sert de coordonnée chronologique, en relation avec la coordonnée spatiale primordiale, le sanctuaire céleste. La temporalité cultuelle en est ainsi profondément transformée.

---

[61] Cf. v. 24 et mon commentaire *ad loc*.
[62] Cf. v. 3-4, 12 et commentaire.
[63] *Israël : Its Life and Culture*, vol. I, 491.

4. *Le personnage central :* Le « fils d'homme » de *Daniel* est donc, entre autres, sacerdotal. La prêtrise appartient, en Israël, non à une caste, mais à l'homme en tant qu'homme. Avant d'être particulière, la prêtrise est ici universelle. C'est ce que rappelle « P » (cf. Gen. 1, par exemple, ou Nb. 3. 40 ss , etc.), ou encore cette couche littéraire présente dans Exode 19. 4-6 et qui rappelle « D », tout en étant probablement indépendante[64].

L'apocalypse fait retour à ce fondement adamique de la prêtrise. Celui qui est intronisé avec Dieu en Daniel 7 est un « homme ». Du même coup, il y a « démocratisation » du souverain pontificat. C'est ce que le reste du chapitre 7 soulignera en parlant du « peuple des saints », dimension collective du « fils d'homme » (cf. *infra*, p. 202).

En conclusion, la figure du « fils d'homme » est le fruit d'une herméneutique de type radical, dont on trouve des prolongements évidents dans les documents de l'église chrétienne primitive. Cette herméneutique a pour caractéristique d'être *téléologique*. C'est à la lumière du plérôme que l'on peut et que l'on doit envisager les phénomènes historiques. Ceux-ci ne sont que « l'ombre des choses à venir ». Il faut se placer dans la perpective de la réalité pléromatique pour apprécier les ombres portées par cette réalité. Autrement dit, c'est seulement dans la conscience du *déjà* que le *pas encore* a un sens et une signification[65].

Sans doute, le « fils d'homme » est une figure, non un titre, et moins encore la réalité même. Le terme de comparaison « comme un fils d'homme » indique bien le caractère

---

[64] Cf. aussi le texte déjà cité de Gen. 14 où Abram se prosterne devant Melchitsédek. Mon livre, *But As For Me*, est un commentaire libre d'Exode 19. 4-6.

[65] Cf. 1 Hén. 90. 37 s (tous les animaux deviennent des taureaux blancs à l'instar du Messie, taureau blanc). Ch. ROWLAND, *op. cit.*, 163, commente : « ... toute la communauté est graduellement transformée en parfaite humanité, ainsi que Dieu le voulait... reflétant la gloire du premier homme. »

métaphorique de la vision. H.R. Balz[66] dit judicieusement qu'il faudrait traduire non par « Fils de l'homme », mais par « Menschenähnlich » (celui qui ressemble à un homme). Voilà ce qui distingue l'apocalypse du IIe siècle avant J.-C. et le christianisme des premiers siècles de notre ère. La première a une *vision* de la réalité ultime, le second est témoin de son « incarnation ». Autrement dit, la première ne dispose que d'un nouveau symbole pour apprécier la signifiance des phénomènes historiques ; le second prétend avoir « vu de ses yeux » le signifié lui-même, de sorte que le plérôme n'est plus pour lui « comme un fils d'homme » mais est « le Fils de l'homme » en personne.

Cette promotion remarquable d'une métaphore au rang de titre messianique est un phénomène tout à fait intéressant mais non unique[67]. Son importance est si décisive que l'on se tourne naturellement vers les origines de la notion pour y découvrir si possible le secret d'une telle ascension idéologique. Tous les critiques de l'apocalypse et de la littérature du Nouveau Testament s'y sont attelés et le développement le plus récent a été une exploration compétente du substrat linguistique de l'expression[68].

Je ne reviendrai pas ici sur cet aspect du problème. Il a été démontré sans doute possible que l'expression « fils d'homme » est une manière de parler de « quelqu'un » ou, parfois, de remplacer le pronom personnel[69]. Sur cet arrière-fond, je voudrais plutôt ici orienter la recherche vers la critique littéraire. Sur ce plan, il est évident que l'origine de la figure est à chercher chez *Ézéchiel*. Comme l'on sait, l'expression

---

[66] *Methodische Probleme...*, 68.

[67] Un parallèle antérieur peut être trouvé, par exemple, dans le passage de la métaphore Ṣemaḥ (germe) en Jérémie (23. 5 ; 33. 15 ; cf. És. 11. 1-2) à un titre messianique en Zacharie (3. 8 ; 6. 12). La portée en est beaucoup plus limitée que dans le cas du « Fils de l'homme ».

[68] Cf. C. COLPE *in* Th*WNT* VIII ; G. VERMES, Appendix E, « Son of Man », *in* Matthew BLACK, *An Aramaic Approach to the Gospels and Acts* (Oxford U., 1968) ; Joseph A. FITZMYER, *A Wandering Aramean ; Collected Aramaic Essays*, Missoula, 1979.

[69] Cf. mon commentaire, version anglaise, Atlanta, 1979, p. 145, n. 116.

« fils d'homme » y est très fréquente ; elle apparaît une centaine de fois pour désigner le prophète lui-même (surtout en contraste avec la *gloire du Seigneur,* cf. en particulier Éz. 2. 1, 3, 6, 8, etc.). Bref, elle est devenue là un stéréotype. Qu'elle soit reprise par *Daniel* indique au moins qu'une nuance prophétique est à ajouter à celles déjà rencontrées de messianique, royale, sacerdotale et angélique[70]. Car *Daniel* ne crée pas un nouveau matériau. Il y avait, épars, des brins de laine que l'apocalypticien réunit en écheveau. C'est le trait de génie de *Daniel* d'avoir réuni des nuances diverses en une expression lapidaire, dont la forme appartient au langage commun, mais à laquelle il donne un contenu tellement enrichi qu'il suggère un lien entre le ciel et la terre.

Mais il faut aller plus loin. Otto Procksch a attiré l'attention sur la « Versichtbarung » de Dieu en Ézéchiel 1. 26. Cette « visibilité » divine a pénétré en Daniel 7. 13[71]. H.R. Balz poursuit cet argument[72] : la figure de « celui comme un fils d'homme » est « le résultat d'un "dédoublement" de l'apparition de la majesté divine en Éz. 1 » (p. 94). D'autre part, en Ézéchiel 8-11 et 43, on trouve un personnage messianique et sacerdotal appelé « homme ». Il est le mandataire de *Dieu dont l'apparence aussi est décrite comme humaine,* ce qui établit une relation étroite entre lui et le Dieu anthropomorphe d'Ézéchiel 1. 26. Daniel 7 place ces apparences humaines sur deux (?) trônes (v. 9), pour indiquer qu'il y a dualité de fonctions. Il attribue à la quasi-hypostase « fils d'homme » le rôle de juge suprême, à cause de la désignation d'un ange pour de telles fonctions en Ézéchiel 8-11 et 43[73].

---

[70] Cf. Dan. 8. 17 où l'expression est employée, comme en Ezéchiel, pour désigner le prophète ou le voyant. Il faut distinguer cet usage, trop mimétique, de celui qu'on trouve ailleurs dans Daniel, en particulier au chapitre 7.

[71] *Theologie des A.T.*, Gütersloh, 1950, 416 s. Mais l'argument de PROCKSCH relève plutôt de l'intuition.

[72] *Op. cit.*, 80 ss.

[73] Chr. ROWLAND (*op. cit.*, 96-97) reproche à H.R. Balz de n'avoir pas suffisamment tenu compte du parallèle entre Éz. 1. 26 s. et Éz. 8. 2. Ici, la « forme humaine » est distincte du Trône. Ce dont il s'agit, poursuit Rowland, n'est pas, comme le dit Balz, qu'il y a distribution des fonctions divi-

L'intuition de Procksch est ainsi développée par Balz et elle prend une forme plus scientifiquement distincte. On en reste encore, il faut bien le dire, à un stade préparatoire. Mais l'invitation à relire Ézéchiel 8-11, 43 est pressante et elle va nous permettre de prolonger les lignes ébauchées par le « Neutestamentler ».

1. *Ézéchiel 8 :* Dans ce chapitre, le prophète est transporté par une apparence d'homme dans le Temple de Jérusalem. Il s'avère que cet « homme » est la *Ruaḥ* de Dieu. Le prophète est entre ciel et terre, un motif qui prend toute sa valeur en parallèle avec Daniel 7 quand on se souvient qu'Ézéchiel est appelé, ici comme ailleurs, « fils d'homme ».

Dans le Temple se trouve la Gloire divine, telle que l'a vue le prophète au chapitre 1. C'est aussi dans le sanctuaire que se passe toute la scène. Mais le lieu saint est pollué par une idole particulièrement répulsive. Dieu va intervenir radicalement ; les sujets de cette action unique sont décrits ici comme étant « l'homme », l'esprit, Yhwh lui-même. Il est question six fois[74] d'abominations : elles font infailliblement penser au « šiquẓ mešomēm » de Daniel[75]. Le terme šēqēẓ est d'ailleurs employé par Ézéchiel au v. 6, comme aussi en 11. 18, 21. On notera enfin la mention de bêtes immondes et monstrueuses (v. 10).

Les parallèles avec Daniel 7 sont donc impressionnants. Il faut d'autre part se souvenir que la profanation du Temple, qui apparaît à Ézéchiel comme la violation ultime de tout ce qu'il y a de plus sacré au monde, arrive durant le temps de l'exil à Babylone, et cette chronologie convient parfaitement à la fiction historique entretenue par *Daniel*. Plus intéressant encore pour nous est de remarquer qu'il y a réellement, dans ce chapitre d'Ézéchiel, une « Verspaltung » (dédoublement),

---

nes entre plusieurs anges. Ézéchiel montre plutôt que la forme de Dieu agit « comme un médiateur quasi angélique ». Une confirmation de cette interprétation est donnée par la LXX de Dan. 7. 13 : « Le (fils d'homme) vint en tant que (ωs) Ancien des Jours », cf. Ap. de Jean 1. 14 ; Ap. d'Abr. 11.

[74] En comptant la sixième fois au chapitre 9.
[75] Cf. Dan. 8. 13 ; 9. 27 ; 11. 31; 12. 11.

comme l'a bien vu Walther Zimmerli[76] : « l'homme » du v. 2 est Yhwh, mais il y a passage ensuite à un « messager céleste ».

2. *Ézéchiel 9* : La Ruaḥ du ch. 8 est maintenant un homme « vêtu de lin », c'est-à-dire une figure sacerdotale[77]. A notre surprise cependant, W. Zimmerli dit que Daniel 10. 5 et 12. 6 s sont indépendants de ce texte[78]. Quoi qu'il en soit, l'ange d'Ézéchiel est aussi un scribe et on notera qu'en Israël il y a un lien étroit entre cette fonction et celle de la prêtrise. « L'homme » est accompagné de six anges qui, eux aussi, sont appelés « hommes ».

Un reste du peuple est « marqué » ; le parallèle des « saints » en Daniel 7 est clair. Par contre, ceux qui servent l'abomination sont mis à mort et, au v. 7, il est même décrété que le Temple doit être profané et rempli de cadavres. Daniel 7 est la contrepartie de ceci : il y a purification par le jugement des monstres et transfiguration du Temple en Royaume de Dieu. Dans un contraste similaire, Ézéchiel voit le point de concentration et de diffusion du péché *d'Israël* dans le Temple, c'est donc aussi par le Temple que le châtiment divin doit commencer. Au contraire, *Daniel* voit la corruption *des nations* progresser de la périphérie jusqu'au centre de vie (soit le Temple, soit le ciel). C'est là que le jugement a lieu et que l'univers est transformé.

3. *Ézéchiel 10* reprend les éléments de la vision du chapitre 1 (tels le trône, la gloire divine, la nuée, les roues, les chérubins à quatre faces : l'une d'ange, la deuxième d'homme, la troisième de lion, la quatrième d'aigle). Outre la proximité de l'angélique, de l'humain et de l'animal comme en Daniel 7, on

---

[76] W. ZIMMERLI, *Ezekiel : A Commentary on the Book of the Prophet Ezekiel*, trad. R. CLEMENTS, éd. par F.M. CROSS et K. BALTZER, Philadelphia, 1979, 236.

[77] Cf. Lév. 16. 4, 23 ; 1 Sam. 2. 18 ; Éz. 9. 2, 3, 11 ; 10. 2, 6, 7, cf. H. MEISSNER, *Babylonien und Assyrien*, 2 vol., Heidelberg, 1920 : aussi les prêtres baby'oniens portaient le lin, cf. vol. 2, 55, 62.

[78] *Op. cit.*, 246.

notera aussi la mention d'une « forme de main humaine » (cf. Dan. 5).

Dans ce chapitre d'Ézéchiel, il est maintenant question de la seconde tâche de l'homme vêtu de lin : prendre du feu de l'autel. W. Zimmerli écrit à ce sujet : « Qui d'autre qu'un prêtre peut entreprendre de se saisir du feu sacré de Dieu[79] ! » Cependant, l'action sacerdotale décrite ici dépasse les capacités humaines, car il s'agit de pénétrer entre les chérubins du Saint des Saints. Le texte semble dire que le seul vrai prêtre est un être céleste, angélique. Celui-ci, après avoir marqué les uns pour le salut, détruit les autres par le feu du jugement.

4. *Ézéchiel 11* : Ici, on retrouve certains motifs déjà rencontrés auparavant (ainsi, la Ruaḥ, cf. au v. 18, cf. 8. 10 *supra*). La Gloire de Dieu se retire du Temple (v. 23) et retourne implicitement dans les sphères célestes. Le v. 24 souligne la qualité de *vision* contemplée par le prophète (cf. Dan. 7. 1a), et le v. 25 indique qu'elle doit être racontée (cf. Dan. 7. 1b).

5. *Ézéchiel 43* ne nous apprend rien de nouveau pour notre enquête. C'est la suite d'un parcours en tout sens par le prophète dans la Ville nouvelle, devenue tout entière un Temple et ses dépendances. Il est à nouveau question de la Gloire de Dieu, de la Ruaḥ, de la pollution du Temple, d'abominations. On retiendra surtout le v. 7 où le trône de Dieu est encore mentionné ; les pieds de Dieu reposeront « au milieu des enfants d'Israël pour toujours », car il n'y aura plus profanation du Temple par la main d'Israël ou de ses rois. On notera ce lien entre le ciel où siège Dieu et la terre où reposent ses pieds.

En conclusion, il est clair que ces passages d'Ézéchiel ont constitué la source d'inspiration par excellence de *Daniel B*. Comme les visions d'Ézéchiel ont lieu en terre lointaine, celles de Daniel sont également vues de Babylone. Mais ce que le

---

[79] *Op. cit.*, 250.

prophète, fils de Bouzi, a vu pour un avenir plus ou moins lointain, Daniel le voit comme imminent ou déjà présent. La Gloire de Dieu est à nouveau visible, sinon à Jérusalem, du moins dans le ciel, c'est-à-dire là où tout est consommé. C'est pourquoi Daniel fait intervenir ici des nuées et autres éléments célestes, indiquant ainsi, comme nous l'avons vu maintes fois, qu'il s'agit de l'acte ultime de Dieu. Toute l'apocalypse d'ailleurs « n'est autre que la contemplation des desseins célestes quant à ce qui doit se passer sur la terre[80] » (cf. 2 Bar. 81. 4 ; 1 Hén. 103. 2 ; 51. 2 ; etc.).

Notre analyse confirme donc largement l'opinion d'O. Procksch et de H.R. Balz. Il faut maintenant tirer tout le parti possible de cette découverte. Reprenons donc le fil de l'argument. Ézéchiel a brossé les traits d'une figure extrêmement complexe qui joint en elle-même, sous l'étiquette « homme », des réalités aussi variées que Dieu dans sa visibilité, l'ange, l'Esprit, le prêtre, le scribe, le prophète... La richesse d'une telle combinaison doit être portée au crédit du prophète de l'exil et non, par conséquent, originellement à celui de l'apocalypticien du IIe siècle. D'importance primordiale évidemment est le fait que le dénominateur commun entre tous ces aspects du complexe ézéchiélien est *la ressemblance humaine*. L'ange ou l'Esprit, par exemple, sont « hommes ». Dieu est visible sous une apparence humaine. De fait, on trouve « l'homme » aux deux pôles extrêmes du céleste et du terrestre, du divin glorieux et de l'humain dérisoire. A la base du mysticisme ézéchiélien — que la tradition juive appelle le « ma'asse ha-merkabah » —, il y a l'ubiquité de l'humain. Comme Ézéchiel dit du trône de Dieu dans les cieux que son repose-pied est « au milieu de son peuple », la ressemblance humaine a la tête dans les nuées et les membres inférieurs sur la terre. Certes, Dieu dans sa manifestation à ressemblance humaine et l'homme ne sont pas confondus, mais il y a entre eux des liens étroits de « parenté » pourrait-on dire, et qu'on ne peut décrire qu'en termes anthropomorphiques, ainsi qu'en atteste la quasi-totalité de la révélation biblique. Non seulement

---

[80] BALZ, *op. cit.*, 72.

l'anthropomorphisme en langage théologique y est concession à notre compréhension humaine limitée, mais encore ce langage métaphorique est *consacré* dès le départ par l'affirmation sacerdotale que l'humain est l'image de Dieu. Quand Ézéchiel — suivi par Daniel — renverse l'ordre de la proposition, il est soutenu par l'ample tradition de son Peuple, lequel conçoit son Dieu en traits décidément humains, ayant une fois pour toutes résolu de comprendre la transcendance divine en termes de *relation* avec Israël, et non d'aséité.

Le personnage anthropomorphique d'Ézéchiel, puis de Daniel, est le pont jeté entre deux mondes, céleste et terrestre. Dans Genèse 28, Jacob voit « en songe une échelle dressée sur terre et dont le sommet touchait le ciel ; des anges de Dieu y montaient et y descendaient » (v. 12). Hugo Odeberg a écrit sur ce texte, ou plutôt sur Jean 1. 51 qui en reprend les termes en les appliquant au Fils de l'homme, de très belles pages[81]. Il cite *Genèse Rabba* 68. 18 (*Yalqut* num. 119) selon lequel les anges montaient et descendaient *sur Jacob* (non sur l'échelle). En haut, ils trouvaient l'image gravée du patriarche, en bas ils le trouvaient dormant. H. Odeberg commente : l'apparence céleste est le vrai Jacob = Israël. Seulement, il y a entre lui et le dormeur une « identity in essence ». Les anges « symbolisent le lien entre l'homme terrestre et l'homme céleste ». Dans Jean 1. 51, les anges montent et descendent *sur le Fils de l'homme* et les disciples peuvent par conséquent être témoins de l'unité du Christ humilié et glorifié. Or, selon Ésaïe 49. 3, l'homme glorifié est aussi la glorification de Dieu (cf. aussi Jean 13. 31). Il en est ainsi, parce que le mouvement de Dieu vers l'homme et le mouvement de l'homme vers Dieu coïncident, bien que de sens contraires. C'est une $\katά\beta\alpha\tau\iota\varsigma$ de Dieu et une $\dot{\alpha}\nu\dot{\alpha}\beta\alpha\tau\iota\varsigma$ de l'homme (cf. Jean 14.9, 10).

Ce développement de H. Odeberg est éclairant rétrospectivement pour le sens de Genèse 28 et pour son réemploi — explicite ou implicite — dans les textes postérieurs sur le « fils d'homme » en *Ézéchiel* ou en *Daniel* puis dans le Nouveau

---

[81] H. ODEBERG, *The Fourth Gospel*, Uppsala, 1929 ; rééd. Chicago, 1968, 35 s.

Testament. L'idée d'une correspondance entre ciel et terre, d'une communication bilatérale entre le divin et l'humain, d'une *coïncidentia oppositorum*, est ainsi déjà exprimée en ce texte « JE » de la Genèse ; il y a lien entre Dieu et son élu ; ce lien est cette fois exprimé par la métaphore des *anges*, c'est-à-dire par ces êtres mi-divins, mi-humains, originellement des forces cosmiques personnalisées et divinisées par les Cananéens, et que les Israélites ont subordonnés à Dieu tout en faisant d'eux des véhicules de la Présence divine[82]. Il était normal qu'Ézéchiel puis Daniel reprennent cette métaphore angélique et la combinent avec la métaphore humaine. Comme nous l'avons vu en *Ézéchiel*, il est constant que le prophète présente les êtres angéliques comme des « hommes ». La même situation se retrouve en *Daniel* (cf. 10. 18 ; 8. 15 ; 9. 21 ; 10. 5 ; 12. 6 s ; cf., en plus de Ézéchiel 1. 26, 1 Hén. 87. 2 ; 90. 14, 17, 22 ; Ap. de Jn. 14. 14-20 : 21. 17...). C'est précisément sur cette base que N. Schmidt avait eu l'intuition exacte dès 1900[83] que le fils d'homme en Daniel 7 n'est autre que l'archange Michel. Depuis cet article de Schmidt, les manuscrits du désert de Juda, en particulier, sont venus confirmer cette identification. Le passage le plus clair à ce sujet se trouve dans 1 QM 17. 6-8 où il est dit d'une seule haleine que Dieu « exalte parmi les anges l'autorité de Michel et la domination d'Israël sur toute chair ». On comprend rétrospectivement pourquoi, dans « l'apocalypse des animaux » de I Hén. 83-90, l'archange Michel n'est pas représenté quant à lui par un animal mais par une figure humaine (90. 14, 17, 22). Plus généralement, on notera, avec G. Nickelsburg[84], que les désignations telles que

---

[82] Cf. J.J. COLLINS, « The Mythology of Holy War in Daniel and the Qumran War Scroll : A Point of Transition in Jewish Apocalyptic », *V.T.* 25 (1975), 596-612. « The figure of Man must be seen as a development of the prince of the host of Yhwh who appears to Joshua in Josh. 5. 13 and of the angel of the Exodus. We should note that the tendency to substitute this figure for Yhwh met with some opposition in Israel. Isa. 63. 9 denies that any "prince" or angel led Israel — Yhwh himself did so » (p. 601, n. 20).
[83] « The Son of Man in the Book of Daniel » *J.B.L.* 19 (1900), 22-28.
[84] G.W.E. NICKELSBURG Jr, *Resurrection, Immortality, and Eternal Life in Inter-testamental Judaism* (Harvard Theological Series, num. 21), Cambridge, Mass., 1972, 104, n. 53.

« enfants célestes » en 2 Macch. 7. 34 et « fils de Dieu » en 3 Macch. 6. 28 se rapportaient primitivement à des anges. On a ensuite isolé ces textes de leur contexte apocalyptique *[sic !]* et les titres ont été appliqués aux justes[85].

Ulrich Müller a raison sur cette base de réagir contre l'hypothèse de Balz que la figure du Fils de l'homme consisterait en une hypostase de Dieu. « On devrait le décrire comme une hypostase céleste du peuple... plutôt que de Dieu » (p. 35), car il doit d'abord être introduit *auprès* de Dieu, venant d'ailleurs (cf. Dan. 7. 13). L'ange Michel non plus ne nous conduit pas dans la direction indiquée par Balz. U. Müller résume sa pensée de la manière suivante[86] : « L'idée de la correspondance entre le terrestre et le céleste se retrouve dans la représentation des "Völkerarchonten" (les archontes à la tête des nations). Elle explique la relation existant entre la figure visionnaire et céleste de Dan. 7. 13 s d'une part, et les saints du Très-Haut, à savoir l'Israël eschatologique, d'autre part. L'archonte y est un ange particulièrement éminent dans le conseil du Trône de Dieu. Michel, par exemple, représente le peuple d'Israël. »

Cette objection de Müller nous conduit à notre dernier développement : la dimension collective du « fils d'homme » en Daniel 7. L'idée n'est pas nouvelle pour nous. Nous l'avons rencontrée constamment. Nous la reprenons maintenant brièvement car elle va nous permettre une définition aussi lapidaire que possible de la figure du « fils d'homme ».

Replacée dans son contexte immédiat, la vision du « fils d'homme » en Daniel 7 nous entraîne sur le plan d'empires mondiaux et, par conséquent, sur le plan de l'autorité et de la

---

[85] On notera les spéculations sur le Christ-Ange, ou le Christ identifié à l'archange Michel ; doctrine attestée au IIe siècle de notre ère à Rome dans l'arianisme. Cf. M. ÉLIADE, *Histoire des croyances et des idées religieuses*, Paris, 1978, vol. 2, 389.

[86] *Op. cit.*, 28 : « Die Idee der Entsprechung von Irdischem und Himmlischem, die in der Völkerarchontenvorstellung zu finden ist, erklärt das Verhältnis zwischen der himmlisch-visionären Gestalt in Dan. 7. 13 f. und den Heiligen des Höchsten, d.h. dem eschatologischen Israel. Der Archont ist dabei ein besonders ausgezeichneter Engel im Thronrat Gottes. Michael z. B. repräsentiert das Volk Israel ». Cf. aussi p. 38, etc.

domination royale. J. de Fraine est donc certainement dans le vrai lorsqu'il déclare : « Le terme "fils d'homme" (chez Daniel, et peut-être aussi dans le Nouveau Testament) symbolise tantôt le royaume, tantôt son représentant individuel[87]. » On peut aussi penser au symbolisme amphibologique du « serviteur de Yhwh » qui, nous l'avons vu, est loin d'être absent dans *Daniel B*. Là également, on se souviendra que l'expression désigne la totalité d'Israël dans le contexte des « chants », mais un individu dans ces derniers[88]. John McKenzie, à la suite de Aage Bentzen par exemple[89], dit qu'il faut penser à un modèle mosaïque, car « le second exode, comme le premier exode, avait besoin de son Moïse[90] ». Et il ajoute cette réflexion, aussi valable pour « le fils d'homme » que pour le « serviteur de Yhwh » : « Les actions d'une figure idéale ne sont pas des actes historiques ; ce sont des traits faciaux dans le portrait de l'idée. La figure idéale attire sur elle-même l'histoire du passé et les espérances de l'avenir[91]. » D'où, en *Daniel B*, la sensation de flou que suscite en nous la scène telle que la conçoit l'apocalypticien.

J. McKenzie nous aide dans notre compréhension. Mais son insistance sur « l'idée » et « l'idéal » est malheureuse. Il y a mieux à dire sur la relation entre le « fils d'homme » et ceux qu'il représente. Ulrich Müller parlait, on s'en souvient, de la « Völkerarchontenvorstellung ». Il voyait dans le « fils d'homme » une « figure céleste d'imagination représentant le peuple des saints du Très-Haut, c'est-à-dire Israël, dans le sens de la notion des archontes des nations[92] ».

---

[87] *Adam et son lignage. Études sur la notion de « personnalité corporative » dans la Bible*, Tournai, D.D.B., 1959, 177. L'auteur renvoie à Jean 11. 52 entre autres et, en exergue à son livre, a cette phrase de S. KIERKEGAARD : « Adam, c'est lui-même et son lignage. »
[88] S. MOWINCKEL voit dans cet individu la personne du II Ésaïe et J. MCKENZIE, dans son commentaire de l'« Anchor Bible » *The Second Isaiah*, pense que les chants émanent du « III Isaiah ».
[89] *Messias, Moses redivivus, und Menschensohn*, Zurich, 1948.
[90] *Op. cit.*, 20-21.
[91] *Op. cit.*, LII.
[92] *Op. cit.*, 217.

Il n'est probablement pas possible d'éviter des approximations savantes telles que celle de « Völkerarchont » pour caractériser le « fils d'homme », ou celle de « anthropomorphe » pour le décrire. Là n'est pas le problème majeur. Il me semble pourtant qu'on serre de plus près le sens de la métaphore du « fils d'homme » si on la comprend comme désignant la *personnalité pléromatique* d'Israël, voire de l'humain en général (l'un n'excluant pas l'autre mais le supposant). Avec le « fils d'homme » intronisé, c'est l'humanité qui est divinisée selon son projet[93].

Ainsi on évite en tout cas le malentendu qui conduit à assimiler la notion adamique de *Daniel B* à celle de l'essence platonicienne. Le terme « pléromatique » indique qu'il n'en n'est rien. Car il suppose l'Israël historique et non « séparé de son corps », transfiguré et non idéalisé[94].

LA RÉSURRECTION

Daniel 12 est le seul texte de l'Ancien Testament qui annonce clairement la résurrection individuelle. Lorsque les critiques traitent de ce phénomène surprenant qu'il ait fallu attendre le IIe siècle avant J.-C. pour que soit énoncée une doctrine qui allait immédiatement devenir si importante, ils insistent généralement sur deux points. D'une part, ils soulignent le caractère collectif de l'espérance en Israël avant le IIe siècle ; d'autre part, ils mettent en évidence l'évolution historique dramatique qui, sous Antiochus Épiphane, a poussé l'apocalypse à imaginer une compensation/rétribution après cette vie, au martyre des pieux.

Ces deux remarques sont parfaitement justes, mais partiel-

---

[93] D'où l'ambiguïté manifeste dans le livre d'Hénoch où le voyant parle *du* fils de l'homme (cf. 71. 17), puis lui est purement et simplement identifié (cf. 71. 14). On est manifestement à l'orée d'une théologie de l'incarnation. Cf. I Hén. 105, qu'il ne faut pas s'empresser d'attribuer à une main chrétienne (cf. 4 Esd. 7. 28 s ; 13. 32, 37, 52 ; 14. 9).
[94] Pour Paul, rappelons-le, le Christ glorifié doit prendre forme en nous ($\mu o \rho \varphi o \tilde{v} \sigma \theta \alpha \iota$) et nous avons déjà, dès maintenant, les arrhes de l'Esprit Saint.

les. Il est en particulier vrai que seule la pression des événements a toujours été le véritable moteur en Israël pour l'élaboration de son credo. Tout ce qu'Israël proclame comme digne de foi est événementiel. La spéculation philosophique ou théologique vient après. Sans la persécution antiochienne de 167, Daniel 12 ne s'expliquerait pas. Il est cependant à se demander si l'individu israélite a réellement pu se désintéresser pendant quelque onze siècles de son destin particulier post-mortem et se contenter de l'opinion floue et souvent vague que l'on trouve dans les textes épars de l'Écriture[95].

Le problème est d'ailleurs peut-être quelque peu différent. Quand Mitchell Dahood, par exemple, s'efforce de trouver des expressions de type cananéen d'une foi israélite ancienne en la survie après la mort, sa tentative est, à mon avis, ratée[96]. Elle a eu cependant au moins le mérite d'attirer notre attention sur la racine du problème, c'est-à-dire la croisée des chemins entre Canaan et Israël. Mais M. Dahood, comme tant d'autres avant lui, n'a pas pris assez au sérieux la dure ascèse anticananéenne en Israël. Retrouver sur le plan linguistique des traces de sémitismes occidentaux anciens dans la littérature israélite ne prouve pas une dépendance mais un contact. Et si l'on parle d'héritage, celui-ci est loin d'être resté intact aux mains des héritiers. A l'autre bout chronologique, dans la littérature polémique juive antihellénistique, le même phénomène se produit. Le vocabulaire employé est nécessairement teinté par celui de l'adversaire. Au risque de donner l'impression d'un argument circulaire, je dirai que justement la question de la résurrection individuelle, problème existentiel s'il en est et qui a troublé les hommes toujours et partout[97] est la meilleure preuve qui soit

---

[95] Je n'ai pas l'intention d'étudier ici en détail ces textes que l'on trouvera cités et commentés dans l'ouvrage devenu classique de R. MARTIN-ACHARD, *De la mort à la résurrection*, Neuchâtel-Paris, 1956, et maintenant dans son article : « Résurrection dans l'A.T. et le judaïsme » dans *S.D.B.* ; fasc. 55, 1981, col. 437-484.

[96] *Psalms*, The Anchor Bible, 3 vol., New York, 1965-70. Cf., dans mon commentaire sur Daniel, l'introduction au chapitre 12, surtout p. 174-176.

[97] Cf. la valorisation égyptienne de la mort en « une sorte de mutation exaltante de l'existence incarnée. La mort achève le passage de la sphère de

que la résistance israélite au cananéisme fut farouche et efficace.

Sans doute le commun partageait-il des idées peu orthodoxes sur la question. On trouve sans surprise des témoignages bibliques sur l'idolâtrie populaire (cf. És. 17. 10 ; Éz. 8. 14...). Ils sont justement des éléments supplémentaires à verser au dossier de la résistance prophétique aux religions si populaires de type chthonien. Pour que la garde yahwiste se relâche enfin, il fallait que le danger fût passé. Au IIᵉ siècle avant J.-C., cette condition est remplie — momentanément d'ailleurs et seulement dans les milieux juifs traditionalistes/hassidiques[98]. C'est ce qui explique, comme nous l'avons vu, le retour apocalyptique au langage mythopoétique.

Autrement dit, l'annonce de la résurrection individuelle en Daniel 12 ne s'explique pas seulement par le martyre des pieux. Cette proclamation s'inscrit dans la *logique* particulière de l'apocalypse, dans son *symbolisme* et sa *temporalité*.

Cette dernière section consacrée à la résurrection selon Daniel 12 se donne pour tâche de montrer le bien-fondé de cette triple affirmation. Je commencerai par rappeler quelques éléments fondamentaux de l'interprétation de la mort en Israël. Ce faisant, je donnerai probablement l'impression provisoire que le problème s'épuise dans l'aporie du martyre des hassidim. C'est, en effet, ce martyre qui élève le problème de la mort à son point de tension maximale. Il faut donc commencer, sinon finir, par là. Mais il faudra élargir le débat, brosser des horizons bien plus vastes et commencer à s'expliquer pourquoi la doctrine de la résurrection est devenue, en quelque sorte du jour au lendemain, l'un des principes de base du judaïsme, puis du christianisme.

La mort est signe de faiblesse fondamentale de la créature devant Dieu, voire de son état de pécheur[99]. Autrement dit, nul

l'insignifiant vers la sphère du significatif » (M. ÉLIADE, *Histoire des croyances et des idées religieuses,* vol. 1, 111).

[98] Cf. A. BENTZEN : « Le langage mythologique ne représentait plus de danger à l'époque de Daniel » (*King and Messiah*, 74-75).

[99] E. JACOB écrit : « Par ce caractère définitif (qu'elle prend par la désobéissance de l'homme), la mort prend l'aspect d'un châtiment. » Il s'étonne

ne peut subsister devant la justice divine, et la mort est, par conséquent, quel que soit le bout par lequel on l'envisage, « le salaire du péché », le fruit d'une malédiction pesant sur le créé. En ce sens, la mort n'est donc pas « normale » ; elle n'est surtout pas un élément d'un cycle naturel immuable. C'est pourquoi, Yhwh reste absent du Shéol, séjour des morts, à l'inverse des divinités agraires pour lesquelles la mort constitue le domaine au même titre que la vie (cf. Ps. 31. 18 ; 88. 13 ; 115. 17 ; 6. 6 ; 30. 10... ; textes *in* R. Martin-Achard, *op. cit.*, col. 442).

Toute cette construction est remise radicalement en question au IIe siècle. Le scandale naît du martyre des innocents sous la persécution, car leur mort, non seulement échappe à la définition générale de châtiment mérité, mais en constitue le contre-pied.

Ici, en effet, il ne peut plus être question de malédiction divine. Nous sommes aux antipodes de la mort négative et stérile, finalité d'une créature fragile et éphémère (« les plus forts d'entre nous atteignent quatre-vingts ans », Ps. 90. 10). Cette mort-là était sa propre définition, aussi factuelle et brutale qu'apodictique et stupide. Mais qu'en est-il d'une mort-offrande, « Le-šém ha-šamayim » (pour l'amour du ciel), non pas résultat pitoyable de la confrontation de l'humain avec l'être, mais signe du choix de l'être contre le néant ? Ces données sont devenues tout autres. De punition méritée du coupable, la mort devient sort immérité de l'innocent.

Situation d'exception donc, créée par la persécution antiochienne des hassidim. Un problème similaire avait été envisagé poétiquement au Ve siècle par le livre de *Job*. La règle/la loi s'applique en général, mais elle se heurte au cas particulier. Facteur d'ordre et de vie dans la communauté, elle devient scandaleuse lorsqu'elle prétend couper les têtes qui dépassent. Dans le cas qui nous occupe, les limites de la norme sont atteintes lorsque l'histoire provoque une qualité de mort imprévue, une mort innocente et, dès lors, positive et créatrice. Il y

cependant que cet aspect soit si peu exprimé dans beaucoup de textes parlant de la mort (cf. *Les thèmes essentiels...*, 241).

a une mort qui n'est plus signe de la faiblesse pathétique de l'homme mais transcendance de l'homme, car, étant offrande suprême de l'homme à Dieu, par elle il se surpasse infiniment. On pourrait dire que, mis devant le choix de « sauver » sa vie en rejetant la Source de la Vie, c'est-à-dire en reniant Dieu, le martyr « perd » sa vie et descend aux enfers. Du coup, il stérilise la négativité de la mort dont il émousse l'aiguillon. La mort du martyr n'est donc pas épisodique et sa portée n'est pas accidentelle. Le second Ésaïe en avait compris la parfaite originalité révolutionnaire dans sa célébration de l'oblation du serviteur[100].

La mort-châtiment est une fin, la mort-oblation demande une suite, sinon « qui sait si l'esprit de l'homme va vers le haut tandis que l'esprit de la bête va vers le bas, vers la terre ? » (Eccl. 3. 21). La mort-châtiment était sa propre justification ; la mort-oblation ne se justifie pas sans une réponse divine qui la consacre. Cette réponse, selon Daniel 12 est *la résurrection*.

Qu'avons-nous appris par cette approche phénoménologique ?

a) La résurrection appartient à la théodicée. C'est un problème de rétribution, de justice.

b) Tard venue dans la réflexion yahwiste, elle naît de la nécessité de faire une distinction entre deux sortes de mort, la mort-châtiment (« salaire du péché » et finalité d'une créature marquée par la faiblesse) et la mort-oblation du martyr.

c) En un sens, la mort-oblation est un phénomène historiquement nouveau. Elle est provoquée par le premier pogrome

---

[100] Quel que soit le modèle objectif du prophète, collectif ou individuel, il est clair que le poète *choisit* cette mort-oblation pour lui-même dans le futur. A moins que les chants du Serviteur n'aient été composés par l'école qu'on appelle « Trito-Ésaïe ». Dans ce cas, c'est rétrospectivement que les disciples du poète en célèbrent le sacrifice... et l'adoptent comme couronnement de leur propre vie. La mort du martyr est féconde. « Il verra une descendance... » (cf. Es. 53. 10-12).

de l'histoire : la persécution antijudaïque d'Antiochus IV en 167-164.

d) Les conditions extérieures nécessaires à l'éclosion de la doctrine sur la résurrection des morts se trouvent réunies alors : d'une part, l'exercice de la violence pour étouffer la foi et les usages ancestraux des Juifs fidèles et, d'autre part, la distinction en Israël, faite par les traditionalistes, entre les pieux et les apostats, entendez les hassidim d'un côté et les collaborateurs à l'hellénisation de la Judée de l'autre. Le refus de tout compromis de la part des « maskilîm » et « masdikîm » — catégorie d'individus distingués par leur fidélité jusqu'à la mort — crée une situation nouvelle, marquée par le passage de la mort du pôle négatif au pôle positif[101].

e) Certes, cependant, ce n'est pas absolument que l'on peut parler de nouveauté. Les martyrs du IIe siècle ne sont pas les premiers à avoir jamais donné leur vie en sacrifice suprême. Comme il y a une préhistoire à l'apocalypse, il y a une préhistoire à la proclamation formelle de la résurrection individuelle en Daniel 12[102]. Les chants du serviteur dans le livre du Deutéro-Ésaïe sont les premiers jalons d'une évolution qui ne s'arrêtera plus (cf. surtout És. 53. 12).

f) Selon ces prolégomènes, il est clair qu'initialement, au moins, les bénéficiaires de la résurrection sont *les martyrs*. Non seulement la résurrection en Daniel 12 n'est pas générale mais elle ne concerne même pas tout Israël. Le terme « maskilîm » au verset 3 est explicatif ; il ne concerne pas une autre catégorie que celle du verset 2. De même, les « masdikîm » sont les « maskilîm ». Tous ces termes désignent les martyrs pour la

---

[101] Il y a deux types de vie et deux types de mort. Cf. 4 Esd. 9. 22.
[102] La conjonction des deux n'est pas accidentelle. Selon J.J. COLLINS, l'apocalypse a pour kérygme celui de la transcendance de la mort. Cf. « Apocalyptic Eschalology as the Transcendence of Death », *C.B.Q.* 36. 1, Jan. 1974, 21-43. Collins écrit encore ailleurs : « (The) hope for the transcendence of death is what decisively distinguishes apocalyptic from earlier prophecy... The novelty of apocalyptic lies in the fact that humans have access to this higher life... permanently » (« The Symbolism of Transcendence in Jewish Apocalyptic ». *C.S.B.R.* XIX, 1974, 10 s).

foi. Eux seuls sont concernés par la résurrection car leur mort est injuste et inopportune. Ce n'est que plus tard que cette catégorie restrictive sera étendue à tout Israël, puis à l'humanité entière. Comme l'écrit R. Martin-Achard[103] : « La résurrection concerne ici (en 2 Macc. 7) exclusivement les justes et peut-être seulement les martyrs ; 2 Macc. 7 confirmerait ainsi l'interprétation doublement restrictive de Daniel 12. 2 proposée par B. Alfrink[104]. » Paul Volz[105] déjà insistait sur la portée limitée de la résurrection en Daniel 12. 3. Il y a, dit-il, des classes de justes pour qui la résurrection est réservée, les sages, les martyrs, les ascètes. Ici, ce sont des chefs spirituels d'Israël. Ces sages sont probablement des savants dans la Torah, comme en *Aboth* 11. 7, 16 ; I Hén. 98. 9 ; 2 Bar. 46. 5 ; 66. 2 ; ou des apocalypticiens, I Hén. 48. 1 ; 100. 6 ; 104. 12... (cf. p. 352). Ainsi, dit-il[106], ceux qui ressuscitent sont parfois :

1. quelques personnalités de l'histoire ancienne : Moïse, Élie, David, Ézéchias... Daniel (cf. Dan. 12. 13), etc. ;
2. les martyrs du plus récent passé (Dan. 12. 2 ; 2 Macch. [cf. 7. 9, etc.] ; I Hén. 90. 33 ; Josèphe : *C. Apion*. II. 218 et *B.J.* II. 152-153) ;
3. les justes en général (cf. Ps. Sal. 3. 10 ss ; 1 Hén. 91-92 ; 100. 5) ;
4. tous les hommes (Dan. 12. 2 *[sic]* ; I Hén. 22 et surtout 51. 1[107]...).

La réflexion sur une double mort, l'une pour rien[108], l'autre comme sacrifice agréable à Dieu, est typiquement israélite. L'aporie créée par la mort du second type est également un problème juif. La solution par une récompense après la mort

---

[103] Article « Résurrection » dans *S.D.B.* La citation est de la col. 462.
[104] Sur cette interprétation de Mgr ALFRINK, cf. mon commentaire, p. 179 en particulier.
[105] *Die Eschatologie der jüdischen Gemeinde im N.T.en Zeitalter*, Tübingen, 1934.
[106] Cf. p. 231-232.
[107] Cf. aussi T. Juda 23. 1-4.
[108] La mort pour rien est, d'après 4 Esdras 9. 22, le lot de la « multitude qui est née en vain ».

peut, certes, avoir été influencée par l'Iran, voire même par les cultes agraires cananéens et autres. Mais l'approche dite d'« histoire des religions » conduit sur une fausse voie. R. Martin-Achard dit avec raison : « ... l'élement déterminant est venu d'Israël lui-même » (*op. cit.*, col. 468). C'est bien pourquoi la résurrection n'est pas universaliste et cosmique comme en Iran (du moins à ses débuts). Son cadre est ici juridique[109], créationnel[110] et communiel (« affectif », dit R. Martin-Achard, cf. cols. 470-72)[111].

Poursuivons notre recherche. Quiconque se penche sur les moyens d'expression choisis par la littérature juive, depuis Daniel 12, pour parler de la résurrection est frappé par la variété des opinions qu'ils reflètent. Paraphrasant H.C.C. Cavallin[112], R. Martin-Achard conclut : « ... leurs auteurs, et sans doute aussi leurs premiers destinataires, n'attachaient aucune importance décisive à ces expressions si diverses ; ils s'intéressaient plutôt au message qu'elles essayaient de transmettre ; pour bien les comprendre, il s'agit de "démythologiser" » (col. 473). Nous sommes donc renvoyés aux images elles-mêmes qu'il s'agit d'interpréter en leur laissant soigneusement une marge de manœuvre, comme lorsqu'on lit un poème.

Or la résurrection des morts (de certains morts) se trouve déjà en germe discrètement présent dans l'imagerie du « fils d'homme » en Daniel 7. Non seulement le modèle en était, comme nous l'avons vu, le Baal cananéen revenant alternativement à la vie après l'hiver, mais la scène de l'intronisation du « fils d'homme » doit être vue comme une ascension de la mer (les enfers) au ciel, ainsi que l'entend, par exemple, 4 Esdras 13, relecture de Daniel 7[113]. Bref, compte tenu de la

---

[109] Cf. G.W.E. NICKELSBURG (*Resurrection...*) : « Pour Daniel, la résurrection a une fonction juridique » (p. 23, cf. encore p. 27).

[110] Cf. 2 Macch. 7. 28 ; *mid. Ps.* 25. 2 : La résurrection peut être fondée sur le fait que Dieu recrée les hommes chaque matin (cf. *Gen. R.* 78. 1 sur Gen. 32. 27, etc.).

[111] Cf. Ps. 16. 10 s ; 23. 4 ; 49. 10 ss ; 73. 23 ss.

[112] Voir *infra*, n. 122.

[113] On trouve la même lecture, par exemple, dans le Targum (de Jérusalem) sur Ex. 12. 42 :

dimension collective du « fils d'homme », Daniel 12 précise encore, par rapport à Daniel 7-8, que l'eschaton apporte *rédemption/création* ou *recréation/résurrection* du « peuple des saints ».

Le seul élément « nouveau » ici est la résurrection. Le Deutéro-Ésaïe avait déjà, au VIe siècle, axé tout son message de réconfort sur l'articulation interne entre rédemption et création. De même Ézéchiel, au chapitre 37 en particulier, soulignait la même connexion intime. La résurrection est un *aspect* supplémentaire de ce complexe. Il est dû à l'impératif émanant des événements de s'occuper du sort individuel des justes, leur mort ne pouvant pas être, comme la mort-châtiment, séparation de Dieu.

Dans cette perspective de la correspondance des termes création/rédemption/résurrection, il faut prendre très au sérieux l'introduction, dans le verset 1, à l'annonce de la résurrection des morts en Daniel 12. 2. Le verset 1, en effet, place cette annonce dans le contexte typique de la catastrophe finale. Or, nous l'avons signalé à différentes reprises, la réflexion de l'*Urzeit* dans l'*Endzeit* reprend, à l'envers évidemment, la séquence Éden-déluge. Le point ultime est, comme l'avait annoncé Ézéchiel 47, la transformation du pays en paradis. Le verset 1 de Daniel 12 rappelle donc le décor universel dans lequel l'action des versets 2 ss va se dérouler. La correspondance du contexte établit que ce qui va se passer sur le plan cosmique à la fin des temps se reflétera, en toute justice, sur le plan individuel : la crise ultime de l'homme, le triomphe de son plus grand ennemi, la mort, ne sera pas moins amphibologique que ne l'est le cataclysme universel eschatologique. De même que ce dernier entraîne, en même temps que la destruc-

> « Moïse sortira du désert
> et le Roi Messie sortira de Rome (ou des hauteurs).
> L'un sera transféré au sommet de la nuée
> et l'autre sera transféré au sommet de la nuée. »

Quand les Rabbins parlent du Fils de l'homme messianique « venant sur les nuées », il s'agit d'une autre lecture de Daniel 7, dictée par le délai de la venue du Messie ; ou bien les rabbins ajoutent à l'intronisation du Messie (de bas en haut) le motif de la venue (de haut en bas) parmi les hommes.

tion, la victoire de la vie au milieu de la mort, de même la mort du juste contient en elle-même un germe d'éternité[114].

Il y a d'ailleurs une logique parfaite dans l'addition de l'aspect résurrection au complexe création/rédemption. L'idée centrale de l'apocalypse est qu'il y a, comme je viens de le dire, concomitance du cataclysme final et de l'avènement du Royaume de Dieu. C'est là une application absolutisée du principe de la *coïncidentia oppositorum*. Il était normal que l'apocalypticien se tourne vers le Shéol[115] comme « vestige du chaos[116] », pour en indiquer également la défaite. Dans cette perspective, la doctrine de la résurrection est un cas particulier d'une conception générale de l'eschaton comme recréation[117].

La logique apocalyptique en ce domaine s'exerce aussi d'un autre point de vue. J'ai mentionné, après d'autres critiques[118], l'influence des chants du serviteur de Yhwh sur la formulation de Daniel 12. Or, le serviteur connaît une exaltation après la mort, « présentée comme un phénomène extraordinaire qui ne pouvait arriver à un individu que tout à fait exceptionnellement. Mais dans l'Ancien Testament, toutes les interventions extraordinaires de Dieu, telles que le prophétisme, la prêtrise, l'élection en général, sont appelées à passer du particulier à l'universel, si bien que l'espérance de la résurrection se répandra à partir de ces signes parmi la masse...[119] ». Si, comme je l'ai dit, la mort du juste contient un germe d'éternité, la mort de chacun peut accéder à ce niveau glorieux ; cela ne dépend que d'un choix existentiel (cf. Deut. 30. 19).

Éternité et non simple retour à la vie qui se terminerait à

---

[114] Cf. 4 Esd. 9. 31 : le germe d'éternité ici est la Torah.
[115] Cf. J. PEDERSEN, *Israël...* I-II, 462 : « All graves have certain common characteristics constituting the nature of the grave, and that is Sheol. The "Ur-grave" we might call Sheol... manifests itself in every single grave, as mo'ab manifests itself in every single moabite » (cf. la critique négative de ceci chez J. BARR, *Sémantique du langage biblique*, p. 128 et n. 25).
[116] Cf. E. JACOB, *Thèmes essentiels...*, 244.
[117] Cf. déjà Es. 65. 17 ; 66. 22... Cf. l'impressionnant développement de 4 Esd. 7. 31 ss. La résurrection (générale ou dualiste) y est aussi présentée comme création et comme récompense.
[118] Cf. H.L. GINSBERG, G.W.E. NICKELSBURG, J.J. COLLINS, etc.
[119] Cf. E. JACOB, *Thèmes essentiels...*, 251.

nouveau par une deuxième mort[120]. Car, pour la première fois, l'apocalypse juive envisage un oméga final à l'histoire, non suivi par un nouveau développement vers un autre oméga, comme dans l'eschatologie politique des prophètes. Il n'y a plus à présent de spéculation sur « les choses nouvelles » au niveau du monde. Ce monde est destiné à disparaître, non à se convertir et à vivre. Tout va être englouti dans le déluge de feu final. Rien ne subsistera de ce monde maudit, corruptible et corrupteur. A la fin du Ier siècle de notre ère, 4 Esdras dira que même le Messie doit mourir (chapitre 7), comme pour faire place nette pour un monde entièrement nouveau. Il y a trace de cette même conviction déjà en Daniel 12, car, à la différence de Noé qui *survécut* au déluge originel et assura ainsi la *continuité* des deux mondes (cf. 4 Esd. 9. 21), les antitypes apocalyptiques de Noé meurent, entraînés dans la tombe par les derniers soubresauts d'un univers en voie d'anéantissement. Ce qu'ils ne partagent pas avec ce monde, c'est le *déra'on* (l'horreur, cf. És. 66. 24 et Dan. 12. 2b). Il y a donc discontinuité entre les deux mondes et, parallèlement, entre cette existence de mort et la « vie éternelle ».

La dichotomie[121] entre « maintenant » et « alors » est encore soulignée par la glorification astrale des ressuscités. Ce point va nous permettre de serrer de plus près la question de la discontinuité. Il faut d'abord souligner le lien entre l'élévation des justes au rang des étoiles et leur association avec les anges. C'est, en termes imagés, l'affirmation que la vie à venir a un caractère transcendant et céleste (cf. I Hén. 92. 4 ; 104. 2 ; 2 Bar. 51. 10 ; Sag. Sal. 3. 7 ; 7. 3a ; Ps. Sal. 3. 12 ; Ant. Bibl. 33. 5 ; etc.)[122]. Étoiles et anges se côtoient pour ainsi dire.

---

[120] Comme c'était encore le cas avec les textes du livre des Rois, cf. I R. 17. 17-24 ; 2 R. 4. 3, 37 ; 13. 21, ou les resurrections d'individus par Jésus dans l'Évangile. La résurrection est alors une guérison suprême.

[121] Une dichotomie modérée cependant par le fait que le cataclysme eschatologique est historique (comme la mort de l'homme), et que les « justes » appartiennent aux deux mondes. Les sectaires de Qumrân exploiteront à fond ce dernier trait. Voir le développement *infra*.

[122] Cf. H.C.C. CAVALLIN, *Life after Death. Paul's Argument for the Resurrection of the Dead in I Cor. XV.* Part I : *An Inquiry into the Jewish*

Ils brûlent les uns et les autres d'une flamme divine et il n'est pas surprenant que les séraphins (« les brûlants ») de Ésaïe 6 se saisissent des charbons ardents et « angélisent » en quelque sorte le prophète au contact du feu de l'autel (v. 7)[123]. De même, être sous la protection d'un ange tutélaire (comme Israël et les nations selon Daniel) équivaut à avoir une bonne étoile.

Des textes pseudépigraphiques et rabbiniques nous entraînent cependant sur une autre voie (que l'on doit d'ailleurs considérer comme non exclusive). Ainsi, 1 Hén. 43. 4 ; 4 Esd. 7. 97, 125 ; 4 Macch. 17. 5 ; Ass. Mos. 10. 9 ; *Sifré par. Debarim* 10 // *Lév. R.* 20. 2 ; *Tg. Es.* 14. 13[124] voient dans les étoiles et leur immuabilité, le symbole de l'obéissance parfaite à Dieu. Les justes y sont assimilés pour cette raison. Par contraste avec les étoiles, les hommes en général sont désespérément rebelles, cf. 1 Hén. 2-5.3 ; 5. 4 ss ; 43. 1-4 ; 69. 16-21, 25 ; T. Napht. 3. 2.

Enfin on n'oubliera pas que les anges sont, pour *Daniel*, les « éveillés » (ou « vigilants » ; cf. 4. 10, 14, 20), et, pour Qumrân, les « connaissants » (1 QH 11. 14). Y être associés signifie, pour les pieux, qu'ils partagent avec les anges les mêmes mystères (1 QH 3. 22 s ; 13. 13 s...). Peut-on avancer que la position cosmique des étoiles leur permet d'avoir une vue globale de l'univers et, dès lors, une sagesse supérieure ? En tout

---

Background. Coniactanea biblica. N.T.-Series 7. I, Lund, 1974, 27, 203 ss. Paul VOLZ (*op. cit.*, 354-355) cite en outre les textes suivants : I Hén. 43 ; Ps. Sal. 18. 9 ss ; Jub. 19. 25 ; Ass. Mos. 10. 9. Cf. LAPERROUSAZ, « Le Testament de Moïse », *Semitica* XIX, Paris, 1970. Mais déjà Dan.8. 10 ss associe étoiles et anges (cf. mon commentaire p. 120 s) et, au-delà, És. 52. 13 sert certainement de modèle ; le plus ancien texte à verser au dossier est Nombres 24. 17. On a aussi vu plus haut (au chapitre III, section « angélologie ») que dans le parsisme, les « fravashis » sont des anges et des étoiles.

[123] Avec la prophétie classique, les prophètes prennent la place des anges (cf. Agg. 1. 13).

[124] Ces textes et les suivants sont cités par M. STONE, « Revealed Things in Apocalyptic Literature », *Magnalia Dei : The Mighty Acts of God*, New York, 1967, 430-431.

cas, « leur ordre immuable procède de la bouche de Dieu et est un témoignage de l'être » (1 QH 12. 9).

Mais les étoiles ont toujours été parmi les στοιχεῖα τοῦ κόσμου (les forces cosmiques, cf. Gal. 4. 3, 9 ; Col. 2. 8) dont parle saint Paul et devant lesquelles l'homme se sent si petit qu'il est prêt à leur rendre un culte. Les mentionner en Daniel 12 est donc un trait audacieusement mythopoétique comme tant d'autres dans l'apocalypse juive. Ici encore cependant, le motif de la glorification stellaire des bienheureux ne fait pas exception à la règle : il constitue en même temps une opération de démythologisation des « corps célestes ». Il n'y a nulle raison de les adorer ou de les craindre. Les étoiles ne sont que des signes de glorification *post-mortem* des élus.

On ne peut ici manquer de noter cette nouvelle correspondance avec les récits de la création. Car, évidemment, la démythologisation des « luminaires » célestes a commencé déjà en Genèse 1. 15-18. De fait, ce que Genèse 1 a fait du mythe de création, maintenant Daniel 12 le fait du mythe (cananéen) du retour à la vie saisonnier de Baal. Les deux thèmes sont d'ailleurs unis par une parenté commune. La « Weltanschauung » dominante de la *mythopoesis*, nous l'avons vu à propos du « fils d'homme » en Daniel 7 *supra*, est la tension entre chaos et cosmos, c'est-à-dire, en termes anthropologiques, entre la mort et la vie.

Ne serait-ce donc que sur ce plan, il serait prudent de ne pas tirer de conclusions précipitées aliénant l'apocalypse du reste de l'Écriture. Parler, par exemple, de transcendance et d'universalisme à propos du sort des trépassés selon Daniel 12 risque de ne pas faire justice à l'eschatologie israélite qui est, encore à ce stade, et reste longtemps après, nationale et terrestre[125]. Car, ici comme en Ésaïe 26, il s'agit de la pérennité de la nation, ou, en termes plus exacts, de l'éternité de la faction fidèle d'Israël[126]. Le Royaume de Dieu est inauguré sur cette terre où il remplace en les anéantissant les royaumes histori-

---

[125] En fait, jusqu'à la destruction du Temple en 70 de notre ère, cf. 4 Esd. 7. 30 s.

[126] Cf. D.S. RUSSELL, *op. cit.*, 297 ss.

ques marqués par la bête (cf. Dan. 2. 34, 44 ; 7. 14)[127]. Wilhelm Rudolph est victime d'un *a priori* dogmatique lorsqu'il déclare qu'Ésaïe 24-27 ne peut être apocalyptique parce que la séparation d'avec l'histoire n'y est pas complète. Ici, dit-il, l'eschatologie est « nationalistisch-particularistisch[128] ». Mais, où ne l'est-elle pas dans la Bible ? Certes, le Royaume de Dieu s'étend à la terre entière aussi en *Daniel* (cf. 7. 14, 18, 27), mais il n'y a là rien de particulier par rapport à la prophétie ancienne ou à l'espérance messianique attachée à la personne et à la dynastie de David[129].

Il ne faut pas opposer « transcendant » à « terrestre » ici. Ainsi que l'écrit P. Hanson[130], Mowinckel lui-même doit bien admettre que, dans les sources juives, les deux types ont fusionné. Nous croyons que la tension entre l'accent placé sur le terrestre/national et celui sur le transcendantal/cosmique, dans la réflexion juive quant au futur libérateur, s'explique le mieux en termes de dialectique. Toute la période postexilique se caractérise par cette tension entre une conception « pragmatique » reconnaissant l'ordre de l'histoire comme étant la sphère de l'activité divine et une conception « visionnaire » de l'activité divine comme se déroulant sur un plan cosmique. Les cercles qui partageaient la conception « visionnaire » tendaient à décrire le libérateur à venir en mots cosmiques (par exemple Daniel 7 ; 4 Esd. 13). Par contre, ceux dont la conception était « pragmatique », en parlaient en termes terrestres/nationaux (Aggée-Zacharie, les Targums, les Psaumes de Salomon, les Testaments des XII Patriarches). C'est, en d'autres mots, la

---

[127] Cf. le développement *supra* sur Urzeit-Endzeit, cf. O.S. RANKIN, *Israel's Wisdom Literature*, 130.

[128] *Jesaja 24-27*, B.W.A.N.T. 55, 10, Stuttgart, 1933, 63. Il est suivi par J. LINDBLOM (*Die Jesaja Apokalypse*, 102), E. KISSANE, (*Isaiah*, 267) et d'autres, au nom du même malentendu initial.

[129] Paul VOLZ semble bien court-circuiter le problème lorsqu'il déclare (*op. cit.* p. 137) : « Es ist ganz gleich, ob es sich um das nationale Heil oder um das Weltende handelt ; überall weiss der Glaube, dass das Ende herbeigekommen ist. »

[130] « Prolegomena to the Study of Jewish Apocalyptic », *Magnalia Dei, op. cit.*, 412.

distinction que faisait Paul Tillich entre « essence » et « existence »[131].

L'eschatologie israélite ne cesse jamais d'appartenir à la théologie et à l'anthropologie. La doctrine de la résurrection qui en dépend est liée à la notion de peuple (d'Israël ou des saints) et n'est compréhensible que dans le cadre de l'alliance communautaire. Ainsi est-elle un fait *historique*, en contraste avec la formulation « cananéenne » naturiste[132]. En conformité avec la pensée générale apocalyptique, elle est un événement révélateur d'un secret que l'histoire humaine a tout fait pour garder tel. Ce secret, c'est la dimension transcendante de l'homme, de tout homme (son Sôma pneumatikón, comme dit 1 Cor. 15. 44). L'homme a pour fin divine d'être transformé ultimement en « fils d'homme » selon Daniel 7-8, ou d'être mis au rang des anges ou des étoiles selon Daniel 12, ce qui revient au même[133].

Le problème de savoir si l'eschatologie apocalyptique est en rupture avec l'histoire ou si elle est elle-même un chapitre de l'histoire perd donc beaucoup de son acuité, car il faut bien répondre qu'elle est l'une *et* l'autre[134]. Lorsque l'eschaton vient — qui est lui-même événement d'histoire, comme la mort individuelle — l'histoire bascule dans le tout-autre régi par ses propres lois et critères. Seulement, *ces lois sont précisément celles de l'histoire* authentique, de la Heilsgeschichte si l'on veut, *depuis le commencement*. Avec l'eschaton, l'histoire triomphe,

---

[131] *Systematic Theology*, vol. 2, Chicago, 1957, 29-44.

[132] Pour O.S. Rankin (*op. cit.*, 137), « the first principal cause of the retarded development and late appearance in Hebrew religion of a doctrine of personal existence after death was the tenacious endurance of the conception of Yhwh as a sky-or heaven-god ». Entendez : un Dieu dissocié des forces de la nature et, par conséquent, aux antipodes d'un Baal alternativement mourant et revenant à la vie.

[133] Nils Messel insiste sur l'unité profonde de l'eschatologie juive ; cf. *Die Einheitlichkeit der jüdischen Eschatologie (op. cit.).*

[134] Cf. J.J. Collins (« The Symbolism of Transcendence... », *op. cit.* 19) : « The idea that two contradictory formulations... such as elevation to the stars or resurrection on earth... could be simultaneously affirmed runs counter to Aristotelian logic but is fundamental to mythical thinking. »

de même que celui qui a été désigné par le Créateur pour la « nommer », l'homme.

H.C.C. Cavallin (*op. cit.*, p. 199 ss) est donc seulement en partie justifié lorsqu'il souligne l'incohérence des descriptions de la résurrection du corps (à la fin des temps et en un instant) et de l'immortalité spirituelle (qui fait qu'un juste mort est immédiatement accueilli dans le Royaume de Dieu), entre 100 avant et 100 après J.-C. Car notre pensée occidentale a la plus grande peine à concevoir que le passage d'un monde à l'autre n'est pas spatial, quantitatif pourrait-on dire, mais qualitatif, spirituel, existentiel. L'« autre monde » est présent ici et maintenant, occulté par « ce monde » ; de même, « la vie éternelle » est ici et maintenant étouffée par cette vie-ci qui en est seulement le signe[135]. Nous allons y revenir.

Signalons cependant en passant que le Nouveau Testament est tout à fait fidèle à cette vision apocalyptique, lorsqu'il proclame que le Messie réconcilie les choses terrestres et les choses célestes et « récapitule » une histoire jusqu'alors « décapitée »[136]. Or, l'acte messianique pénètre le temps humain tout entier (« la lumière éclaire tout homme », Jean 1. 9). L'histoire n'est jamais privée, évacuée, de son accomplissement. Mais, jusqu'au moment ultime de l'intervention apocalyptique de Dieu, nous ne voyons ce couronnement qu'« à travers un verre opaque ». Il n'empêche que l'eschaton est, comme l'écrit Mme Amado Lévy Valensi[137], « ... tout de suite, ou dans un temps

---

[135] J.J. COLLINS, en particulier, insiste fortement sur ce point. Il écrit : « ... J'entends qu'il existe une sphère de la vie parallèle à celle-ci. Dans les termes de *4 Esdras*, "le Très-Haut n'a pas fait un monde, mais deux" (7. 40). Ces deux mondes, cependant ne sont pas seulement en succession temporelle, comme l'envisage 4 Esdras, un trait que l'on croit souvent typique de toute l'apocalypse juive. Ils sont aussi contemporains, comme l'envisagent Daniel, I Hénoch et Qumrân... Il appert de l'exemple donné par Qumrân que le passage à une forme plus haute de la vie était essentiellement une expérience profonde dans le temps présent. La mort était transcendée par l'intensité de la vie présente... » (« Apocalyptic Eschatology... », *op. cit.*, 37 et 41). Cf. aussi son *The Apocalyptic Vision of the Book of Daniel*, Cambridge, Mas., 1977, 176.
[136] Cf. Col. 1. 15-18 ; Éph. 1. 10, 22 s ; 1 Cor. 15. 20, 23...
[137] *Le temps dans la Vie morale*, Paris, 1968.

différé que mon vouloir actuel prépare de toute sa vigilance ».

Dialectique de l'histoire donc. L'éternité du monde à venir n'est pas absence de temps (de notre temps) mais structure de temps différente. De fait, il n'y a pas de fin « géométrique » de l'histoire. Il y a un passage d'un monde à un autre monde, d'une économie à une autre économie. Il est certes logique, mais fondamentalement inadéquat, de parler de ce passage comme d'une fin suivie d'un commencement. Il n'y a qu'un monde, mais il se présente nécessairement sous la forme de deux économies, l'histoire et l'éternité[138]. A la charnière de cette dualité tensionnelle se trouve Israël (ou, dans les termes de Daniel, le « peuple des saints ») opérant l'acte par excellence, עבדה, c'est-à-dire le culte, au moment culminant de l'histoire, c'est-à-dire le shabbat[139], au centre de l'espace, c'est-à-dire le Temple[140]. L'eschatologie juive — en contraste avec l'eschatologie iranienne — est l'éclatement de ce moment, de ce kairos, qui désormais remplit totalement l'horizon.

Cet éclatement met fin à un monde qui, j'y ai insisté plus haut, a été en suspension constante entre la vie et la mort, le bien et le mal, le chaud et le froid, le cosmos et le chaos (cf. Gen. 8. 22). C'était un monde postlapsaire, postcataclysmique, écartelé entre le ciel et l'enfer, l'arbre de vie et l'arbre interdit, le Jardin de délices et la poussière de « l'horreur éternelle ».

---

[138] Cf. 4 Esdras 7. 26 qui annonce la manifestation eschatologique de la « cité invisible », du « pays caché » ; cf. 4 Esdras 7. 40 déjà cité : « Le Très-Haut n'a pas créé un éon, mais deux éons. » Voir aussi le beau texte de Sag. Sal. 19. 18-21 : « Les éléments se combinèrent ensemble en de nouveaux accords... » La mort non plus n'est pas un espace en succession à un autre espace appelé la vie. Comme E. JACOB y insiste avec raison, il y a « une sphère de la mort qui fait irruption dans celle de la vie, si bien que l'homme peut y être engagé sans pour cela cesser de vivre... le désert, la mer, le péché, la maladie, le chaos, les ténèbres... » (*Thèmes essentiels...*, 241).

[139] Le shabbat, ou la fête. Pour Zacharie 14, par exemple, le point culminant de l'histoire est la fête ultime de Succoth. (Pour rappel, Daniel 12. 1 est une scène d'intronisation de Yhwh, lors de Succoth.) Sur les rapports entre l'apocalypse et le culte, voir *infra*.

[140] Le Temple, avons-nous vu, est la tête de pont à partir de laquelle le cosmos peut naître à l'éternité (cf. *supra*, « Du Davidide... »).

La fin apocalyptique entraîne la résolution de cette ambiguïté ontique[141]. Et dans cette perspective, la résurrection constitue ce que Northrop Frye appelle « une métamorphose vers le haut, en un nouveau commencement, pourtant déjà présent[142] ».

Nous sommes par conséquent introduits dans une nouvelle ambivalence, en fait dans une dialectique de caractère temporel. Entre le présent et le futur, un pont est jeté qui nous rend l'éternité contemporaine. La résurrection dans Daniel 12 est « pour ce temps-là » qui est la Fin des temps. Mais une telle vision n'est possible que dans la mesure où ce qu'elle évoque est exprimable et compréhensible à l'intérieur de nos catégories temporelles. Pour parler de la résurrection, l'auteur doit savoir ce dont il parle, en avoir un avant-goût ou les arrhes, comme dit le Nouveau Testament. La « Fin des temps » ne doit pas nous reporter exclusivement vers un futur dont l'avènement reste incertain. La justice actuelle de ceux qu'Antiochus martyrise est aussi la justice rétribuée dans le monde à venir[143]. Ici et maintenant, il y a des « qadîsin », des « maskîlim », des « masdîkim ». Ces saints, ces sages, ces justes sont présence de l'éternité dans cette histoire actuelle déchue et vouée à sa perte. Ils sont la dimension authentique de l'humain, comme l'éternité est le vrai sens de l'histoire[144]. Pour comprendre qu'il en est ainsi depuis le commencement, il faut retourner une fois de plus à Daniel 7. « Celui-comme-un-fils-d'homme » était la

[141] Cf. le texte puissant de Zacharie 14. 6-7 (déjà cité dans ce chapitre) ; 4 Esd. 7. 38c-42 ; Or Sib. VIII. 89-92 ; II Hén. 10. 2 ; b. Sira 12. 2 ; et déjà És. 30. 26.

[142] N. FRYE, *The Great Code* ; *The Bible and Literature*, N.Y., London, 1982, 137 (« A metamorphosis upward to a new beginning that is now present »). Cf. aussi la citation de Karl RAHNER *supra,* ch. V *in fine* ; et celle de J. PEDERSEN, *supra*, dans ce chapitre, « Du Davidide... », p. 192.

[143] Cf. 4 Esd. 9. 6 : « Les commencements ont été attestés par des événements miraculeux et puissants ; la fin [est attestée] par des actes et des signes. »

[144] Transposé en herméneutique, l'interprétation anagogique rend le sens profond des Écritures. Cf. P. VOLZ, *op. cit.*, 128 : « ... überall hat ein Ding erst seinen vollen Wert und seine wahre Gestalt, wenn es den Abschluss erreicht hat. »

Ruah des origines (v. 2 ss) couronnée aux côtés de Dieu. En cette acception, il était préexistant, comme la vie déborde en tous sens le domaine de la finitude. J.J. Collins ne s'y est pas trompé. Il écrit[145] : « Daniel 7, Daniel 8 et 10-12 parlent tous des mêmes événements en un langage quelque peu différent, car nulle formation n'est adéquate. »

Arrivés au terme de cette réflexion sur la résurrection en Daniel 12, nous pouvons, je pense, établir le bilan et vérifier que la tâche assignée au départ a été accomplie. L'annonce de la résurrection au IIe siècle avant J.-C. répond à la logique interne de l'apocalyptique. La glorification des martyrs pour la foi signifie la concomitance de « Pâques » et « Vendredi saint »[146]. « Qui perd sa vie la gagne », dira plus tard le Nazaréen, sur cette lancée apocalyptique qui a fait prévaloir une logique de l'extravagance, véritable pierre d'achoppement pour toute logique aritostélicienne.

Il y a également correspondance symbolique avec le reste de l'apocalypse. Par là, j'entends que *le fait* de la résurrection déborde toutes ses limites en tant que fait et devient le symbole de la transcendance de la mort ici et maintenant, autant que là et alors[147]. Ce symbolisme traverse l'apocalypse (et en particulier le livre de *Daniel*) de part en part.

Ceci nous amène au troisième point, celui de la temporalité de l'apocalypse. Cette temporalité, nous l'avons vu à différentes reprises, s'agence sur *Urzeit wird Endzeit*. Le schéma du commencement : préhistoire/catastrophe/Heilsgeschichte se répète en sens inverse : Heilsgeschichte/catastrophe/histoire transcendée. Il en est ainsi dans la vie individuelle où la destinée *post-mortem* n'est pas un retour à l'utérus (correspondant à la préhistoire), comme dans les religions naturistes ou les dérèglements psychologiques. La destinée des saints *transcende* la

---

[145] « The symbolism... », *op. cit*, 19. L'auteur réfère à Paul RICŒUR (*La Symbolique du Mal*, 159) : « Il n'existe pas, en effet, de signification qui égale ce qu'elle vise. »

[146] Cf. mon *But As For Me*, 79 ss.

[147] Cf. J.J. COLLINS, « The literal can also be symbolic » (*The Symbolism...*, *op. cit.*, 19).

mort. Ainsi la temporalité de l'apocalypse absolutise celle du culte. Au « maintenant et chaque fois que » de la célébration cultuelle, s'est substitué un maintenant permanent de l'accès à la gloire divine. « Tout est accompli. » Étant une communauté apocalyptique, les sectaires de Qumrân, par exemple, ont conscience de participer ici et maintenant à la vie angélique (cf. I QM 12. 7 ss ; I QH 3. 19-23 ; 11. 3-14 ; I QSa 2. 3-11 ; cf. I Cor. 11. 10). Le but parénétique des écrits apocalyptiques est précisément d'exhorter leurs lecteurs « à vivre leur vie *sub specie aeternitatis*, en pensant constamment à la vie céleste[148] ».

> « Toi, va jusqu'à la fin
> Tu auras du repos et tu te lèveras
> pour recevoir ton lot
> à la fin des jours. »
> (Dan. 12. 13).

---

[148] J.J. COLLINS, *ibid.*, 11. L'auteur cite fort à propos Col. 3. 1-4.

Index des auteurs cités

Aarne A., 65.
Ackroyd P., 118 et n.
Albright W., 13 n.
Alfrink B., 210 et n.
Altheim F., 32 n., 68 n.
Ammien Marcellin, 67.
Amsler S., 49 n., 164 n.
Anderson B., 28 n.
A.N.E.T. cf. Pritchard J.B.
Apollonius, 25.
Aristote, 31 n., 68, 218 n., 222.
Askenazi L., 114 n.
Augustin St., 16 n.
Baillet M., 139 n.
Baldensperger W., 85 n.
Baldwin J.G., 88 n.
Baltzer K., 96 n., 197 n.
Balz H.R., 184 n., 194, 195 et n., 196, 199 et n., 202.
Baron S. W., 15 n., 16 n., 32 n., 33 n., 43 n., 89 n.
Barr J., 213 n.
Barthelemy D., 72 n., 139 n.
Baumgartner W., 51 n., 90 n.
Benan, 21 n.
Bentley E., 37 n.
Bentwich N., 28.
Bentzen A., 45 n., 59, 66 et n., 67 n., 68 et n., 69, 203, 206 n.
Berose, 63 n., 67.
Betz O., 105 n.
Bevan A.A., 114.
Bible « de Jerusalem », 138 n.

Bible « de la Pleiade », 137 n.
Bible Tob, 172 n.
Bickermann E., 24 n., 28 et n., 37, 38 n., 49 n., 53 n., 56 n., 60 n., 62 n., 63 n., 69, 84 n.
Black M., 194 n.
Blenkinsopp J., 164 n.
Bogaert P., 49 n., 187 n.
Bonsirven J., 188 n.
Bouché-Leclercq A., 29 et n.
Bousset W., 115, 117 n.
Box G.H., 15, 144 n.
Brecht B., 37 n.
Bright J., 9 n.
Buber M., 85, 161 n., 174 n.
Buhl F., 26 n.
Caquot A., 158 n.
Cavallin H.C.C., 211, 214 n., 219.
Cerfaux L., 27.
Charles R.H., 27 n., 58 n., 108 et n., 121 n., 136.
Childs B., 63 n., 181 n.
Clamer A., 83 n.
Clements R., 96 n., 197 n.
Cloche P., 31 n.
Collins J.J., 63 n., 66 n., 82 et n., 91, 109 et n., 155, 156 n., 157, 167, 201 n., 209 n., 213 n., 218 n., 219 n., 222 et n., 223 n.
Colpe C., 194 n.
Conybeare F.C., 57 n.
Cornford F.M., 37 n.
Cross F.M., 132 n., 197 n.

225

CTÉSIAS, 116.
DAHOOD M., 205.
DAVIES W.D., 41 et n., 72 et n.
DHEILLY J., 52.
DELCOR M., 140 n.
DENNEFELD L., 83 n.
DIODORE DE SICILE, 18 n., 24 n., 67 et n.
DOEVE J.W., 51 n.
DORAN R., 64, 65.
DREYFUS T., 98 n.
DRIVER G.R., 51 n.
DRIVER S.R., 51 n.
DUPONT-SOMMER A., 44 n., 58 et n., 140 n.
DURANT W., 20 et n.
EDDY S.K., 43 n.
EISSFELDT O., 45, 52 n.
ELIADE M., 151, 157 n., 158 n., 165 n., 166 n., 181 n., 202 n., 205 n.
EPHREM St., 53 n.
EUSÈBE, 67.
FACKENHEIM E., 74 n., 86 n.
FINKEL A., 142 n.
FINKELSTEIN L., 134 n.
FITZMYER J.A., 51 n., 194 n.
FRAINE (de) J., 14 n., 203.
FRANKFORT H., 159 n.
FREEDMAN D.N., 57 n.
FREUD S., 191 et n.
FREY J.B., 16 n., 82 n., 108 n., 117 et n.
FROST S.B., 41 n.
FRYE N., 169 et n., 171 n., 175, 221 et n.
GADD C.J., 57 n.
GAMMIE J., 46 et n., 49 n., 50 n., 52 n., 105 et n.
GEHMAN H.S., 161.
GEIGER A., 150.
GESENIUS, 26 n.
GINSBERG H.L., 46, 47 n., 52 n., 55 n., 59 et n., 60, 61, 62 n., 63, 67, 69 n., 70 et n., 71 et n., 73 et n., 74, 75, 76 et n., 77 et n., 190 n., 213 n.
GINSBURG C.D., 14 n.
GOTTSBERGER J., 66.
GOTTLIEB H., 181 n., 183 n.
GRELOT P., 78.

GRESSMANN H., 27 n., 69 n., 115, 117 n.
GUILLAUME A., 85 n., 102 n., 142 n.
GUNKEL H., 64, 107 n., 115, 117 n., 171.
HALLER M., 53 n.
HAMMOURABI, 45.
HANSON P., 94 et n., 97 et n., 98 n., 105 n., 121 n., 125, 126, 128, 129 et n., 153 n., 217.
HARRIS, 58 n.
HARTMAN L., 111 n.
HEATON E.W., 152 et n.
HEGEL G.W.F., 191.
HENGEL M., 13 et n., 19 n., 26 n., 27 n., 32 n., 33 n., 38 n., 39 et n., 40 et n., 41 n., 42 n., 117 et n., 118, 133 n., 134 n., 144, 145 n., 154 n.
HÉRODOTE, 56 n., 67, 116, 177.
HESCHER A., 108 et n.
HÉSIODE, 116.
HILGENFELD A., 132 n.
HOLM-NIELSEN S., 106 et n.
HÖLSCHER G., 53 n., 67 n., 71 n., 72 n.
HOMÈRE, 20, 32.
HOOKE S.H., 27 n., 107 n., 181 n.
HUMPHREYS W.L., 65.
IMSCHOOT van P., 114 n.
ISOCRATE, 33.
JACOB E., 97 n., 98 n., 99 n., 100 n., 114 n., 206 n., 213 n., 220 n.
JAHN G., 53 n.
JAUBERT A., 141 n., 142 s.
JEPPESEN K., 181 n.
JEPSEN A., 58 et n., 59 et n., 61, 72.
JOSÈPHE, 14 n., 24 n., 30, 31, 39, 63 n., 140, 143 n., 145, 154 n., 159, 210.
JOUGUET P., 20, 21 n., 31 n., 43.
JUNG C., 158 n.
JUNKER H., 53 n.
KAFKA F., 166.
KANT E., 178.
KAUFMANN Y., 14 n., 17 n., 51, 52, 54 et n., 55 et n., 56 et n., 57, 59, 60, 61, 95, 114 n.
KIERKEGAARD S., 203 n.

KISSANE E., 217 n.
KLAUSNER J., 29 et n.
KRAELING C., 171 et n.
KRAELING E., 45, 46.
KUHL C., 69.
KUHN K.G., 116 n., 124 n., 133 n.
LACOCQUE A., 6 ss., 11 n., 26 n., 27 n., 31 n., 42 n., 49 n., 54 n., 64 n., 72 n., 74 n., 75 n., 76 n., 78 n., 114 n., 115 n., 140 n., 157 n., 161 n., 164 n., 173 n., 175 n., 180 n., 184 n., 185 n., 190 n., 192 n., 193 n., 194 n., 205 n., 210 n., 214 n., 222 n.
LAGRANGE M.-J., 92, 93 n., 131 n., 156 n.
LAMBERT W.G., 117, 118 n.
LAPERROUSAZ E.M., 214 n.
LEWIS, 57 n.
LINDBLOM J., 91 et n., 107, 217 n.
LIFSHITZ B., 27 n.
LODS A., 137 n., 138.
LOEWENSTAMM S.E., 114 n.
LORD A., 65 n.
LYSIPPUS, 67 n.
MAHARAL (de Prague), 98 n., 104.
MAÏMONIDE, 10 n., 142 n.
MALLARMÉ E., 190.
MARROU H.I., 32.
MARTIN F., 57 n., 132 n.
MARTIN-ACHARD R., 205 n., 207, 210, 211.
MCGINN B., 130 n., 137 n.
MCKENZIE J., 203 et n.
MCNAMARA M., 143.
MÉGASTÈNE, 63 n.
MEISSNER H., 197 n.
MENASCE (de) J., 138 n.
MENDELSSOHN M., 60 n.
MESSEL N., 112 et n., 218 n.
MEYER Éd., 29 et n.
MILIK J.T., 57, 72 n., 139 n.
MILLAR F., 30 n.
MILTON J., 171 n.
MOLTMANN J., 87.
MONTGOMERY J.A., 16 et n., 51 n., 53 n., 67, 106, 137 n., 140 n.
MOORE G.F., 82 n.
MORGENSTERN J., 30 et n.
MOWINCKEL S., 64, 100 et n., 119 n., 167 n., 181 n., 183 n., 203 n., 217.
MÜLLER H.P., 66 n., 160 et n.
MÜLLER U., 182 et n., 184 n., 202, 203.
NEHER A., 86 n., 90 n., 104 n.
NICKELSBURG G.W.E., 109 n., 201 et n., 211 n., 213 n.
NICOLAS M., 117 n.
NIDITCH S., 64, 65.
NOTH M., 12 n., 35 n., 53 n., 64 n. 101 n.
NÖTSCHER F., 66.
ODEBERG H., 200 et n.
OTTO R., 115 n.
OTZEN B., 181 et n., 182 n.
PEARSON B.A., 137 n.
PEDERSEN J., 192, 213 n., 221 n.
PERRIN N., 155 et n.
PFEIFFER R.H., 54 n.
PHILON, 101, 105 n.
PIROT L., 83 n.
PLATON, 68, 204.
PLINE, 68 n.
PLOEG (van der) J., 51 et n.
PLÖGER O., 10 n., 46, 63 n., 66 n., 121 n., 128 n.
PLOTIN, 16 n.
POLYBE, 18 n., 24 et n., 29, 44 n., 68 et n., 69, 116.
POLYCHRONIUS, 53 n.
PORPHYRE, 16, 28, 53 n.
PORTEOUS N.W., 13 n.
POSIDONIUS, 38 n.
PRITCHARD J.B., (A.N.E.T.) 69 n., 177 n., 187.
PROCKSCH O., 195 et n., 196, 199.
PROPP V., 65 n.
RAD (von) G., 9 et n., 10 n., 90 et n., 91, 103 n., 128 n., 139 n., 174 n., 186.
RAHNER K., 167, 221 n.
RANKIN O.S., 27 n., 217 n., 218 n.
RASHI, 14 n., 161.
REICKE B., 45 n.
REITZENSTEIN R., 28 n.
RICCIOTTI G., 42.
RICŒUR P., 154 et n., 157, 160 n., 162, 163 n., 179 n., 191 n., 222 n.

227

RINGGREN H., 183 n., 185 n.
RIVKIN E., 40 et n.
ROBBERECHTS L., 111 n.
ROBINSON N., 101.
ROST L., 45 n.
ROSTOVTZEFF M., 29 et n.
ROWLAND C., 134 n., 172 n., 188 n., 193 n., 195 n.
ROWLEY H.H., 29 n., 41 n., 46, 51 n., 52, 53 n., 54 et n., 57, 58 n., 59 n., 60 n., 63, 67, 91, 102, 106 et n., 111 n.
RUDMAN S., 121 n.
RUDOLPH W., 127 n., 217 n.
RUSSELL D.S., 15 n., 102, 107, 119 n., 125, 158, 176 n., 216 n.
RUTTEN M., 158.
SAADYA GAON, 14 n.
SACHS A.J., 17 n., 44 n.
SANDERS E.P., 41 n.
SANDERS J.A., 140 n.
SCHÄDER H.H., 51 n.
SCHECHTER S., 131 et n., 140 n.
SCHMIDT N., 201.
SCHMIDT W., 183 n.
SCHMITHALS W., 109 n.
SCHOLEM G., 123 n.
SCHÜRER E., 29, 30 n., 54 n.
SCHÜSSLER-FIORENZA E., 50.
SCOTT R.B.Y., 53 n.
SEELIGMANN J.L., 9 n.
SELLIN E., 53 n., 71 n.
SEYRIG H., 27 n.
SILBERMANN L.H., 142.
SINGER, 21 n.
SMITH M., 150.
SMITH J.Z., 137 n.
SMITH S., 69.
SNAITH, 114 n., 120 n.
SODEN (von) W., 69.
SOEDERBLOM N., 117 n.

STEINMANN J., 45, 46, 83 n.
STONE M., 84 n., 215 n.
STRABON, 61.
TACITE, 24 n.
TCHERIKOVER V., 24 n., 26, 29, 31, 33 n., 134 et n., 135, 136.
TESTUZ M., 114 n.
THÉODORET, 49 n.
THÉODOTION, 82.
THOMAS D.W., 64 n.
THOMPSON A.L., 49 n.
THOMPSON J.E.H., 132 n.
THOMPSON S., 65.
THUCYDIDE, 31.
TILLICH P., 218.
TITE LIVE, 18 n., 24, 27.
TONDRIAU J., 27.
TOWNER W.S., 64, 65.
TRESMONTANT C., 102 et n., 103 n.
VAN UNNIK N.C., 51 n.
VALENSI E.A.L., 219.
VAUX (de) R., 14 n., 139 n.
VERMÈS G., 30 n., 194 n.
VOLZ P., 85 n., 210, 214 n., 217 n., 221 n.
VUILLEUMIER R., 49 n., 164 n.
WEINBERG M., 96 n.
WEISSBACH F.H., 62 n.
WELCH A.C., 26.
WESTERMANN C., 90 n., 107 n., 171.
WHEELWRIGHT P., 155 n.
WIDENGREN G., 181 n.
WILDER A.N., 41 n.
WILSON R.D., 51 n.
WINTER P., 51 n.
WISEMAN D.J., 17 n., 44 n.
WYNGARDEN M.J., 53 n.
XÉNOPHON, 56 n.
ZEVIT Z., 72 n.
ZIMMERLI W., 197 et n., 198.
ZOROASTRE, 20, 116 n.

Index des sujets traités

Abomination dévastatrice, 28, 48, 98, 182, 189, 196.
Acra, 25, 36, 37.
Adam, 72, 99 n., 101, 102, 116, 128, 152, 176-204, 216, 219.
Akiba, Rabbi, 84, 109, 121 n.
Alexandre le Grand, 18, 20 n., 26, 27, 29, 31 n., 32 n., 37, 53, 55 n., 59, 62, 63 n., 71, 84, 93, 138, 149, 153.
Analogie voir Coincidentia oppositorum.
Angélologie, 16 n., 73, 90 n., 113 et n., 114 et n., 116, 117 n., 120, 132, 143, 144, 149, 151, 152, 171 n., 184 et n., 194-204, 214-223.
Anthropologie voir Adam.
Antiochus IV épiphane, 17 n., 22, 23, 24 et n., 25, 26, 27, 28 et n., 29, 30, 34, 36, 39, 41, 42, 43, 44, 46, 48, 52, 53, 54 n., 55 n., 60 et n., 62 n., 64, 67, 68 n., 70, 75, 76, 78, 81 n., 133, 154, 175, 176, 187, 189, 204-209, 221.
Apollon, 27.
Asmonéens, 39, 135, 185.
Bête monstrueuse voir Chaos.
Bilinguisme, 45-50, 51 n., 63 n., 73-76, 143.

Canon voir Herméneutique.
Casherout, 18, 38 et n.
Cataclysme, 83 n., 88 n., 116, 120, 123, 127, 169-176, 177, 212, 213, 214 n., 220, 222.
Chaos, 97 et n., 102 s., 104, 107 et n., 117 n., 123 n., 155, 156, 173, 175, 176-182, 186, 190, 196, 197, 213, 216, 220 et n.
Châtiment par le feu voir Feu.
Chronologie voir Temps.
Circoncision, 21, 38, 42.
Clérouque, 19, 31.
Coincidentia oppositorum, 42, 95, 96, 98 n., 99, 100, 102, 145, 158-162, 179, 182, 183, 187-204, 214 n., 215 n., 219 n., 220 et n.
Cosmologie voir Universalisme.
Culte, 50 n., 72, 75, 76, 94, 97 n., 98, 109, 127, 129, 132, 134 et n., 137, 151, 178, 183, 184 n., 190, 192, 220 et n., 216, 223.
Déterminisme, 50 n., 91 n., 102-113, 119, 144, 149.
Diadoques, 18, 20, 56, 59, 62, 72, 75, 138.
Dionysos, 20, 26, 33, 42.
Divination, 159 et n.
Divinisation (du Roi), 18, 20 n., 26, 27 et n., 28 n., 30, 32, 33, 39, 84, 93, 97 n., 177, 183.
Dualisme, 50 n., 85 n., 88, 91, 102-113, 116 et n., 130, 156.
Eschatologie, 50 n., 83 et n., 90 n., 92, 94, 99, 100 et n., 105 n., 106, 107, 109, 112, 115 n., 116 et

229

n., 117 n., 119, 120-128, 151, 153, 160 et n., 161, 167, 169, 179 n., 184 n., 188 n., 202 n., 212, 214 et n., 216, 217, 218 n., 220 et n.

ÉSOTÉRISME, 16, 90 et n., 132, 147, 165.

ESSÉNISME, 22, 132, 133 n., 137, 142, 144, 145, 159.

ÉTOILE, 27 n., 114, 116 n., 144, 151, 214-216, 218 n.

FEU, 171, 186, 198, 214.

FRAVASHIS, 114, 214 n.

GABRIEL, 72 n., 76 et n., 185.

GÉROUSIE, 19 et n.

GNOSE, 116 n., 144, 153.

GUERRE SAINTE, 151, 201 n.

HASSIDISME, 22, 25, 33, 39, 41, 43, 92, 112, 122, 123, 126, 128, 131-139, 144, 152, 159, 164.

HEILSGESCHICHTE, 97, 107 n., 108, 110, 121, 126, 128, 145, 171-181, 218, 222.

HELLÉNISME, 13, 18-22, 29, 31, 32, 84 et n., 92, 93, 123, 133, 134, 144.

HELLÉNISTES, 23, 27, 29, 33, 34 n., 36, 39, 40, 41, 60 et n., 78, 87, 113 n., 119, 120, 150, 152, 153, 154, 209.

HERMÉNEUTIQUE, 10, 17 n., 47 et n., 84 et n., 86 n., 115, 121, 130, 134, 139-143, 147, 155, 156, 167, 174, 177 n., 179 n., 180 et n., 181 n., 193, 221 n.

HERMÉTISME, 13, 116.

IDÉOLOGIE ROYALE voir NOUVEL AN.

IMMORTALITÉ, 89 n., 218 n., 219.

INFLUENCES ÉTRANGÈRES, 11, 13, 39, 50, 51, 68, 69, 81, 94, 102, 105, 107, 115-119, 125, 130, 134, 145, 153, 171, 174, 180, 211.

JASON (Grand Prêtre), 23 et n., 24, 40, 136.

JOUR DU SEIGNEUR, 87, 100.

KATOIKIA, 19, 31.

KIPPOUR, 76, 178, 186, 192.

LITURGIE voir CULTE.

LIVRES, 86, 147.

LOI, 10, 15, 23 n., 25 n., 35-44, 60 n., 101 n., 115 n., 121 et n., 123 et n., 124, 134 et n., 135, 136 n., 141, 147, 148 et n., 188, 190, 207, 210, 213 n.

MACCHABÉES (Histoire), 17, 39-44, 46, 60 n., 133, 135 n., 136, 150, 180.

MAGIE, 85 n., 159, 161, 162.

MAL, 12, 43, 48, 63 n., 65, 97, 105 et n., 106 n., 108, 120, 154, 175, 186, 208.

MANTIQUE voir DIVINATION.

MARE'ÈH, 50 n., 74, 163.

MARTYR(E) voir PERSÉCUTION.

MÉNÉLAS, 22 n., 23 et n., 24, 30, 34, 36, 37, 38, 40.

MESSIE, 34, 50 n., 51, 54, 72, 83, 85, 100, 111, 121 et n., 124, 138, 172, 175, 176-204, 211, 214, 217, 219.

MICHEL, 72, 171 n., 185, 201, 202 n.

MIDRASH, 10, 12 n., 18, 44, 50, 89 n., 114, 120 n., 190 n.

MYSTÈRE, 11 n., 54, 74, 77, 82, 83, 91, 92, 124 n., 138, 142, 144, 147-149, 218.

MYTHE (ologie), 88, 91, 94 et n., 97 et n., 103, 107 n., 113 n., 117 et n., 151-163, 167, 170, 174, 176, 181-190, 191, 206 n., 211, 216, 218 n.

NATUREL (ordre), 121 n., 129, 171, 172 n., 173 n., 217, 218 n.

NOUVEL AN, 72, 96 n., 100, 151, 173, 182, 190.

OFFICE SACERDOTAL (Fils d'Homme), 181 n., 184-198.

OIKOUMENÉ, 20, 34, 37, 84, 93, 123.

ONIADES, 22, 23, 36.

ONIAS III, 22 et n., 23 et n., 138.

ORPHISME, 13, 116.

OUGARIT, 13 et n., 113 n., 159 n., 190.

PÉRIODISATION, 39, 56, 82, 90, 96, 99, 109, 116.

PERSÉCUTION, 18, 22, 29, 34, 37, 42, 44, 46, 52, 54 n., 55, 66, 68, 70, 71, 78, 89, 93, 95, 103, 105 n., 124, 134, 135, 136 n., 137 n.,

139, 154, 175, 190 n., 206-215, 221, 222.
PERSONNALITÉ COLLECTIVE, 102, 202-204, 213 n.
PHARISIENS, 25, 40, 41, 84, 121, 124 n., 131, 145 n., 150, 159 n., 189, 192.
POLIS, 19, 25 et n., 31, 33, 36, 38, 40, 60 n.
POLITEUMA, 33, 37.
PRÉEXISTENCE, 103, 188, 222.
PROPHET(I)E, 10 et n., 12, 14 n., 15, 17 et n., 50 n., 83 et n., 84, 85 et n., 87 n., 88 et n., 90 n., 94, 97, 99, 108, 111, 121 n., 124 et n., 126, 127, 135, 142 et n., 148, 152, 153, 156, 158, 160 n., 163, 164, 169, 170 n., 173, 180, 190 n., 191, 195-200, 206, 208 n., 209 n., 214-217.
PROSTATÈS TOU HIÉROU, 19, 22 n.
PSEUDÉPIGRAPHIE, 12-16, 46, 83 n., 86 n., 87 n., 90-91, 102.
QUMRÂN, 22, 25 et n., 31 n., 44, 57, 72, 76, 89, 105 et n., 113 n., 116 n., 117, 123, 124 n., 125 n., 132 et n., 139-143, 145, 159, 176, 185 n., 187, 195 n., 201 et n., 202 n., 214 n., 215, 219 n., 223.
RAZ voir MYSTÈRE.
REPENTANCE, 60 n., 100, 106, 111, 125, 152, 162, 188, 214.
RÉSURRECTION, 50 n., 83 et n., 89 n., 91 n., 103, 104, 116, 120 et n., 139, 169, 179 n., 182, 204-223.
RÊVE, 12 n., 14 n., 50, 52, 53, 54, 61, 63 n., 74 n., 75 n., 81, 82, 83 et n., 88, 90, 94 n., 117 n., 126, 127, 140, 142 et n., 147, 148, 152, 157-167, 186, 188 n., 189, 194, 195 n., 197, 198, 202, 217, 219.
ROM(AIN)E, 18 n., 21 n., 22, 23, 24 et n., 34, 45, 50, 61, 116.

ROYAUME DE DIEU, 86, 90, 92, 95, 98, 103, 104, 106, 110, 112, 119, 122, 123, 124 n., 125, 127, 155 n., 172, 197, 213, 216, 217, 219.
SADDOQ(ITE), 22 n., 23 et n., 128.
SADDUCÉENS, 25, 41, 150.
SAGESSE, 14 n., 50 n., 57 n., 88 n., 92, 110, 147-151, 174, 210, 215.
SCRIBES, 15, 25, 134, 137, 141, 197, 199.
SECRET voir MYSTÈRE.
SERVITEUR DU SEIGNEUR, 190 n., 203, 208 et n., 209, 213.
SIMON (Grand prêtre) 22 et n.
SIMON LE JUSTE, 134 et n.
SOD voir MYSTÈRE.
SONGE voir RÊVE.
SOPHERIM voir SCRIBES.
STELLAIRE voir ÉTOILE.
STOÏCISME, 32, 144, 154.
STRUCTURE LITTÉRAIRE, 47-50, 57 ss., 65 n., 70-78, 91, 115, 176, 184 et n.
SUCCOTH, 73, 185, 190, 192, 220 n.
SYNCRÉTISME, 115 n., 150.
TEMPS, 16, 47, 48, 49 et n., 51, 52 et n., 53 n., 55, 59-63, 66, 68, 70, 77, 82, 83, 86, 87, 88, 89, 128, 172-175, 188, 192.
THÉODICÉE voir MAL.
TOBIADES, 22 et n., 23, 24.
TORAH voir LOI.
UNIVERSALISME, 83 n., 90 n., 91, 94, 100, 105 n., 107 n., 109, 116, 117 n., 127, 129, 131 et n., 137, 151, 153, 154, 159, 170-175, 179, 181, 182 et n., 183, 187, 189, 193, 197, 201, 211, 212, 215, 216, 217, 220 et n.
VISION voir RÊVE.
ZÉLOTES, 143 n.
ZEUS AKRAIOS, 27 n., 28.
ZEUS-BAAL SHAMIM/SHAMEM, 28, 30.
ZEUS OLYMPIOS, 23, 26, 30, 34, 42.

231

Table des matières

Préface de Robert Martin-Achard 5

I. *Introduction historique* 9

    Présentation 9
    Pseudépigraphie 12
    Problème d'authenticité 16
    Daniel en son temps 18
    Torah et constitution 35

II. *Daniel comme œuvre littéraire* 45

    Bilinguisme dans le livre de Daniel 45
    Composition littéraire 50
    Les couches littéraires des chapitres 1-6 57
    Les couches littéraires des chapitres 7-12 70
    Conclusion 78

III. *Caractères apocalytiques de Daniel* 81

    Le genre apocalyptique dans le livre de Daniel .. 81
    Urzeit — Endzeit 95
    Dualisme et déterminisme 102
    Angélologie 113
    Influences étrangères 115
    Bifurcation 119

IV. *Le milieu fondateur des apocalypses* 131
    Les Hassidim 131
    Qumrân 139
    Caractère juif du livre de Daniel 144

V. *Langage symbolique. Le rêve et la vision* 147
    Le conflit des sagesses 147
    La redécouverte du mythe 151
    Mythe et songe 157
    Songe et vision 163

VI. *Les grandes leçons théologiques du livre de Daniel*... 169
    Le mythos apocalyptique 169
    Du Davidide à l'Adamide 176
    La résurrection 204

Index des auteurs cités 225
Index des sujets traités 229

NOUVELLES COLLECTIONS THÉOLOGIQUES

Publiées sous la direction de Pierre GISEL, avec la collaboration de Jean BAUBÉROT, François BOVON, Claude BRIDEL, Marc FAESSLER, Éric FUCHS, Daniel MARGUERAT, Robert MARTIN-ACHARD, Denis MÜLLER, Christos YANNARAS et Jean ZUMSTEIN

Jean BAUBEROT, *Le Pouvoir de contester*. Contestations politico-religieuses autour de mai 1968 et le document « Église et pouvoir ».
Robert MARTIN-ACHARD, *Amos*.
Gerhard EBELING, *Luther*.
Denis MULLER, *Parole et histoire*.
Pierre GISEL, *La Création*. Essai sur la liberté et la nécessité, l'histoire et la loi, l'homme, le mal et Dieu.
Franz-J. LEENHARDT, *L'Église*.
P. GISEL, Ph. SECRETAN et coll., *Analogie et dialectique*.
Pierre-L. DUBIED, *L'athéisme : une maladie spirituelle ?*
Franz-J. LEENHARDT, *La Mort et le testament de Jésus*.
Éric FUCHS, *Le désir et la tendresse*.
J.-L. BLONDEL, Ch. BIRCH, etc., *Science sans conscience ?*
Jean-François COLLANGE, *De Jésus à Paul : l'éthique du Nouveau Testament*.
François SCHLEMMER, *Les couples heureux ont des histoires*.
S. PINKAERS, L. RUMPF et coll., *Loi et Évangile*.
André BIELER, *Chrétiens et socialistes avant Marx*.
John McNEILL, *L'Église et l'homosexuel : un plaidoyer*.
Jean ANSALDI, *Éthique et sanctification*.
J.-L. BLONDEL, *Transferts d'armements : une question morale ?*
Christos YANNARAS, *La liberté de la morale*.
O. FATIO et coll., *Genève protestante en 1831*.
Jean-Marc CHAPPUIS, *Jésus et la samaritaine*.
ITINERIS, *Itinéraires socialistes chrétiens*.
Robert MARTIN-ACHARD et coll., *La figure de Moïse*.
Pierre VITTOZ, *L'attrait des religions orientales et la foi chrétienne*.
Dumitru STANILOAE, *Dieu est amour*.
Archimandrite BASILE de Stavronikita, *Chant d'entrée*. Vie liturgique et mystère de l'unité dans l'Église orthodoxe.
Jean ZIZIOULAS, *L'être ecclésial*.
François BOVON et coll., *Les actes apocryphes des apôtres*.
Gabriel WIDMER, *L'aurore de Dieu au crépuscule du XXe siècle*.
Robert MARTIN-ACHARD, *Et Dieu crée le ciel et la terre*.
Richard LEHMANN, *Épître à Philémon. Le christianisme primitif et l'esclavage*.
Claude BRIDEL et coll., *Communion et communication*.
Françoise van der MENSBRUGGHE, *Le mouvement charismatique*.
F. et A. DUMAS, *L'amour et la mort au cinéma*.

ACHEVÉ D'IMPRIMER PAR
L'IMPRIMERIE CH. CORLET
14110 CONDÉ-SUR-NOIREAU

N° d'Imprimeur : 2239
Dépôt légal : janvier 1984

Imprimé en France